Weitere Bücher Edward Salim Michaels auf Deutsch:

DER WEG DER INNEREN WACHSAMKEIT

INNERES ERWACHEN UND PRAXIS DES NADA-YOGA

Seine Frau Michèle Michael hat seine Erinnerungen und Gedanken gesammelt und als Biographie herausgegeben:

DER PREIS EINES BEMERKENSWERTEN SCHICKSALS

Titel der Originalausgabe:
Les obstacles à l'Illumination et à la Libération
Copyright © 2014 Guy Trédaniel Éditeur

Aus dem Französischen von Hedwig Lasinger

Copyright © 2018 für die deutsche Ausgabe:
Nachlass von Edward Salim Michael

Michèle Michael, Frankreich
www.meditation-presence.com

ISBN: 1985898241

ISBN-13: 978-1985898240

Umschlagfoto: Julian Lasinger
Gedruckt in Deutschland von
Amazon Distribution GmbH, Leipzig

Hindernisse für die Erleuchtung und die Befreiung

von

Edward Salim Michael

Kurze Präsentation des Autors

Anglo-indischer Abstammung, wird Edward Salim Michael 1921 in England geboren und verbringt seine gesamte Jugend im Nahen Osten der Vorkriegszeit. Die Reisen seiner Eltern führen ihn zurück nach London, kurz vor den Wirren des Zweiten Weltkrieges, aus dem er stark traumatisiert hervorgeht.

Er stürzt sich nun mit dem Anspruch eines großen Künstlers in eine Karriere als Geigensolist und als symphonischer Komponist. Von der französischen Musik angezogen, beschließt er, in Paris zu studieren, wo er unter schwierigen Bedingungen jahrelang die Qualen des Schaffens erlebt.

1949 sieht er zum ersten Mal in seinem Leben eine Buddha-Statue. Von diesem entscheidenden Augenblick an widmet er sich, neben seiner Musikkarriere, mit Leidenschaft einer kontinuierlichen Meditationspraxis, die ihm aufgrund seines außergewöhnlichen Konzentrationsvermögens, das er als Komponist entwickelt hat, bald erlaubt, tiefe spirituelle Erfahrungen zu machen. Nach fünf Jahren ununterbrochener Anstrengungen mitten in der Rastlosigkeit und den Belastungen der modernen Welt macht er im Alter von 33 Jahren eine äußerst kraftvolle Erfahrung des Erwachens zu dem, was man Buddha-Natur oder auch das Unendliche in sich nennen könnte.

Aus dem tiefen Drang heraus, sich ganz seiner inneren Suche hinzugeben, entscheidet er sich, die Musik (die er mit seinem ersten Vornamen Edward signiert) aufzugeben, um dem unwiderstehlichen Ruf Indiens – des Landes seiner Großmutter – zu folgen. Dort verbringt er fast sieben Jahre, in denen er seine spirituelle Praxis immer weiter vertieft.

Zurück in Frankreich gibt er voller Mitgefühl die Früchte seiner inneren Erfahrungen und mystischen Erkenntnisse an seine Schüler weiter und schreibt mehrere Bücher, die er mit seinem zweiten Vornamen signiert.

Ende 2006 verlässt er diese Welt im Alter von 85 Jahren.

INHALT

Vorwort ... 7
Einführung ... 15
Die Falle des Intellekts ... 15
Anmerkung des Autors bezüglich der Anwendung der Worte „Aspirant" und „Sucher" ... 22
Kapitel 1 ... 25
Selbsterkenntnis ... 25
Wie die Probleme in einem selbst zu sehen sind ... 29
Der irrationale Aspekt des Geistes ... 32
Kapitel 2 ... 43
Der Aspirant und das existenzielle Leben ... 43
Der Aspirant angesichts der Dualität ... 47
Die Teilung der Aufmerksamkeit ... 52
Kapitel 3 ... 59
Evolution und Involution ... 59
Unter Tausenden ... 63
Kapitel 4 ... 77
Der Aspirant, ein unfreiwilliges Schlachtfeld ... 77
Kritik und Kontrolle über den Geist ... 85
Widerstände und Akzeptanz ... 91
Kapitel 5 ... 99
Schwere und Wahrheit des Seins ... 99
Gegen sich selbst angehen ... 105
Die Erschaffung eines fortwährenden Jetzt ... 109
Kapitel 6 ... 115
Innere Bewegungslosigkeit in der äußeren Bewegung ... 115
Spontaneität ... 120
Die Vereinigung der drei Aspekte der menschlichen Natur ... 123
Mitgefühl ... 131

Kapitel 7 137
Die Fallstricke auf einem spirituellen Weg 137
Inneres Geschwätz 142
Weitere Fallstricke 148
Sich aus dem Gefängnis von Raum und Zeit befreien 153
Kapitel 8 161
Das profane Ich und das Heilige 161
Symbolische Erzählungen 165
Spirituelle Symbole in der Musik 176
Die Faszination des Sichtbaren 184
Gedächtnis und Karma 187
Kapitel 9 197
Erwachen: Rückkehr zu sich, Rückkehr zum Unendlichen 197
Die ersten Anzeichen des Erwachens 202
Die Schwierigkeit, diesen besonderen Zustand der Wachheit beizubehalten 209
Die Energie in der Schöpfung und die Schwerkraft 213
Physischer Schlaf oder Abwesenheit zu sich selbst? 217
Kapitel 10 227
Im Freien auszuübende Konzentrationsübungen 227
Kapitel 11 249
Konzentrationsübungen für zu Hause 249
Kapitel 12 265
Der Tod und der Sinn der Meditation 265
Der Sinn der irdischen Existenz 270
Wie man lebt, so stirbt man… 273
Die letzten Augenblicke 280
Sich zur Todesstunde überlassen 284

Für meine geliebte Frau Michèle, ohne deren Ermutigung ich nicht angefangen hätte, meine Bücher zu schreiben.

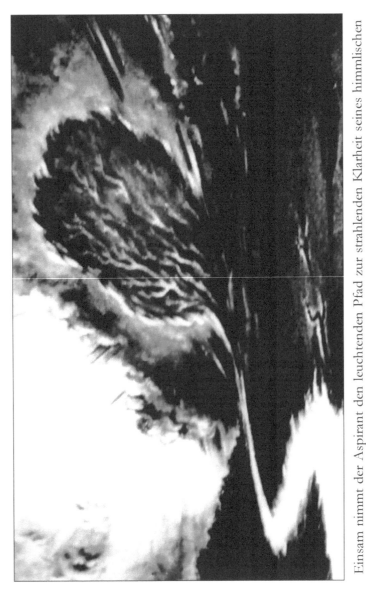

Einsam nimmt der Aspirant den leuchtenden Pfad zur strahlenden Klarheit seines himmlischen Ich, welche die Wolken der Unwissenheit und der Dunkelheit seines niederen Wesens vertreibt.

Gemälde des Autors

Vorwort

Ich fühle mich verpflichtet, die Leser, die meine anderen Bücher nicht kennen, zunächst darüber aufzuklären, dass ich keinen Schulunterricht erhalten habe, da ich meine gesamte Kindheit in verschiedenen Ländern des Orients verbracht habe, wo ich keine Möglichkeit hatte, eine Schule zu besuchen. Mit neunzehn Jahren war ich immer noch Analphabet, was die Ursache vieler Leiden war und ein großes Hindernis bildete, mir meinen Lebensunterhalt zu verdienen, besonders im Westen. Daher bitte ich meine Leser, Verständnis zu zeigen und die Schwierigkeiten zu bedenken, die ich bei der Erstellung einer literarischen Arbeit hatte, für die ich nicht gerüstet war.

Ich habe fast sieben Jahre in Indien verbracht, die in meinem Leben eine wichtige Rolle spielten. Obwohl ich den Meister, den ich suchte, nicht fand, entdeckte ich eine besondere spirituelle Atmosphäre, die im Abendland fehlt und die sich während der gesamten Zeit, in der ich dort lebte, als wertvolle Unterstützung erwies. Ich hatte dort Begegnungen, die mir meine unschätzbaren mystischen Erfahrungen, die ich schon lange vor meinem dortigen Aufenthalt gemacht hatte, bestätigten. Ich muss aber auch einräumen, dass ich Scharlatane traf, die Zeichen eines Respekts forderten, den sie nicht verdienten. Was die aufrichtigen Personen betrifft, mit denen ich in Kontakt kommen durfte, waren diese meistens nicht in der Lage, genaue Angaben zu machen, die einem Aspiranten bei seiner Suche helfen könnten. Ich war begeistert vom Hatha-Yoga (das ich viele Jahre praktizierte), aber die Meister, die ich in Pune und in Madras kannte, besaßen offensichtlich nicht mehr das Wissen über das wahre Ziel dieses so interessanten Weges. Sie berücksichtigen heute nur noch den körperlichen Aspekt des Hatha-Yoga, den sie, wie ich zugeben muss, sehr gekonnt lehren. Jedoch fehlen in ihrer Herangehensweise die Selbsterforschung, die Meditation und die intensive Konzentration, die in früheren Zeiten obligatorisch mit der Ausübung der Asanas und des Pranayama verbunden waren. Nun wird aber der Aspirant ohne eine beharrliche Meditationspraxis und eine anhaltende Konzentration nie dahin kommen, sich genügend von dem zu lösen, der er für gewöhnlich ist, um den HIMMLISCHEN ASPEKT zu entdecken, den er in den Tiefen seines Wesens trägt, ohne es normalerweise zu wissen.

In dieser Schrift (wie in meinen anderen Büchern) habe ich es vermieden, die Worte „ich" „ihr" „wir" etc. zu verwenden und habe es vorgezogen, diesen Text so neutral wie möglich zu schreiben, damit sich der Leser in Bezug auf den Autor frei und nicht direkt einbezogen fühlt.

Des Weiteren bedauere ich, dass es im Französischen kein Wort gibt, das gleichzeitig Mann und Frau bezeichnet, denn ich hätte die ständige Verwendung maskuliner Worte, wie Aspirant oder Sucher, lieber vermieden, die den falschen Eindruck vermitteln, die Frau auszuschließen. Ich finde die generell männliche Sprache umso ungerechter und restriktiver, als Frauen bei ihren spirituellen Übungen bei weitem ebenso motiviert sind wie Männer, wenn nicht sogar mehr.

Für die Inder sind der GÖTTLICHE ASPEKT und die SCHÖPFUNG nicht männlich (wie man diese gemeinhin in Religionen ansieht, die auf das Alte Testament zurückgehen), sondern *weiblich*. In Indien sagt man „die Mutter des Universums". Es ist jedoch augenfällig, dass die LETZTE REALITÄT weder männlich noch weiblich ist und dass SIE jenseits jeder Klassifizierung liegt. In seiner antiken Weisheit hat Indien sie immer „Das" genannt.

Wie ich es bereits in einem der Kapitel meines ersten Buches *Der Weg der inneren Wachsamkeit* erklärt habe, ist der weibliche Aspekt der Schöpfung viel wichtiger als der männliche Aspekt, sei es bei Mensch oder Tier, und sei es auch nur, um den Schutz und die Erhaltung der Art zu sichern. Im Tierreich ist es vor allem das Weibchen, das es auf sich nimmt, die Jungen zu nähren, zu schützen und aufzuziehen, bis diese unabhängig werden. Und schließlich muss darauf hingewiesen werden, dass ein tödlich verwundeter Soldat in seiner Todesangst nicht nach seinem Vater ruft, sondern nach seiner Mutter.

Alle die großen Wesen (seien es Maler, Komponisten oder Mystiker) haben, vielleicht ohne sich dessen bewusst zu sein, den weiblichen Aspekt ihrer Natur akzeptiert und integriert, was zu ihrer Größe beigetragen hat. Wenn es Männern und Frauen gelingt, die männlichen und weiblichen Aspekte ihrer Natur zu erkennen und zu integrieren, erlaubt ihnen das, Potentialitäten zu entwickeln, die für gewöhnlich unerforscht bleiben, und es kann ihnen sogar eine unverhoffte Tür zu spirituellen Möglichkeiten öffnen, die nicht nur ihrem Leben einen Sinn geben, sondern sie vielleicht anregen, eine ernsthafte spirituelle Praxis anzufangen.

Insbesondere die Kunst kann eine sehr wichtige Rolle auf diesem Gebiet spielen, um Mann und Frau, ohne dass sie es merken, zu helfen, ein Gleichgewicht zwischen diesen beiden Aspekten ihrer komplexen Natur zu finden. Und unter den verschiedenen Kunstformen ist es vor allem die Musik, die, wenn sie ehrlich ist, das Vermögen hat, das Gefühl des Menschen auf die unmittelbarste Weise zu berühren, um ihn mit einem anderen Zustand in sich in Beziehung zu setzen. Ganz besonders der sinfonischen Musik kommt eine erhebliche Bedeutung im Leben zu, denn ein großes musikalisches Werk kann dem, der es hört, helfen, irgendwo in sich selbst platziert zu werden, wo er normalerweise nicht ist, sowie zu beginnen, seltsame Gefühle wahrzunehmen, die kein Wort vermitteln kann: Gefühle, die in ihm eine geheimnisvolle schweigende Erinnerung an etwas Unbestimmbares erwecken, das er unbewusst in einer anderen, unergründlichen Welt gekannt zu haben scheint.

Damit aber der, der zuhört, die geheimnisvolle Botschaft verstehen kann, die ihm die Musik eines großen

Komponisten zu übermitteln sucht, und sei es nur ein wenig, muss bereits etwas von dieser Wahrheit in ihm vorhanden sein. Das Gleiche gilt für jede authentische spirituelle Lehre. Ein Sucher kann von einer seriösen spirituellen Lehre nur berührt werden, wenn er wenigstens eine gewisse Stufe des Bewusstseins, des Seins und der Intelligenz erreicht hat, dank welcher er die große Bedeutung für sich erahnen kann.

Ich muss auf ein Problem zurückkommen, mit dem sich manche Aspiranten konfrontiert sehen, nämlich dass sie sich vorwerfen, die Zeit egoistisch mit Meditieren oder verschiedenen Konzentrationsübungen zu verbringen, während es dringend notwendig sei, anderen zu helfen, die auf tausenderlei Arten in einer Welt leiden, die in Flammen steht.

Man muss zunächst verstehen, dass jede Hilfe, die man äußerlich geben kann, nur vorübergehend und daher nur *vergänglich* sein kann. Besteht nicht die beste Hilfe, die man jemandem gewähren kann, darin, ihm die Mittel in die Hand zu geben, um einen Schatz zu finden, den ihm niemand wegnehmen kann[1] – den Schatz seines GÖTTLICHEN WESENS? Übrigens haben CHRISTUS und BUDDHA keine sozialen oder politischen Reformen vorgenommen, sondern sind an die Wurzel des Problems im Menschen gegangen, welches seine *innere Transformation* ist – obwohl es in ihrer Epoche ebensolche Dringlichkeiten gab, wie in der unseren; und es wird diese Dringlichkeiten immer geben, da der Mensch nicht anders kann, als der zu sein, der er ist, und in seinem persönlichen Interesse des Augenblicks zu handeln, ohne sich um die Konsequenzen seines Handelns zu kümmern. Es sei daran erinnert, was CHRISTUS zu Martha sagte, die geschäftig umherlief, während Maria seinen Worten lauschte: „Maria hat

---

[1] „Ihr sollt euch nicht Schätze sammeln auf Erden, wo sie die Motten und der Rost fressen und wo die Diebe nachgraben und stehlen. Sammelt euch aber Schätze im Himmel." Matth 6, 19-20.

das gute Teil erwählt; das soll nicht von ihr genommen werden." (Luk 10, 38-42)

Bevor man jedoch anderen helfen möchte, ihre GÖTTLICHE IDENTITÄT zu finden, *muss man erst sich selbst gefunden haben.* Der Aspirant muss verstehen, dass er, wenn er nicht die nötige Arbeit geleistet hat, um sich selbst zu erkennen, und wenn er nicht darum gekämpft hat, aus diesem seltsamen Wachschlaf² zu erwachen, in den die Menschheit getaucht ist, indem er den anderen helfen möchte, bevor er dazu in der Lage ist, Gefahr läuft, Fehler zu begehen und die anderen, denen er helfen möchte, in die Irre zu führen.

Es scheint, dass manche meine Schriften als Aufforderung verstanden haben, die Welt zu „fliehen". Ich sehe mich daher genötigt, daran zu erinnern, dass ich mich nie in ein Kloster zurückgezogen habe und immer im aktiven Leben geblieben bin. Außerdem hatte ich mein Leben lang mit den größten Schwierigkeiten zu kämpfen, meinen Lebensunterhalt zu verdienen. Dazu kommt, dass ich, wie in meinen früheren Büchern klar zum Ausdruck kommt, verheiratet bin. Und schließlich spreche ich unermüdlich davon, dass eine spirituelle Arbeit im aktiven Leben auszuführen sei, als unerlässliche Ergänzung zur Meditationspraxis. Aber trotz allem, was ich über die Notwendigkeit einer Transformation bestimmter Neigungen bei der Berührung mit der Außenwelt und mit den Anderen darlegen konnte, stellen sich manche Leser immer noch vor, dass ich sie verleiten möchte, die Welt zu verlassen, um sich in eine abgelegene Einsiedelei zurückzuziehen.

---

² Der französische Ausdruck „sommeil diurne" ist schwierig zu übersetzen. Die Ausdrücke Tagschlaf und Wachschlaf werden der vom Autor gemeinten Bedeutung beide nicht voll gerecht und können fehlinterpretiert werden. Hier wurde dennoch der Ausdruck Wachschlaf gewählt, mit dem der gewöhnliche wache Bewusstseinszustand gemeint ist, in dem der Mensch innerlich dennoch nicht voll zur Wirklichkeit erwacht und daher wie schlafend ist. (Anmerkung der Übersetzerin)

Die Erscheinungswelt als das zu *sehen*, was sie ist (d.h. unbeständig und zum Leiden bestimmt) und sie zu *fliehen*, sind zwei ganz verschiedene Dinge. Wenn ein Sucher hofft, dass ihm die Welt immer wohlgesonnen sein wird, dass er in ihr ein dauerhaftes Glück finden wird und dass er nicht früher oder später mit Trennung, Krankheit, Alter und Tod konfrontiert werden wird, macht er sich Illusionen und kann keinen gültigen spirituellen Weg gehen. Nur der, der bereits begonnen hat, die Welt der Erscheinungen in ihrer ganzen Wirklichkeit zu betrachten, und der persönlich von Leid betroffen wurde, wird die nötige Entschlossenheit und Stärke haben, die Anstrengungen zu machen, die von ihm verlangt werden. So viele Aspiranten suchen nur leichtes Glück und Phänomene; sie finden daher alle Arten von Rechtfertigungen, um einer spirituellen Arbeit aus dem Weg zu gehen, die, wenn sie authentisch ist, nur schwierig sein kann.

Ich möchte, wie immer, meiner lieben Frau Michèle meine tiefe Dankbarkeit ausdrücken für die wertvolle Hilfe, die sie mir gegeben hat, indem sie meine Grammatikfehler und meine fehlerhaften Formulierungen korrigiert hat. Ohne ihre Hilfe hätte ich dieses Buch nicht schreiben können, denn ich bin quasi immer noch Analphabet. Ebenso möchte ich Jacques Godet meine Dankbarkeit ausdrücken, der mir zusätzlich geholfen hat, mir das Französisch leichter zu machen und zu verbessern.

Obwohl diese Schrift ursprünglich für meine Schüler bestimmt war, wünsche ich mir, dass sie für jeden anderen Aspiranten eine Hilfe ist, welchen Weg er auch gehen mag, damit er besser versteht, was eine echte spirituelle Praxis beinhaltet, einschließlich der unabdingbaren Notwendigkeit, alle unerwünschten Tendenzen und Gewohnheiten, die er in sich tragen mag, zu transformieren – eine Transformation, die alleine ihm erlauben kann, eine gewisse Schwelle in seinem Wesen zu überschreiten, um sich mit seiner GÖTTLICHEN QUELLE vereinen zu können und schließlich in SIE einzugehen. Dann wird der Skorpion des Todes besiegt sein, er wird seinen giftigen Stachel sowie den Bann seiner Angst vor ihm verloren haben.

–*Edward Salim Michael*

Einführung

Die Falle des Intellekts[3]

Man muss feststellen, dass die meisten Sucher im Westen, aber auch in Indien, heutzutage nur ein oberflächliches Verständnis von dem haben, was eine spirituelle Praxis wirklich beinhaltet.

Es ist gang und gäbe, Anfänger von „Glückseligkeit" (Ananda) oder „hingebungsvoller Liebe" (Bhakti) reden zu hören, als ob die einfache Tatsache, diese Ausdrücke zu benutzen, genügte, um zu erreichen, diese außergewöhnlichen Zustände zu erfahren. Ist es vorstellbar, dass Luft in einen Krug gelangen und ihn ausfüllen kann, der bereits mit einer schmutzigen Flüssigkeit gefüllt ist? Ist es realistisch zu glauben, dass jemand Glückseligkeit erlangen kann, indem er nutzlose Gewohnheiten und Neigungen beibehält, wie z.b. Sorglosigkeit gegenüber den Leiden der anderen und anderer lebender Geschöpfe, oder Mangel an Ausdauer, Unredlichkeit, Verbitterung etc.? Alle diese Tendenzen und viele andere sind zu integralen Bestandteilen seiner Natur geworden, die er praktisch nie in Frage zu stellen gedenkt; er kann nicht sehen, dass sie ihn hindern, das LICHT seines GÖTTLICHEN WESENS zu erreichen – was erklärt, warum eine große Anzahl derer, die sich auf einem spirituellen Weg befinden, unterwegs aufgeben.[4]

Man erkennt nicht, was für einen auf dem Spiel steht bei einem solchen Abenteuer, wo einem die kontinuierliche Opferung dessen gelingen muss, der man für gewöhnlich ist, sowie dessen, was man im Allgemeinen möchte oder nicht

---

[3] „Ich preise dich, Vater…, dass du solches den Weisen und Klugen verborgen hast und hast es den Unmündigen offenbart." Matth 11, 25.
[4] „Diese Welt ist in Finsternis gehüllt. Nur wenige sehen klar. So wie nur wenige Vögel dem Netz entkommen, erreichen lediglich einige das himmlische Licht." Dhammapada, 174.

möchte – Opfer und Entsagungen, ohne die niemand hoffen kann, zu einem Ergebnis zu kommen. Weiß der Sucher wirklich, wonach er strebt, wenn er sich auf eine Suche dieser Art macht?

Im Gegensatz zu dem, was Anfänger denken, geht es am Anfang nicht darum, „Glückseligkeit" zu suchen, sondern vielmehr darum, sich durch ein regelmäßiges Erforschen seiner selbst so zu sehen und zu erkennen, wie man für gewöhnlich ist, damit eine Reinigung von allem Unerwünschten stattzufinden beginnen kann. Es ist aussichtslos für einen Sucher zu hoffen, einen Zustand der Glückseligkeit zu erreichen, während der seit Urzeiten angesammelte Staub weiter eine Barriere bildet, das GÖTTLICHE LICHT daran hindernd, die dicken Schichten seines gewöhnlichen Ich zu durchdringen, um es zu erleuchten. Nur unermüdliche Bemühungen um Konzentration können einem Aspiranten erlauben, innerlich genügend leer und verfügbar zu sein, damit „Glückseligkeit" und „wahre Liebe" in ihm Platz nehmen und sein Wesen erleuchten können.

Die traditionellen Lehren und die heiligen Texte, die der Menschheit in einer fernen Vergangenheit gegeben worden sind, scheinen nicht mehr geeignet zu sein, den heutigen Suchern zu helfen, die zu rational geworden sind, besonders im Westen. Eine vernunftgemäße Vorgehensweise macht die Aufgabe und das Leben des Aspiranten viel schwieriger. Früher war der Geist des Menschen viel weniger intellektuell belastet und die Leute hatten so wenige Bedürfnisse, dass es ihnen erheblich leichter fiel, eine richtigere Herangehensweise und ein richtigeres Verständnis von dem zu haben, was sie spirituell zu erreichen suchten.

Den zahllosen Texten und heiligen Lehren, die ursprünglich aus verschiedenen Ländern des Orients gekommen sind, wo die Männer und Frauen *noch mit ihrem Gefühl verbunden waren*, nähert sich der Abendländer hauptsächlich mit seinem

Intellekt. Eine Herangehensweise dieser Art gibt ihm die Illusion, eine echte spirituelle Praxis auszuüben, während sie ihm nur trockenes gedankliches Wissen vermittelt, das ihm auf diesem schwierigen Gebiet nicht helfen kann, wo eine besondere Sensibilität von ihm verlangt wird.

Der Abendländer ist dermaßen von seinem Gefühl abgeschnitten und von seiner Intuition entfernt (beide für das menschliche Leben unerlässlich), dass er tatsächlich nur in seinem Intellekt lebt, der ihm, ohne dass er es merkt, viele Ängste und Leiden verursacht. Es fällt ihm schwer zuzugeben, dass ein einfacher lese- und schreibunkundiger Bauer in Indien, der in seinem Gefühl lebt, eine bessere Chance als jener hat, sich in einer passenden Weise einer spirituellen Praxis zu widmen.

Die Lebensbedingungen haben sich seit den fernen Zeiten, in denen die heiligen Texte wie die Upanischaden, die Bhagavad-Gîtâ, das Dhammapada etc., ursprünglich gelehrt wurden, so verändert, dass es dem Aspiranten von heute schwerfällt, sie richtig zu verstehen und sie im Trubel des existentiellen Lebens unserer Epoche mit der Achtung, der Sensibilität und der Intelligenz in die Praxis umzusetzen, die ihm erlauben würden, bei seiner Suche nach dem GÖTTLICHEN ASPEKT seiner Doppelnatur Hilfe zu bekommen.

Diese Schriften sind umso mehr unverstanden, wenn sie mit der Verzerrung der Gelehrtheit angegangen werden, die den Sucher nur noch tiefer in seinen Geist eintauchen lässt, wobei sie ihm die Illusion vermittelt, den wahren Sinn des Lebens gefunden zu haben.

Diese großen Texte können nur eine Hilfe sein, wenn sie mit einer Praxis und einer *persönlichen* Erfahrung des Aspiranten verbunden werden. Dies ist der Grund, warum ich in dieser Schrift mehrmals heilige Texte aus dem Buddhismus (vor allem das Dhammapada), aus dem Hinduismus (die Bhagavad-Gîtâ) und aus dem Christentum (die Evangelien) zitiert habe, und zwar auf eine Weise, dass das Gefühl und die Intuition des Lesers beim Kontakt mit diesen heiligen Schriften berührt werden können.

Was das Christentum betrifft, so habe ich außer den apokryphen Evangelien den Text von Thomas zitiert, 1945 in Oberägypten wiedergefunden (welcher den kanonischen Evangelien vorherzugehen und daher der ursprünglichen Lehre CHRISTI näher zu sein scheint), sowie Meister Eckhart (1329 der Häresie angeklagt, da seine Reden, die seine mystischen Erfahrungen ausdrückten, nicht mit der offiziellen Theologie übereinstimmten) und den demütigen Bruder Lorenz von der Auferstehung, der sein ganzes Leben lang das Erinnern an die „GEGENWART GOTTES" praktizierte. Und schließlich habe ich auch den großen Sufimystiker Kwaja Abd Al-Khaliq zitiert, der eine Sammlung von Aphorismen mit dem Titel „Die Essenz der Lehren der Meister" herausgegeben hat.

Heutzutage ist es notwendig, das, was eine spirituelle Praxis beinhaltet, mit anderen Begriffen zu erklären, als den von den Gelehrten benutzten. Es muss eine Sprache gefunden werden, die imstande ist, das Wesen des Suchers auf eine ganz besondere Weise zu berühren, um in ihm eine bestimmte Intuition zu erwecken, die ihm helfen kann zu verstehen, was für ihn bei dieser geheimnisvollen Suche nach seinem GÖTTLICHEN URSPRUNG wirklich auf dem Spiel steht, ein Verständnis, das nicht vom Intellekt abhängt, sondern vom Gefühl.

Weil seine Entwicklung zu weit in die Richtung des Intellekts gegangen ist, ist der Abendländer extrem rational und kalt geworden, auf Kosten seines Gefühls und seiner Intuition – wie man bei allen zeitgenössischen Künsten, wie bei der Architektur, der Malerei und vor allem bei der sinfonischen Musik feststellen kann, die zu einer eisigen Folge von synthetischen Tönen geworden ist, ohne jede ästhetische Emotion, die geeignet wäre, den Zuhörer zu erheben.

Die Ressourcen seines Intellekts auf die Welt, die ihn umgibt, anwendend, ist es dem Abendländer gelungen, seine Lebensweise radikal zu verändern. In der Physik hat er so aufsehenerregende Ergebnisse erzielt, dass sie die Bewunderung anderer Völker dieser ERDE erregen. Und irgendwo in sich glaubt er, eines Tages, dank seines Intellekts, die Geheimnisse seiner inneren Welt zu entdecken. Er meint, sogar die Erkenntnisse der Weisen übertreffen zu können, die in der Vergangenheit gelebt haben und die ihm ein Erbe hinterlassen haben, das er vergisst oder ablehnt.

Außerdem handelt er, als ob er sich sagte: „Und selbst wenn ich im Inneren nichts lösen kann, werde ich eines Tages die Grenzen meines physischen Körpers ins Unendliche schieben und den Tod besiegen!" Selbst wenn ihm das gelänge, was würde mit seiner leiblichen Hülle geschehen, wenn sich der Planet, auf dem er sich befindet, verdampft – was unvermeidlich sein Schicksal sein wird? Es gibt tatsächlich nichts im UNIVERSUM, das nicht früher oder später zur Auflösung verurteilt ist. Er sieht nicht, dass der Sieg über den Tod nicht auf der physischen Ebene stattfindet.

Es ist für den zeitgenössischen Abendländer zu einer Manie geworden, ein Maximum an intellektuellem Wissen über die greifbare Welt anzusammeln, aber diese Haltung kann ihm in spirituellen Angelegenheiten nicht im Mindesten nützlich sein, wo das Gefühl und die Intuition eine entscheidende Rolle spielen. Sein Intellekt, der zu stark entwickelt ist, ist ihm auf diesem Gebiet zu einer regelrechten Falle geworden, statt ihm eine Hilfe zu sein.

Obwohl der Intellekt in der Welt der Erscheinungen seinen Platz hat, und bis zu einem bestimmten Grad auch bei einer spirituellen Suche, ist er nicht das Mittel, durch das der Aspirant zu einem echten Verständnis des Rätsels seines Lebens und seiner URSPRÜNGLICHEN QUELLE kommen kann. Nicht durch vernünftige Überlegungen und unzählige geistige Manipulationen kann er mit seinem FÜRSTLICHEN ICH verbunden werden, sondern durch Bemühungen um Konzentration und durch regelmäßige Meditation.

Wenn die Suche nach dem GÖTTLICHEN nur unter einem intellektuellen Aspekt angegangen wird, kann der Sucher keine Transparenz des Seins erreichen, die jenseits von Zeit und Raum liegt, und keine direkte Erfahrung des ERHABENEN machen, das er in den Tiefen seiner selbst trägt, ohne sich dessen für gewöhnlich bewusst zu sein.

Das gewöhnliche Ich benützt das Prestige, mit dem sich der Verstand umgibt, um den Aspiranten zu täuschen. Alle möglichen Vorwände suchend, um den Moment aufzuschieben, in dem die erforderlichen Anstrengungen gemacht werden müssen, redet er sich eine neue Lektüre ein oder dass er noch nachdenken müsse, während es genau diese Bemühungen um Konzentration sind, die ihm erlauben werden, sich das gewünschte Verständnis anzueignen. Eine Tendenz, die man bei Abendländern antrifft (und zurzeit auch bei Indern), besteht darin zu glauben, dass sie, weil sie eine Sache verstandesmäßig wissen, diese zwangsläufig auch verstanden haben. Sie erkennen offenbar nicht, dass die Tatsache, etwas mit dem Intellekt zu wissen, und die Tatsache zu verstehen, was man intellektuell weiß, keinesfalls identisch sind. Verstehen, was man weiß, ist eine Kraft, und man darf die Frucht dieses Verständnisses nicht verlieren.

Nach dem Lesen von Büchern, die die Suche nach seiner GÖTTLICHEN ESSENZ aus einer verlockenden Perspektive präsentieren, kann ein Sucher glauben, rasch ein spektakuläres Ergebnis erreichen zu können; er läuft dann Gefahr, überrascht zu werden von dem *unerwarteten Widerstand* oder *gar der Weigerung*, auf die er unweigerlich in sich treffen wird, wenn er versucht, das Gelesene in die Praxis umzusetzen. Es kann sein, dass er so durcheinander und entmutigt ist, dass er jede Bemühung um Konzentration aufgibt und es vorzieht, zu einer einfachen intellektuellen Herangehensweise zurückzukehren und sich mit einer Lektüre über dieses

Thema zu begnügen, in der Illusion, sich auf dem Weg zu befinden.

Ohne es zu merken, übt ein großer Teil der Männer und Frauen, die sich auf dem PFAD befinden, nur eine oberflächliche spirituelle Praxis aus, manchmal sogar mit wenig Achtung vor dem HEILIGEN, das sie in sich zu erkennen suchen. Ihre Weise, im Leben zu sein, kann sogar in einem krassen Widerspruch zu dem intellektuellen Wissen über Spiritualität stehen, das sie in ihrem Geist anhäufen konnten.

Nur durch ausdauernde Bemühungen um Konzentration kann ein Sucher hoffen, zu einem richtigen Verständnis dessen zu kommen, was dieses ungewohnte und geheimnisvolle innere Abenteuer für ihn beinhaltet. Wenn er das Wesen der Anstrengungen, die von ihm gefordert werden, erfasst, wird es ihm schließlich gelingen können, den HIMMLISCHEN ASPEKT seiner Doppelnatur sowie den *Zustand* erkennen zu können, in den er wieder aufgenommen werden wird, wenn sich die Nebel des Todes am Ende seiner vorübergehenden Reise auf diesem Globus auf ihn herabsenken werden.

Ich widme dieses Buch allen Männern und allen Frauen, die in der Einsamkeit leiden und die Befreiung von dem Schmerz suchen, der unausweichlich das existentielle Leben begleitet, damit sie in sich das UNENDLICHE HIMMLISCHE SEIN finden mögen, das in ihnen wohnt, jenseits von Zeit und Raum.

—*Edward Salim Michael*

Anmerkung des Autors bezüglich der Anwendung der Worte „Aspirant" und „Sucher"

Nach langem Nachdenken und einigem Zögern habe ich es für gut befunden, diese Lehre unterschiedslos direkt an den „Aspiranten" und den „Sucher" zu richten. In allen meinen Büchern wurden diese Ausdrücke synonym verwendet und beziehen sich auf dieselbe Person, die sich auf der spirituellen Suche befindet.

Der Aspirant oder der Sucher ist jemand, der einen spirituellen Weg eingeschlagen hat, um zu versuchen, seine WAHRE IDENTITÄT zu finden, einen Zustand des WEITEN LEUCHTENDEN BEWUSSTSEINS, das schon in ihm ist, aber durch seinen gewöhnlichen Verstand und durch die Wolken seiner unaufhörlichen Gedanken verdunkelt wird; er oder sie ist ein Mann oder eine Frau, der oder die um Erleuchtung und Befreiung kämpft. Diese Formulierung bezieht sich sowohl auf die, die als sehr fortgeschritten angesehen werden können, als auch auf die, die diesen Zustand noch finden und erkennen müssen.

Unser Leben ist wie ein Stundenglas, das nie stillsteht…
Ein Augenblick folgt pausenlos dem anderen.
Von Augenblick zu Augenblick verbraucht sich das Leben: wir sind Säuglinge,
dann Erwachsene, dann Alte und Tote, ein Augenblick folgt pausenlos dem anderen.
Unser Leben ist wie eine Wasserblase oder wie eine Kerze;
Die Unbeständigkeit und der Tod sind wie der Wind!
Uns bewusst werdend, dass uns das alle betrifft,
sollten wir uns nicht jetzt schon dem Praktizieren des Dharma widmen?
Dieser kostbare menschliche Körper, den wir jetzt haben, weiß zu kommunizieren, kann die Lehren verstehen, ist mit allen Fähigkeiten begabt und ist dem Dharma begegnet.
Wenn wir dies verschwenden, werden wir nicht nur noch länger die Leiden ertragen müssen, die im Samsara herrschen, sondern wir werden später auch nicht mehr die Möglichkeit haben, ein Ähnliches wiederzufinden.
Deshalb müssen wir den festen Entschluss fassen, das Dharma gut zu nutzen, indem wir es voller Energie in der Zeit praktizieren, die uns noch in diesem Leben bleibt – ein kurzer leuchtender Augenblick, gleich dem, in dem die Sonne durch die Wolken bricht.

–Kalu Rinpoche (*Der Weg des Glücks*)

Kapitel 1

Selbsterkenntnis

Der Mensch ist ein rätselhaftes Geschöpf, begabt mit enormen Möglichkeiten auf einem Gebiet, das ihm, solange er der bleibt, der er für gewöhnlich ist, immer unzugänglich bleiben wird. Er ist in zwei Welten in sich gestellt: die sichtbare Welt, die ihn unaufhörlich anzieht und der alleine er Glauben schenkt, und die unsichtbare Welt, die den Schatz seiner GÖTTLICHEN ESSENZ verbirgt – was ihn vor ein seltsames Dilemma stellt: das entscheidende Dilemma, eine Wahl treffen zu müssen, die *niemand anders an seiner Stelle treffen kann*. Wenn er nicht zu sich erwacht und wenn er nicht den Mut findet zu akzeptieren, sich als den zu sehen, der er für gewöhnlich ist – mit allen seinen Fehlern, seinem Mangel an Respekt vor dem Leben und dem blinden Trieb, seine körperlichen Bedürfnisse auf Kosten der anderen befriedigen zu wollen –, dann werden seine höheren Möglichkeiten für immer in einem latenten Zustand bleiben. Er wird die wertvolle Gelegenheit seines irdischen Daseins, etwas Gültiges in seinem Leben zustande zu bringen, verloren haben.

Das wirkliche Ziel jeder Meditationspraxis – die darin besteht dahin zu kommen, sich durch intensive und anhaltende Bemühungen um Konzentration von dem Zustand des Seins und der Empfindung, die man in der Regel von sich hat, loszureißen, um den ERHABENEN ASPEKT zu entdecken, den man in den Tiefen seiner selbst trägt – scheint heutzutage dem Verständnis der meisten Sucher zu entgehen.

Es handelt sich um eine Entdeckung, die nichts mit einfachem religiösem Glauben zu tun hat; sie besteht darin zu erreichen, *durch eine direkte Erfahrung* die URSPRÜNGLICHE QUELLE zu erkennen, aus der der Mensch seinen Lebensatem gezogen hat und in die er am Ende seiner irdischen Reise wieder eintauchen wird, wenn die unerbittliche Todesgöttin – mit der man absolut nicht argumentieren kann – ihren dunklen Vorhang zwischen ihn und das Leben der Erscheinungen senken wird, um dem theatralischen Spiel der äußeren Welt, an dem er nur eine begrenzte Zeit teilnehmen durfte, ein Ende zu setzen.

Man hört häufig Männer und Frauen sagen, dass sie Hatha-Yoga oder Meditation praktizieren, um sich einer besseren Gesundheit zu erfreuen, um besser zu schlafen, um mehr Energie aufzubauen und um bei ihren Geschäften effektiver zu sein.

Für die Mehrheit der Praktizierenden ist Hatha-Yoga nicht mehr als eine einfache Gymnastik – manchmal sehr beeindruckend –, statt ein Kampf, um den niederen Aspekt ihrer Doppelnatur zu beherrschen. Man kann nicht umhin, angesichts der spektakulären Akrobatik, die manche Männer und Frauen (im Westen und besonders in Indien) mit ihrem Körper vollbringen, von Bewunderung ergriffen zu werden. Da aber das wirkliche Ziel sowie das Kennen des Weges, der dorthin führt, bei ihrer Herangehensweise zu fehlen scheinen, riskiert ihre Praxis, den gewöhnlichen Aspekt ihrer Doppelnatur zu vermehren und zu verfestigen, statt ihn zu vermindern.

Die Erforschung des eigenen Selbst, die notwendig ist, um sich selbst zu erkennen (was das Studium psychologischer Probleme, unerwünschter Tendenzen, aller möglicher Komplexe etc., die jeder in sich trägt, einschließt, und was das unerlässliche Mittel darstellt, durch welches sich eine Transformation der üblichen Weise zu denken und zu sein vollziehen kann), scheint sie nicht zu interessieren und gehört offensichtlich nicht zu ihren Zielen. Sie legen den Schwerpunkt ausschließlich auf den äußeren Aspekt ihrer Arbeit, auf der Suche nach körperlichem Wohlbefinden, oder auch, weil sie glauben, dass die Meisterung der Asanas

(Stellungen) genüge, um sie zur Entdeckung ihrer GÖTTLICHEN NATUR zu führen.

Wenn manche nach Glückseligkeit streben, suchen sie diese mit einem ausschließlich nach oben gerichteten Blick, ohne zu akzeptieren, auch nach unten zu schauen, in die dunklen Winkel ihres Wesens, während paradoxerweise dieser Blick nach unten das Mittel schlechthin darstellt, um sich erheben zu können. Sie scheinen im Allgemeinen nicht zu verstehen, dass es ihnen unmöglich ist, heilige Orte in ihrem Inneren zu betreten, wenn in ihrem Wesen nicht eine innere Alchemie stattfindet, um wenigstens einen Teil ihrer nicht wünschenswerten Neigungen umzuwandeln.

Es fehlt nicht an Büchern über Hinduismus, Meditation, Hatha-Yoga etc., die alle möglichen verlockenden, aber nicht verifizierbaren Spekulationen über das Jenseits, die Astralwelt, den Kausalkörper und so weiter enthalten. Aber wie viele unter diesen Werken legen Nachdruck auf die unabdingbare Notwendigkeit für den Leser, sich selbst zu erkennen – eine Selbsterkenntnis, die Hand in Hand gehen muss mit Meditationspraktiken und verschiedenen Konzentrationsübungen? Und wie viele unter all diesen Schriften gibt es, die anregen, ein gründliches Studium der verschiedenen Tendenzen und psychologischen Probleme zu beginnen, die jeder auf seine Kosten in sich trägt und die ernsthafte Hindernisse für seine spirituelle Entwicklung darstellen können? Wenn er sich daher mit einfachen Spekulationen über das Jenseits oder mit dem Trachten nach Phänomenen begnügt, wird der Aspirant der bleiben, der er gemeinhin ist, und fortfahren, mit einem *Unbekannten* in sich zu leben, ohne diesen je in Frage zu stellen. Folglich kann die Transformation seiner verschiedenen unerwünschten Neigungen, seiner negativen oder sogar selbstzerstörerischen Gedanken, seiner Unbeständigkeit, seiner Schwäche, seines Mangels an Mitgefühl gegenüber seinen Mitmenschen und gegenüber allen anderen lebenden Kreaturen nicht stattfinden. Diese unerwünschten Aspekte seiner selbst, die zu integralen Teilen seiner Natur geworden sind, werden ihn weiter auf seine Kosten bewohnen, ohne dass er sich ihrer Existenz in ihm je bewusst wird.

Ein ernsthafter Sucher kann sich nicht mit einem rein intellektuellen Wissen von dem, was er zu sein glaubt, zufrieden geben. Um dahin zu kommen, durch eine direkte Wahrnehmung die verschiedenen psychologischen Probleme und unerwünschten Tendenzen aufzudecken, die einen großen Teil seiner Persönlichkeit bilden, muss er den unermüdlichen Kampf mit den Widerständen akzeptieren, die sich in ihm erheben, wenn er versucht, seinen Geist während seiner Meditation oder mit Hilfe von spezifischen Konzentrationsübungen, die er im aktiven Leben ausführt,[5] zu disziplinieren.

Er muss den Mut finden, diese Konzentrationsübungen auszuüben – unerlässlich, um ihm zu erlauben, ein besonderes Verständnis zu erwerben, das ihm die Kraft geben wird, bereit zu sein zu sehen, was sich die meiste Zeit in seinem Geist abspielt –, wenn er seine Praxis der Meditation, des Yoga oder jedes anderen spirituellen Weges auf die Weise angehen will, wie sie in Wirklichkeit ausgeübt werden soll.

Erst wenn er die Weigerung in sich überwunden hat, die verschiedenen Konzentrationsübungen zu machen (von denen viele mitten im Trubel des aktiven Lebens ausgeführt werden müssen), wird er über eine Möglichkeit verfügen, seine unerwünschten Reaktionen sowie die verschiedenen psychologischen Probleme zu erkennen, die jeden Augenblick in ihm entstehen, ihm den Weg zu seiner HIMMLISCHEN STADT versperrend.

---

[5] Siehe die verschiedenen spirituellen Übungen, die weiter hinten in diesem Buch sowie in mehreren anderen meiner Bücher erklärt werden.

Wie die Probleme in einem selbst zu sehen sind

Der Sucher muss die Probleme, die für sein spirituelles Streben ein Hindernis bilden, auf zwei verschiedene Arten betrachten. Wenn er sich beim Feststellen seiner emotionalen oder körperlichen Spannungen, seiner schädlichen Neigungen, seines nutzlosen inneren Geschwätzes, seiner sexuellen oder anderen Phantasien und seiner Gedanken, die meistens ohne Ziel und sogar widersprüchlich sind, schuldig fühlt oder sich aufregt, wird er dermaßen verwirrt sein, dass er Gefahr läuft, ihre Existenz in sich nicht mehr zugeben zu wollen. Daher wird der Weg, der zu seiner Selbstverwirklichung führt, eine Sackgasse bleiben.

Es ist ihm aber auch möglich, diese Probleme mit einem anderen Blick anzugehen, einem *positiven* Blick, der ihm hilft zu akzeptieren, das falsche Bild zu verlieren, das er unbewusst von sich aufgebaut hat und das ständig zwischen ihm und der HIMMLISCHEN WELT, nach der er strebt, steht. Wenn es ihm gelingt, genügend Abstand zu sich selbst zu halten, um die unaufhörliche Prozession der Gedanken und der automatischen Assoziationen, die in seinem Geist ablaufen (und die Hindernisse für sein spirituelles Streben bilden) zu betrachten, dann werden gerade die Hindernisse, die er in sich sieht, ihm paradoxerweise die Möglichkeit bieten, einen inneren Kontakt mit einem höheren Aspekt seiner Natur herzustellen, durch welchen eine geheimnisvolle und subtile Alchemie beginnen kann, in seinem Wesen stattzufinden. So werden die Hindernisse selbst zu einem *Mittel*, das ihm erlauben wird, sich eines Tages mit einer anderen Welt und einem anderen Zustand des Seins in ihm zu vereinen, die zur Domäne des HEILIGEN gehören

Der Sucher wird nun erkennen, dass die Schwierigkeit nicht darin besteht, dass er die Mühe, Distanz zu sich zu haben, um sehen zu können, was in ihm abläuft (und wessen er sich die meiste Zeit nicht bewusst ist), nicht machen *kann*, sondern darin, dass er sie in Wirklichkeit nicht machen *will*. Auf die seltsamste Weise zieht er es vor, in sich zu schlafen, trotz aller Probleme und Sorgen, die ihm dieser nicht wünschenswerte Zustand im Leben bereitet.

Schon die Tatsache, dass der Sucher diese Weigerung in sich feststellt, kann den Anfang seiner Befreiung aus dem Gefängnis bedeuten, in dem er sich bis dahin eingeschlossen hatte. Wonach er sich in der Lage finden wird, alles, was im Leben von ihm verlangt wird, viel genauer und befriedigender auszuführen, als er es sich vorher vorstellen konnte.

Erst wenn man bereit ist, das, was in einem vorgeht, aus einer ruhigen Distanz und mit einem offenen Geist zu betrachten – was man im Allgemeinen nicht tun kann oder vielmehr nicht tun *will*[6] –, beginnen die Hindernisse, ihren Einfluss auf ihn zu verlieren und zum *Mittel schlechthin* zu werden, durch welches ein motivierter Sucher einen anderen Zustand des Bewusstseins erreichen kann, von dessen Existenz er für gewöhnlich keine Ahnung hat. So werden diese Aspekte seiner selbst, die er am Anfang für innere Feinde gehalten hatte, zu einer Art Freund, nützlich für seine Emanzipation. Überdies wird er bemerken, dass er das, was er in sich und in der Welt für nicht wünschenswert hält, nicht länger mit einem negativen Geist sehen wird, wie er das früher tat, sondern eher als eine Lektion, die notwendig ist, um ihn anzuregen, das Gute zu suchen und sich darin zu etablieren.

Der Aspirant muss *akzeptieren*, erst seine Augen zu öffnen, um aufwachen zu können. Und er muss zuerst *aufwachen*, um Distanz zu sich haben zu können. Und erst, wenn es ihm gelungen ist, genügend *wach* und *entfernt* von sich zu sein, kann er sich mit dem nötigen Abstand betrachten, was ihm erlauben wird zu beginnen, *„sich" zu erkennen*.

---

[6] „Es ist leicht, die Fehler der anderen zu sehen, schwer die eigenen. Wie die Spreu, siebt man die Fehler der anderen, aber verbirgt die eigenen, so wie ein Falschspieler einen schlechten Wurf verdeckt." Dhammapada, 252.

Das Hauptziel jeder spirituellen Praxis ist es, sich von der Schwere eines seltsamen Wachschlafes (in dem der Mensch so traurig sein Leben verbringt) zu befreien, um *auf eine andere Weise seiner selbst bewusst zu werden als die, in der man sich normalerweise befindet.* Diese ungewohnte Weise, seiner selbst bewusst zu sein – die sich nicht ohne harten Kampf in einem einstellen kann – ist genau der Weg, der zu der GÖTTLICHEN QUELLE führt, die in den Tiefen eines jeden Mannes und einer jeden Frau verborgen ist.

Wenn sein Geist nicht *hinter seinem Schauen und hinter seinem Hören* ist, ist sich der Mensch unausweichlich und auf eine Weise, die er im Allgemeinen nicht verstehen kann, *seiner selbst unbewusst.* Ohne es zu wissen, lebt er nur ein *vegetierendes Dasein,* ausgehend von dem niederen Aspekt seiner Doppelnatur. Auf eine für ihn unverständliche Weise identifiziert er sich mit allem, was er sieht und hört, und wird darin gefangen, ohne fähig zu sein, zwischen sich und dem, was seine Aufmerksamkeit erregt, eine Distanz herzustellen, um zwischen dem, was für seine spirituelle Entwicklung oder auch für sein irdisches Wohlergehen nützlich und was schädlich ist, unterscheiden zu können. Und in diesem Zustand der *Unbewusstheit* seiner selbst oder des Wach*schlafes* fährt er fort, in sich zu schlafen, eingehüllt in einen unsichtbaren Nebel, während er unaufhörlich innerlich von Augenblick zu Augenblick stirbt, ohne je zu wissen, was mit ihm passiert.

Wenn der Sucher nicht die Kraft finden kann, die unerlässlichen Bemühungen zu machen, die ihm erlauben, einen anderen Zustand des Seins, unabhängig von äußeren Bedingungen, in sich zu erfahren, wird er an all das, was sein gewöhnliches Ich darstellt, gebunden und in ständige Konflikte getaucht bleiben, sowohl in sich als auch in der äußeren Welt – Konflikte, die sich für die Mehrheit der Leute in dem unvernünftigen Wunsch äußern, dass das Leben anders sei, als es ist, in dem Verlangen, in permanenter

Sicherheit zu leben, oder auch in dem unrealistischen Streben nach ewiger Dauer ihrer körperlichen Existenz.

Da der Mensch normalerweise seine Existenz nur durch äußere Stimulierungen empfindet, die seine Sinnesorgane ihm vermitteln, wird er von einer unkontrollierbaren Angst ergriffen, seinen Körper zu verlieren (ohne den er glaubt, aufzuhören zu sein) sowie von einer übertriebenen Furcht vor dem Tod (der in Wirklichkeit eine Einweihung in einen Zustand des Seins außerhalb von Raum und Zeit darstellt), die in den Tiefen seines Seins verborgen bleiben. Folglich empfindet er ständig und ohne sich dessen bewusst zu sein eine unbegreifliche Angst, selbst wenn er dabei ist, die zahllosen Freuden zu genießen, die ihm die Erscheinungswelt bietet.

Erst wenn es dem Aspiranten gelingt, genügend losgelöst und distanziert von sich zu sein, um einen klaren Blick auf das existentielle Leben haben zu können, und wenn er die Realität der Unbeständigkeit alles Sichtbaren akzeptiert – ganz gleich, ob es sich um seine eigene körperliche Form oder um das UNIVERSUM selbst handelt –, kann er erfassen, was für ihn bei dieser geheimnisvollen Suche nach seinem HIMMLISCHEN URSPRUNG wirklich auf dem Spiel steht.

Der irrationale Aspekt des Geistes

Es ist für den Sucher wichtig, ein seltsames Phänomen zu studieren, das im Leben eines jeden Menschen auftritt und geheimnisvoll sein Dasein kontrolliert, meistens auf seine Kosten. Tatsächlich existiert in jedem Mann und in jeder Frau eine tiefe Schicht ihres Geistes, die die merkwürdige Besonderheit hat, *passiv* zu sein und nicht zu denken oder vielmehr *unfähig zu sein zu denken*. Dieser Teil ihres Geistes registriert mit äußerster *Schnelligkeit* alle angenehmen und unangenehmen Eindrücke, die ihn aus der äußeren Welt erreichen, sowie die Schocks (oder Unfälle), die im Leben manchmal unerwartet auftreten, ohne in der Lage zu sein, das

Aufgezeichnete in eine Ordnung zu bringen. Und da diese Schicht des Geistes keine Logik zeigt, begnügt sie sich damit, passiv alle die Eindrücke zu speichern, die er aufnimmt und die in einem latenten Zustand in seinen Tiefen begraben bleiben, bis sie eines Tages von außen wieder aktiviert werden. Diese konfusen Eindrücke konditionieren das Leben des Menschen sowie die Weise, in der er denkt und sich verhält, ohne dass er deren subtile Wirkung auf sein Wesen bemerkt.

Jemand geht auf der Straße.[7] Eine Gruppe von Personen kommt auf ihn zu. Auf seiner Höhe angekommen, dreht sich eine von ihnen abrupt um, um ihren Begleitern etwas zu zeigen. Dabei stößt sie aus Versehen ihren Ellbogen mit Kraft gegen den Brustkorb des Passanten, der beinahe hinfällt. Untröstlich entschuldigt sie sich zutiefst für ihre Ungeschicklichkeit. Der Passant kehrt nach Hause zurück und ist besorgt, denn er versteht nicht, warum er bei jedem Atemzug einen scharfen Schmerz im Brustkorb spürt. Er lässt sich von einem Arzt untersuchen, der eine gebrochene Rippe feststellt. Einige Monate später ist der Mann geheilt und alles ist gut... anscheinend. Was er aber nicht merkt, ist, dass jedes Mal, wenn er auf der Straße geht und einer Gruppe von Passanten begegnet, eine unbewusste Furcht in ihm aufsteigt. Ohne es zu wissen, ist er jedes Mal auf der Hut, bereit, seinen Arm zu heben, um seine Brust zu schützen; er wird es sogar manchmal tun, ohne den Ursprung seiner Geste zu erkennen, unter dem Vorwand, seine Krawatte zu richten, seine Weste glattzustreichen etc. Denn für den mentalen Aspekt des Menschen, der nicht denkt und der keine Logik besitzt, gilt: *Eine Personengruppe, die auf der Straße geht, wird assoziiert mit einer brüsken Armbewegung, die wiederum assoziiert wird mit der Fraktur einer Rippe, welche assoziiert wird mit Schmerz, der assoziiert wird mit einem Arzt, dieser wird assoziiert mit einer gebrochenen Rippe, diese wird assoziiert mit einer Gruppe von Passanten*

---

[7] Dieser und der folgende Bericht sind Jugenderlebnisse des Autors.

auf der Straße, welche wiederum assoziiert werden mit einem scharfen Schmerz, und so geht es endlos weiter.

Und es kann sein, dass dieser Mann für den Rest seines Lebens eine unbewusste Erinnerung und eine unbestimmte Furcht behält, wenn er aus dem Hause geht und ein paar Personen begegnet, die zusammen gehen. Die einfache Erwähnung des Wortes „Arzt" kann Gedankenassoziationen wie Rippenfraktur, Straße, scharfer Schmerz und so weiter auslösen. Außerdem wird ihn seine Brust, die ihre eigene Form von Bewusstsein und von Gedächtnis besitzt, ohne offensichtlichen Grund schnell daran erinnern, sie zu schützen, wenn er eine Gruppe von Leuten auf sich zukommen sieht.

Wenn die Erforschung seiner selbst nicht mit verschiedenen spirituellen Übungen des Aspiranten verbunden ist und wenn dieser nicht versucht, seine Vorstellungen und seine sich wiederholenden Gedanken sowie seine Reaktionen und seine Verhaltensweisen – manchmal seltsam unlogisch und widersprüchlich – infrage zu stellen, läuft er Gefahr, nie zu verstehen, was ihm den Weg auf seiner geheimnisvollen Suche nach dem HIMMLISCHEN URSPRUNG versperrt.

Bevor jemand etwas in sich verändern kann, muss er (wie schon gesagt) zunächst *akzeptieren*, wiederholte Bemühungen zu machen, das zu beobachten, was in der Regel unaufhörlich in seinem Wesen abläuft, ohne dass er es weiß. Und gerade mit dem *Akzeptieren*, diese Anstrengungen zu machen, hat der Aspirant Schwierigkeiten. Es ist so, als ob er sich unbewusst vorstellte, dass diese Probleme, wenn er sie nur nicht in sich sehe, nicht existierten und ihn folglich nicht beeinflussen könnten. Er wird dann für immer in sich eingeschlossen bleiben, im Gefängnis seiner kleinen dunklen und vergänglichen Welt.

Was dem Aspiranten fehlt, um diese Arbeit durchführen zu können, ist, zu der Notwendigkeit zu erwachen zu lernen, diese Weigerung in sich zu beherrschen, um mit einem offenen und tief fragenden Geist die ungünstigen Züge oder geheimen Komplexe betrachten zu können, die er in seinem Wesen trägt und die für seine spirituellen Möglichkeiten ein Hindernis bilden. Sonst wird die Brücke, die zu dieser äußerst wichtigen Selbsterkenntnis führt, in einen Nebel gehüllt bleiben, der ihm das Ziel seiner spirituellen Übungen verschleiert. So wird er vielleicht nie sehen, was ihn daran hindert, das andere Ufer zu erreichen, um zu seinem HIMMLISCHEN FÜRSTEN zu gelangen.

Wenn der Sucher die verborgene Ursache entdecken möchte, aus der heraus sich irgendein heimlicher Impuls in ihm regt und ihn verleitet, manchmal unlogisch zu handeln, oder in zwingt, gewissen Situationen ohne richtigen Grund aus dem Weg zu gehen, oder ihn sogar veranlasst, sich gegen seinen Willen, aus scheinbar irrationalen Motiven heraus, in problematische Situationen zu begeben, dann muss er *gegen* sich selbst angehen.

Anders gesagt, wenn er sich nicht manchmal zwingt, *etwas zu tun*, was er aus dem einen oder anderen Grund nicht tun möchte, und wenn er sich nicht in anderen Momenten *weigert, etwas zu tun*, wozu er eine unwiderstehliche Lust hat,[8] wird er nie den Ursprung seiner Antriebe erkennen oder sich nicht einmal ihrer Existenz in sich bewusst sein. Er wird daher fortfahren, auf eine Weise zu leiden, die ihm unverständlich bleiben wird, oder manchmal ein unbestimmtes Unbehagen zu fühlen, ohne dessen wahren Grund zu kennen.

Bei manchen Gelegenheiten ist es nötig, sich zu zwingen, einem Menschen oder einem Ort gegenüberzutreten, vor dem man eine unbegreifliche Angst hat, oder auch sich einer Sache zu stellen, gegen die man Abscheu oder eine unerklärliche Abneigung verspürt, um die Gründe verstehen zu können, aus denen man diese besonderen Empfindungen hat. Ferner muss man versuchen, soweit es möglich ist, den Ursprung

---

[8] Siehe die Kapitel 16 und 17 meines Buches *Der Weg der inneren Wachsamkeit*.

dieser inneren Reaktionen zu erkennen, indem man versucht sich zu erinnern, unter welchen genauen Umständen sich diese in ihm eingestellt haben. Wenn der Aspirant versucht, sich selbst gegenüber ehrlich zu sein, muss er feststellen, dass die Frage nicht ist, dass er die Anstrengung, diese Probleme in sich zu konfrontieren, nicht machen *kann*, sondern, dass er sie nicht machen *will*.

Jemand isst in Gesellschaft eines Freundes. Unter den verschiedenen Nahrungsmitteln auf seinem Teller befindet sich ein Blumenkohl. Während er mit seinem Begleiter diskutiert, nimmt er einen Bissen und isst. Dann senkt er seinen Blick, um noch einen zu nehmen, und sieht zu seinem Schrecken einen toten Wurm, der mit dem Blumenkohl gekocht wurde. Und, was noch schlimmer ist, er hat bereits einen Teil dieses Wurmes mit dem vorigen Bissen verzehrt. Von dem Tag an, für Monate, ja vielleicht sogar Jahre, kann er keinen Blumenkohl mehr essen. Und obwohl die Zeit vergeht, wird er jedes Mal, wenn sein Blick auf einen Blumenkohl fällt, ein unbewusstes Gefühl des Ekels haben; denn für den Aspekt des Geistes, der keine Logik besitzt, gilt: *Ein Blumenkohl repräsentiert einen Wurm, der mit dem Akt des Essens verbunden ist, der mit Ekel assoziiert ist, der mit einem toten Wurm verbunden ist, der mit einem Blumenkohl assoziiert ist, der mit einem gekochten Wurm verbunden ist, den man verschluckt hat, der mit dem Akt des Essens verknüpft ist, der mit Ekel verbunden ist, und so weiter...*

Dieser dunkle Aspekt des Geistes, der nicht denken kann, ist der Ursprung so vieler Missverständnisse, Spannungen, Streitigkeiten und sogar Kriege zwischen verschiedenen Rassen oder Völkern benachbarter Länder, dabei unendliches Leid für die Welt nach sich ziehend.

Wenn jemand zu einer anderen Rasse und zu einer Welt gehört, die sich kulturell von der unterscheidet, in der er sich befindet, und wenn seine Weise, zu denken und zu sein, von denen, die ihn umgeben, nicht verstanden wird, kann er unabsichtlich bei jenen negative (oder sogar feindselige) Gefühle hervorrufen, die diese Leute, ohne sich dessen bewusst zu sein, in dieser unlogischen Schicht ihres Geistes bewahren. Ihre Haltung kann dann für diese Person eine Quelle seelischen Leids sein, und das über Jahre. Es kann sogar sein, dass diese Leute jahrzehntelang fortfahren, diese Person in dem anfänglichen Eindruck, den sie sich von ihr gemacht haben und der jede Kommunikation zwischen ihnen und ihr blockiert, einzusperren. Und ohne es zu merken, *sind sie ebenfalls in diesem psychischen Gefängnis eingeschlossen, in welches sie diese Person all die Jahre gesetzt haben.*

Diese Besonderheit des menschlichen Geistes geht Hand in Hand mit der Konditionierung, die die Eltern ihren Kindern übertragen. Man kann oft beobachten, wie die Mitglieder einer Familie gewisse Eindrücke, die sie passiv aufgenommen haben, in dieser Schicht ihres Geistes aufbewahren, Eindrücke, die sie nicht mehr loswerden können und in denen sie gefangen sind. Und wenn die Kinder erwachsen werden, bürden sie ihrerseits ihrer Nachkommenschaft diese Vorurteile auf, die daher mit dem Lauf der Zeit fortleben und sich in der Welt verbreiten.

Die Männer und die Frauen, die diesen Planeten bevölkern, leben daher unter einer *kollektiven geistigen Schicht* (gebildet aus der Emanation all dieser irrationalen und dunklen Gedanken ihrer Psyche), die durch die Zeitalter unaufhörlich wächst und immer mehr auf ihnen lastet, sie so in eine Art Schlafwandler verwandelnd, die, im Zustand einer generalisierten Hypnose, gehen, handeln, Kinder bekommen und Kriege machen.

Ein motivierter Sucher muss versuchen, durch intuitive Einblicke das, was in Bezug auf das Funktionieren eines bestimmten Aspektes seines Geistes dargestellt wurde, zu verstehen. Er wird dann feststellen, dass die Erfahrungen, die ihn durch unbewusste Assoziationen anketten und die aus diesem unlogischen Aspekt seiner Psyche stammen, nicht nur negativer oder unangenehmer Art sind. Ja, auch die angenehmen Erfahrungen und Ereignisse, die in seinem Leben auftreten, können ihn anketten und später psychologische und emotionale Probleme in ihm schaffen. Vielleicht ist jemand in einer bestimmten Phase seines Lebens an einem bestimmten Ort oder in einem bestimmten Land, das er gegen seinen Willen aufgrund der Erfordernisse der Erscheinungswelt verlassen musste, besonders glücklich gewesen. Irgendwo vergraben in den dunklen Tiefen dieser Schicht seines Geistes, die nicht denken kann, werden vielleicht der Geschmack dieses Glückes, das zu erleben er privilegiert war, sowie ein schmerzliches und undefinierbares Verlangen, es wiederzufinden, ihn ein Leben lang beherrschen. Und manchmal wird ein bestimmtes Geräusch, ein bestimmter Duft oder sogar ein einfaches Wort – mit diesem Ort, der ihm lieb war, assoziiert, ohne dass er sich dessen bewusst ist – eine unerklärliche Traurigkeit in ihm entstehen lassen, die er, selbst wenn er mit seinen Freunden redet und scherzt, tief in sich tragen kann.

Da sich der Mensch im Allgemeinen seiner selbst nie in der Weise bewusst ist, wie er das eigentlich sein sollte, kann er nicht sehen, was ihn durch eine Bindung an die angenehmen Dinge und Seiten des existentiellen Lebens sowie durch eine gleichzeitige Ablehnung von dessen unangenehmen Aspekten kontinuierlich gefangen hält. Und wenn sie sich erst einmal in ihm festgesetzt hat, wird diese Art zu denken und zu sein so sehr zu einem integralen Bestandteil seiner Natur geworden sein, dass er sich nicht mehr genügend von sich selbst lösen kann, um deren Ursache zu verstehen und die Wirkung auf sein Wesen einschätzen zu können. Der Autor konnte nicht umhin, die Zahl der Männer um sich herum festzustellen, die eine bestimmte sexuelle Phantasie in sich trugen, die im Stillen diese dunkle Schicht ihres Geistes infiltriert hatte; diese Männer machen sich offensichtlich nicht klar, dass sie, ohne eine *bewusste Bemühung* von ihrer Seite, um diese schädlichen Gedanken in sich zu ändern, unwissentlich ihr Leben lang Opfer des Bildes bleiben werden, dass sie sich von der Frau gebildet haben – ein Bild, in dem sie gefangen sind und in dem sie, ohne es zu wollen, auch die Frau gefangen halten. (Selbstverständlich ist dieses Problem auch bei Frauen anzutreffen).

Nach allem, was dargelegt wurde, kann ein ernsthafter Aspirant nicht umhin zu bemerken, was für eine wichtige Rolle die *Selbsterkenntnis* bei einer spirituellen Suche spielt, und wie notwendig es für ihn ist, eine ganz bestimmte innere Präsenz zu kultivieren, die ihm erlaubt, sich immer mehr bewusst zu werden, was in seinem Geist und in seinem Wesen abläuft: sich bestimmter unrealistischer und stetig wiederkehrender Gedanken sowie seiner Weise zu sein und sich zu verhalten bewusst, besonders, wenn er alleine ist, und seiner Impulse, die ihn manchmal antreiben, zu handeln oder sich mit anderen auf eine völlig unlogische Weise zu benehmen – die sogar ihn selbst überraschen kann.

Es muss sich in seinem Wesen eine genügend starke Veränderung vollziehen, um ihm zu erlauben, an seine Meditation und seine anderen spirituellen Übungen mit dem Ernst, die sie von ihm verlangen, und mit einem freien Geist heranzugehen. Nur das kontinuierliche Studium seiner Weise zu denken, zu sein und sich im Leben zu verhalten kann die notwendige Veränderung in ihm hervorrufen. Denn, wie gesagt, der Mensch kennt sich nicht,[9] und so lange er der

---

[9] „Sie mit sich nehmend, begab er sich zum Saal der Reinigungen und ging im Tempel umher. Und ein gewisser Hoher Priester der Pharisäer mit Namen Levi kam auf ihn zu und sagte zum Erlöser: „Wer hat dir erlaubt, an diesem Ort der Reinigung herumzugehen und diese heiligen Gefäße zu sehen, obwohl du nicht gebadet hast und die Füße deiner Schüler nicht gewaschen wurden? Und jetzt, nachdem du ihn entweiht hast, gehst du in diesem reinen Tempelbezirk herum, in dem nur jemand, der gebadet und seine Kleider gewechselt hat, gehen darf, und selbst so eine Person darf nicht diese heiligen Gefäße ansehen."
Der Erlöser blieb alsbald mit seinen Schülern stehen und antwortete: „Da auch ihr hier im Tempel seid, seid ihr rein?"
Der Pharisäer sagte zu ihm: „Ich bin rein, denn ich habe im Teich Davids gebadet. Ich stieg auf einer Treppe in den Teich und kam auf einer

bleibt, der er für gewöhnlich ist, wird er sein gesamtes Dasein mit einem *Unbekannten* in sich verbringen, der auf seine Kosten in ihm wohnt. Ohne es je zu wissen, wird er in jedem Augenblick, der vergeht, auf die seltsamste und geheimnisvollste Weise (die man im Allgemeinen nicht fassen kann) *in die Art von Gedanken transformiert*, die in seinem Wesen aufsteigen, sowie in die *Zustände*, die diese Gedanken erzeugen. Er sieht nicht, dass sein Empfinden von diesen Gedanken, die unaufhörlich in seinem Geist auftauchen und verschwinden, *gefärbt* wird.

Die Erforschung seiner selbst und die Entwicklung der moralischen Integrität (die in der existenziellen Welt dramatisch fehlt) müssen die Grundlage bilden, auf denen sich alle spirituellen Übungen des Aspiranten aufbauen, da andernfalls seine Arbeit auf eine sehr begrenzte Ebene beschränkt bleiben wird; und selbst wenn es ihm manchmal gelingt, im Laufe seiner Meditation erhabenere Bewusstseinszustände zu berühren, werden diese nicht lange anhalten, bevor er, ohne den Grund dafür zu verstehen, *erneut auf die Stufe des Seins zurückgeworfen wird, die ihm entspricht*; er wird daher für immer nutzlos für seinen SCHÖPFER bleiben. Denn alle seine nicht nutzbringenden Wünsche, seine moralischen Schwächen und seine noch nicht transformierten Neigungen werden ihn weiter fesseln und ihn immer dann *nach unten*

---

anderen wieder heraus. Dann legte ich weiße Kleider an und sie waren sauber. Und dann kam ich und sah diese heiligen Gefäße an."
Der Erlöser gab ihm zur Antwort: „*Wehe euch Blinden, die ihr nicht versteht!* Du hast in den strömenden Wassern gebadet, in die Tag und Nacht Hunde und Schweine geworfen werden. Und als du dich wuschest, reinigtest du die äußere Hautschicht, die Schicht der Haut, die Prostituierte und Flötenmädchen mit Myrrhe parfümieren, waschen, säubern und schminken, um die Begierde der Männer zu erregen. *Innen sind sie jedoch mit Skorpionen und Lastern besudelt*. Aber meine Schüler und ich, von denen du sagst, sie haben sich nicht gewaschen, wir haben uns in den Wassern des ewigen Lebens gewaschen, das von dem Gott des Himmels kommt. Aber wehe denen…" Apokryphes Evangelium, Papyrus Oxyrhynchus 840.

ziehen, wenn er versucht sich zu erheben, gemäß dem unerbittlichen Gesetz der Anziehung und der Schwere.

Durch ein zwei- oder dreimaliges Hinschauen auf das, was in ihm abläuft, kann sich im Wesen des Suchers noch keine spirituelle Alchemie vollziehen und seine Probleme werden nicht für immer gelöst sein. Diese Umwandlung beinhaltet die Arbeit eines gesamten Lebens. Es gilt zu akzeptieren, mit unermüdlicher Hartnäckigkeit immer wieder die Abfolge der wirren und unkontrollierten Gedanken, die die meiste Zeit seinen Geist erfüllen, zu sehen, um deren dunklen Ursprung erfassen zu können, und sei es nur ein bisschen.

Aber es muss einmal mehr betont werden, dass, sich dessen bewusst zu sein, was in ihm abläuft, vom Aspiranten das Bemühen verlangt, *sich von sich selbst zu lösen*, wenigstens in einem bestimmten Maß, um beginnen zu können, die Probleme und Komplexe, die seine übliche Persönlichkeit bilden, mit dem *nötigen Abstand* zu beobachten. Und damit es ihm gelingt, genügend distanziert zu sich selbst zu sein, um auf eine richtige und unbeteiligte Weise betrachten zu können, was sich in seinem Wesen abspielt, ist es wichtig, dass er sich nicht in der ersten Person ausdrückt, sondern sich einer *unpersönlichen Form* bedient. Er muss vermeiden, das Wort „ich" zu benutzen, wenn er wahrnimmt, was in manchen Augenblicken in ihm aufsteigt. Mit anderen Worten, er darf zum Beispiel nicht zu sich sagen: „Ich habe Angst" oder „ich bin traurig" oder „ich habe Lust" oder „ich empfinde Groll" oder „ich verspüre Abneigung" etc., sondern er muss, um sich mit dem, was er in sich bemerkt, nicht zu identifizieren, *innerlich* sagen: „da ist Angst" oder „da ist Traurigkeit" oder „es gibt einen Wunsch" oder „da regt sich Groll" oder „da ist Abneigung" und so weiter.

Bevor es möglich ist, das Licht der SONNE anzuschauen, müssen die Wolken den Platz verlassen, den sie einnehmen. Das Gleiche gilt für den Sucher. Bevor sich sein GÖTTLICHES WESEN seiner inneren Sicht offenbaren kann, müssen ihn alle seine schädlichen Neigungen und Gedanken verlassen. Die GÖTTLICHE GNADE kann sich nicht in ihm manifestieren, wenn SIE nicht ein günstiges Terrain vorfindet. Aber das aufzugeben, was er für gewöhnlich ist, ist nicht leicht; dieser Akt beinhaltet einen ständigen *Kampf*, denn sein niederes Wesen ist hartnäckig und akzeptiert nicht, ohne erbitterten Kampf von der Stelle zu weichen. Es weiß nämlich, dass die Dunkelheit da, wo das LICHT scheint, nicht die nötigen Bedingungen für ihre Manifestation finden kann.

Der Aspirant erinnere sich an die allzu oft missverstandenen Worte CHRISTI: „Das Königreich des Himmels wird mit dem Schwert gewonnen." Kein Satz könnte klarer die *Schlacht* beschreiben, die dem niederen Aspekt seiner selbst geliefert werden muss, um einen anderen Zustand des Seins zu erreichen, der zu einer HIMMLISCHEN WELT gehört. Auch in der Bhagavad-Gîtâ ruft KRISHNA (eine Inkarnation der GÖTTLICHEN WEISHEIT), als er seinen Schüler Arjuna unterweist, ihn mit folgenden Worten zu demselben Kampf auf: „Erinnere dich jeden Moment an MICH und *kämpfe*."

Der Sucher gewinnt sein Paradies Tropfen für Tropfen, bis der große Tag seiner Befreiung kommt, wenn das Gefäß seines Wesens mit der GÖTTLICHEN ESSENZ gefüllt sein wird.

Kapitel 2

Der Aspirant und das existenzielle Leben

Ein Aspirant, der gerade einen spirituellen Weg begonnen hat, erkennt vielleicht nicht die Wichtigkeit, nicht mit der äußeren Welt zu brechen, wozu er versucht sein könnte. Im Gegenteil, er muss lernen, seine verschiedenen Konzentrationsübungen sowohl in der Ungestörtheit seines Zimmers als auch in den Turbulenzen des aktiven Lebens auszuführen.

Da er sich am Anfang seines spirituellen Unterfangens plötzlich mit dem konfrontiert findet, der er wirklich in sich ist, und sich gezwungen sieht, mit seiner rebellischen Aufmerksamkeit auf eine Weise zu kämpfen, die ihm bis dahin unbekannt war, stößt er bei seinen Versuchen, sich zu konzentrieren, auf Schwierigkeiten, die er nicht erwartet hatte – Schwierigkeiten und Hindernisse, die sowohl aus ihm selbst stammen als auch aus seiner Beziehung zur Außenwelt und die ihn überraschen und aus der Fassung bringen. Infolgedessen beginnt er, die Welt um sich herum sowie die Personen, mit denen er sein Leben teilt, mit offenem oder verstecktem Groll zu betrachten, als ob es der Kontakt mit ihnen sei, der die Ursache seiner Probleme darstelle. Wenn er nicht genügend Unterscheidungsvermögen zeigt, kann er versucht sein, alles verlassen zu wollen, um sich an einen ruhigen Ort zurückzuziehen, in der Vorstellung, dass er dort vor allem, was ihn stört, geschützt sein werde, und dass er es dort leichter haben werde, seine Konzentrationsübungen auszuführen.

In diesem Stadium sieht er noch nicht, dass in ihm eine merkwürdige Ambivalenz besteht; denn auf der einen Seite verspürt er den Wunsch, sich seinen spirituellen Übungen zu widmen, und auf der anderen Seite trifft er auf einen starken

Widerstand, der aus dem niederen Aspekt seiner Doppelnatur stammt, der sein Streben nicht teilt.

Er vergisst (oder erkennt zu Beginn dieser schwierigen inneren Reise vielleicht nicht), dass, an welchen Ort er sich auch immer begeben mag, *er sich so, wie er für gewöhnlich ist, mitnehmen wird.* Alle die psychischen und moralischen Probleme sowie die nicht wünschenswerten Gewohnheiten und Neigungen, die im Allgemeinen seine Persönlichkeit bilden, werden ihn überallhin begleiten, wohin er gehen wird, selbst wenn er sich auf einer verlassenen und paradiesischen Insel niederließe. In kurzer Zeit werden diese unerwünschten Wesenheiten – die ihn ohne sein Wissen bewohnen – ihr Haupt erheben und sich gemäß den verschiedenen, unerwarteten äußeren Bedingungen (klimatische und andere), auf die er trifft, manifestieren. Und wie zuvor würde er sich *mit sich selbst*, mit seinen Neigungen, seiner Konditionierung, seinen nutzlosen oder negativen Gedanken, seiner Unzufriedenheit, seinen bewussten oder unbewussten Lebensängsten, seinem Wunsch nach Sicherheit (in dieser Existenzform unmöglich zu erreichen), seinen sexuellen Bedürfnissen etc. konfrontiert sehen, die alle Befriedigung verlangten, während er, auch wenn er das noch nicht erkennt, dahin kommen muss, sich von ihnen zu befreien.

Der noch nicht transformierte Mensch macht sich nicht klar, *dass er dem nicht entgehen kann, der er in sich ist.*

Unter den Personen, die mit dem Autor gearbeitet haben, haben einige über einen längeren Zeitraum ihre äußeren Tätigkeiten eingestellt, in dem Glauben, sich so besser ihren Konzentrationsübungen und der Meditation widmen zu können; andere glaubten, dass sie, wenn sie in den Ferien wären, verfügbarer wären, um sich ihren spirituellen Übungen zu widmen. In beiden Fällen sind diese Personen sehr enttäuscht zum Autor zurückgekommen. Sie wurden unangenehm durch die Feststellung überrascht, dass ihre anfängliche Begeisterung in kürzester Zeit verpufft war und sie schließlich sogar ihre ganze Praktik aufgegeben hatten.

Die Schwierigkeiten, die das existenzielle Leben unaufhörlich schafft, haben in einer spirituellen Arbeit eine Daseinsberechtigung. Tatsächlich sind sie notwendig, um die Aspiranten anzutreiben, bei dieser geheimnisvollen Suche nach ihrer GÖTTLICHEN IDENTITÄT durchzuhalten. Es existiert nämlich ein sehr seltsames Phänomen im Menschen: Solange er das, was er sich wünscht, nicht bekommen kann, *kämpft er erbittert darum, es sich zu verschaffen*; und sobald er es besitzt, *wird er dessen schnell überdrüssig*.

***

Von dem Tag an, da ein Sucher den Ruf erhält, diese geheimnisvolle Reise, auf der Suche nach seiner URSPRÜNGLICHEN QUELLE, zu unternehmen, wird er, wenn er es wirklich ernst meint, beginnen, sich so zu sehen, wie er für gewöhnlich ist, mit seinen Fehlern, seinen Schwächen und seinen Ängsten, die sich vor ihm auftürmen, ihn daran hindernd, seinem Ziel näher zu kommen. Die wirklichen Hindernisse liegen nicht außerhalb seiner selbst, sondern *in ihm*, in seiner Weise, die Welt und die SCHÖPFUNG zu sehen, sowie in dem, was er vom Leben bekommen möchte.

Ein Aspirant wird sich nie selbst erkennen, wenn er nicht mit anderen Personen in Kontakt ist und den unsicheren Bedingungen der phänomenalen Welt ausgesetzt ist, zuweilen angenehm und zuweilen unangenehm, an bestimmten Tagen ruhig und an anderen bewegt, in manchen Momenten beruhigend und in anderen beunruhigend… *ständig wechselnde* und meistens *unerwartete* Bedingungen, die in ihm positive oder negative Reaktionen, Gefühle des Vertrauens oder der Furcht, gute oder schlechte Tendenzen wachrufen – manchmal sogar künstlerische oder wissenschaftliche Potenzialitäten, von deren Existenz in sich er nichts geahnt hatte. Erst durch diese unvorhersehbaren äußeren

Bedingungen und durch die Kontakte mit anderen Personen, die oft durch ihr Temperament, ihr Verhalten und durch ihre Weise zu denken und zu sein sehr verschieden von ihm sind, hat er die Möglichkeit, besser zu sehen, *wie er auf Herausforderungen reagiert, die die Außenwelt ihm jeden Augenblick entgegenschleudert.*

Alle diese, oft unvorhersehbaren Lebensumstände, werden ihm in den Weg gestellt, um ihm zu helfen *sich zu erkennen*. So kann er sich darüber klar werden, wie er sich angesichts der verschiedenen Verlockungen der äußeren Welt und in – manchmal dramatischen – Situationen verhält, die ihn verführen, seine materiellen und physischen Bedürfnisse zu befriedigen und sich auf Kosten anderer zu schützen, die ihn in die Mutlosigkeit treiben, die ihn verleiten, sich vor seinen Pflichten zu drücken… oder aber, die in ihm den glühenden Wunsch erwecken, mit sich selbst zu kämpfen, um stark, edel und ehrenhaft zu werden, um fähig zu werden, eines Tages die schwere Verantwortung der GNADE, nach der er strebt, auf sich zu nehmen.

Wenn er versucht, ehrlich gegen sich selbst zu sein, kann ein ernsthafter Sucher nicht umhin zu erkennen, und sei es nur auf rein logischem Wege, dass er nicht der bleiben kann, der er ist, beschwert durch seine gewohnte Weise zu sein und zu denken sowie durch alle möglichen nicht infrage gestellten Tendenzen in sich (die er im Allgemeinen nicht zu erkennen sucht), und gleichzeitig hoffen kann, eines Tages in erhabene Höhen in seinem Wesen aufsteigen zu können, um die Glückseligkeit einer HIMMLISCHEN WELT zu genießen.

Ganz gleich, welchem spirituellen Weg ein Aspirant folgt, das Problem, mit dem er sich messen muss, bleibt immer dasselbe. Der Mensch wird beschwert durch vielfache Gewohnheiten und nutzlose Konditionierungen, die sich seit einer unergründlichen Vergangenheit nach und nach in ihm auskristallisiert haben und die einen hartnäckigen Kampf von seiner Seite fordern, wenn er sie wirklich überwinden möchte.

Die Umwandlung seiner unerwünschten Neigungen kann sich nur durch einen pausenlosen Kampf vollziehen – den auszufechten er bereit sein muss, und zwar inmitten der Schwierigkeiten, die das existenzielle Leben unaufhörlich auf seinem Weg auftürmt.

Der Aspirant angesichts der Dualität

Das der phänomenalen Existenz innewohnende Leid kann den Menschen manchmal zum Inneren seiner selbst drängen, um ihn beginnen zu lassen, nach dem Sinn seines Daseins auf dieser ERDE zu fragen. Und erst, wenn er sich auf einem spirituellen Weg engagieren und den anderen Aspekt seiner Doppelnatur entdecken wird, von dessen Vorhandensein in sich er bisher nichts ahnte, wird er die Antwort auf diese schmerzlichen Fragen finden. Er wird nun erkennen, dass diese Dualität in ihm ihre Daseinsberechtigung hat; ohne sie würde er über kein Mittel des *Vergleichs* verfügen; denn nur durch sie ist es ihm möglich, den GÖTTLICHEN ASPEKT seiner Doppelnatur zu erkennen – so wie es ihm nicht möglich wäre, den Tag zu schätzen und zu verstehen, wenn es die Nacht nicht gäbe, das Leben, wenn es den Tod nicht gäbe, das Glück, wenn es das Unglück nicht gäbe. Man kann nämlich das Licht der himmlischen Gestirne nur dank der Dunkelheit, die sie umgibt, sehen und wahrnehmen. Das ist der Grund, warum der niedere Aspekt des Menschen, ja, auch er, seinen Platz in der SCHÖPFUNG hat und nicht blind gering geachtet oder negativ als ein nutzloses Hindernis auf dem Weg des Suchers angesehen werden darf; er muss vielmehr zum Mittel werden, um ihn jedes Mal zu erinnern, dass er, wenn er in dem dunklen Aspekt seiner Doppelnatur versinkt, auch den HIMMLISCHEN ASPEKT in sich trägt, den er entdecken muss, um eines Tages in IHN einzutauchen.

Alles, was in Raum und Zeit geschaffen ist, kann nicht vermeiden, in der Dualität zu leben. Und paradoxerweise ist es nur möglich, über die Dualität hinauszugehen, indem man ihre Existenz im UNIVERSUM und in der SCHÖPFUNG als eine

Notwendigkeit akzeptiert. Denn es ist unvorstellbar, etwas *ohne Gegenüberstellung mit seinem Gegenteil* erfassen zu können. Wenn es nicht die Einatmung gäbe, könnte man sich nicht die Ausatmung vorstellen, wenn es keine Geburt gäbe, könnte man nicht die Realität des Todes begreifen; und ohne die Schöpfung wäre es unmöglich, die Auflösung zu verstehen.

Damit es dem Aspiranten gelingt, die Dualität zu überschreiten, muss er damit beginnen, ihre *Daseinsberechtigung* in der Welt der Phänomene zu *verstehen* und zu erkennen. Als Mittel des Vergleichs zwischen zwei Welten erweist sie sich als unerlässlich, um ihm zu helfen, sich ganz anders als gewohnt seiner selbst bewusst zu werden, damit er eines Tages dahin kommen kann, den Platz zu finden, den in der Unermesslichkeit dieses geheimnisvollen KOSMOS einzunehmen ihm bestimmt ist.

Es muss indessen klargestellt werden, dass das, was gerade gesagt wurde, keine Rechtfertigung der Dualität darstellt, sondern eine reine Erinnerung an eine *unbestreitbare Realität* ist, mit dem Ziel, den Sucher für den geheimnisvollen Sinn dieser Gegensätze im UNIVERSUM und in der SCHÖPFUNG wach zu machen. Es ist jedoch offensichtlich, dass die Dualität nur eine Etappe darstellt, die erst dann richtig verstanden und überwunden werden kann, wenn es dem Aspiranten gelungen ist, in sich durch direkte Erfahrung den GÖTTLICHEN ASPEKT seiner Doppelnatur zu erkennen, der ihr nicht unterworfen ist, wie Buddha erklärte:

„ Es gibt, ihr Mönche, ein Nichtgeborenes, ein Nichtgewordenes, ein Nichtgeschaffenes, ein Nichtgestaltetes. Wenn es, ihr Mönche, dieses Nichtgeborene, Nichtgewordene, Nichtgeschaffene, Nichtgestaltete nicht gäbe, so wäre für das Geborene, das Gewordene, das Geschaffene, das Gestaltete kein Ausweg zu erkennen. Aber da es, ihr Mönche, ein Nichtgeborenes, ein Nichtgewordenes, ein Nichtgeschaffenes, ein Nichtgestaltetes gibt, ist für das

Geborene, das Gewordene, das Geschaffene, das Gestaltete ein Ausweg zu erkennen." (Udhâna, VIII).

Die Wahrnehmung der Dualität kann daher den Aspiranten zu der Erkenntnis bringen, dass die bejahende Aussage ohne ihr Gegenteil, die Negation, das Weiß ohne das Schwarz, das Wirkliche ohne das Illusorische etc. keinen Sinn machen würde. Aber um über diese Gegensätze hinauszugehen, muss er in sich selbst den *Weg der Mitte* finden, der alleine ihm erlauben kann, seine Aufmerksamkeit teilweise auf das Innere seines Wesens gerichtet zu halten, während er weiter auf den Ruf der äußeren Welt antwortet.[10] Indem er daher diese besondere Haltung in sich kultiviert (die nur durch lange und geduldige Bemühungen erworben werden kann), *wird er beiden Welten gleichzeitig Gerechtigkeit und Genugtuung widerfahren lassen.*[11] Andernfalls wird er (paradoxerweise und ohne sich dessen bewusst zu sein) das eine, indem er es verneint, bestätigen und das andere, indem er es bestätigt, verneinen.

Der Mensch kann seine Situation in einem UNIVERSUM, das ihn übersteigt, nur erfassen, wenn sein Blick paradoxerweise aufhört, einzig auf die äußere Welt gerichtet zu sein; es ist ihm möglich, einen Zustand des Seins zu erreichen, aus dem heraus er nicht nur beginnen kann, seinen Platz in der existenziellen Welt zu erkennen, sondern auch die Art der spirituellen Entwicklung zu ahnen, die von ihm verlangt wird – eine besondere Entwicklung, die, für gewöhnlich unbegreiflich, sich ohne hartnäckige Bemühungen von seiner Seite nicht vollziehen kann.

Dank einer regelmäßigen Meditationspraxis und diverser Konzentrationsübungen kann es ein aufrichtiger Aspirant schaffen, sich seiner selbst in der Weise bewusst zu werden, wie er es wirklich sein sollte, und *im existenziellen Leben zu*

---

[10] „In allen deinen äußeren Tätigkeiten bewahre deine innere Freiheit." Kwaja Abd Al-khaliq.
[11] „So gebet dem Kaiser, was des Kaisers ist, und Gott, was Gottes ist." Matth 22, 21.

bleiben, ohne sich damit zu identifizieren. Er wird entdecken, dass dieser ungewohnte Bewusstseinszustand außerordentlich ätherisch und zugleich erstaunlich einfach ist, aber dass er aufgrund seiner hohen Subtilität anfangs nicht leicht zu erkennen oder in ihm herzustellen ist. Er muss ihn durch *unaufhörlich erneuerte Bemühungen erwerben.*

Dieser außergewöhnliche Bewusstseinszustand verlangt von ihm, dass er alles aufgibt, was er über sich und die Existenz zu wissen glaubt, dass er aufhört, dafür oder dagegen zu sein, dass er in seinen Beziehungen zur Umwelt so neutral und unbeteiligt wie möglich wird, damit ein Lichtschein sein Wesen zu erhellen beginnen kann und ihm bei seinem Kampf hilft, zur GEHEIMNISVOLLEN QUELLE zurückzukehren, aus der er entsprungen ist. Letzten Endes bekommt jeder das, was richtig für ihn ist, *gemäß dem Grad seiner Aufrichtigkeit und den Bemühungen, die er gemacht hat.*

Wenn der Aspirant, aufgrund von Mutlosigkeit oder weil er glaubt, dass er nur die Glückseligkeit suchen braucht, versucht, sich der Pflicht zu entziehen, sich selbst zu erkennen, und wenn er die Umstände flieht, in die ihn sein Schicksal zu diesem Zweck gestellt hat, werden ihn diese Bemühungen nicht weit bringen, selbst wenn es ihm manchmal gelingt, während seiner Meditation oder seiner verschiedenen Konzentrationsübungen glückselige Zustände zu berühren. In Wirklichkeit werden seine spirituellen Übungen nur in eine einzige Richtung gelenkt; und entweder wird er eines Tages verschwinden und sich auf eine ganz besondere Weise in sich verschließen, die Bedürfnisse dieser Welt und die Schulden, die er bei ihr hat, vergessend, oder diese Zustände werden sich, auf eine für ihn unbegreifliche Weise, früher oder später in ihr Gegenteil verwandeln; denn wenn das Ziel der Arbeit des Aspiranten nicht richtig ist und nur die einzige Richtung der Glückseligkeit anpeilt, wird es, gemäß einem unerbittlichen mathematischen Gesetz, schließlich *kippen und sich in sein Gegenteil verwandeln.*

Er muss in sich den *Mittelweg* finden, der ihm erlaubt, *in beide Richtungen gleichzeitig* zu schauen, damit er zu einem *Bindeglied* zwischen der oberen und der unteren Welt in sich werden kann. Tatsächlich kann keine Umwandlung in ihm stattfinden, wenn er nicht einverstanden ist, einen zentralen Platz in sich einzunehmen.

Wenn er ausschließlich den Aufstieg sucht (um sich in glückseligen Zuständen zu verlieren), ohne ebenfalls den schwierigen Abstieg in die dunklen Winkel seines Wesens zu akzeptieren, um seine Neigungen, seine Gewohnheiten und seine noch nicht transformierte Weise zu denken und zu sein zu erkennen, läuft seine spirituelle Entwicklung Gefahr, irgendwo auf dem Weg stehenzubleiben, trotz der Glückseligkeit, die er in bestimmten Momenten seiner Meditation genießen durfte. Es wird ihm dann unmöglich sein, den Plan, den sein SCHÖPFER für ihn gefasst hat, auszuführen. Denn, zu sehr mit der Suche nach gehobenen Zuständen beschäftigt, wird er seinen Blick nicht nach unten richten können, damit eine spirituelle Alchemie anfangen kann, in ihm stattzufinden.

Es mag sein, dass er nicht genügend realisiert, dass der leuchtende Zustand, den er zeitweise während seiner Meditation oder seiner Konzentrationsübungen berühren kann, in Wirklichkeit einen geheimnisvollen *Spiegel* darstellt, in dem er die Möglichkeit hat, *sich so zu sehen, wie er wirklich ist*. Und am Anfang dieses rätselhaften Abstiegs in sein Wesen ist es für einen Sucher sehr schwer zu akzeptieren, das gute (aber falsche) Selbstbild zu verlieren, das er seit seiner frühesten Kindheit von sich aufgebaut hat, als Ausgleich für die Komplexe und die psychologischen Probleme, die von den Älteren und seiner Umgebung in ihm erzeugt wurden, und die er nicht sehen kann oder vielmehr aus Gewohnheit in sich nicht sehen will – ein falsches Selbstbild, dass er dank einer schlecht angewendeten spirituellen Praxis vielleicht sogar noch schöner hat erscheinen lassen und in dem er sich selbstgefällig wiegt. Es ist, als ob er sich bedroht fühlte, für immer zu verschwinden, wenn er es aufgäbe.

Die Teilung der Aufmerksamkeit

Man hört häufig Aspiranten sagen, dass sie nicht gleichzeitig dem Ruf des äußeren Lebens und dem des inneren Lebens Folge leisten können; dass, wenn sie den endlosen Forderungen des äußeren Lebens nachgäben, ihr inneres Leben darunter leide. Wenn sie dagegen dem inneren Ruf gehorchten, werde das äußere Leben vernachlässigt und leide darunter.

Ein Sucher braucht viel Geduld und Festigkeit, um zur Beherrschung eines gewissen Widerstands zu kommen, der aus seinem gewöhnlichen Ich stammt und der ihn hindert, in sich eine ganz spezielle Teilung der Aufmerksamkeit herzustellen, unerlässlich auf einer spirituellen Suche. Erst nach der beharrlichen und wiederholten Durchführung bestimmter Konzentrationsübungen im täglichen Leben (deren Intensität von seiner Stufe des Bewusstseins, des Seins und der Intelligenz abhängt) wird er das Mittel finden, in zwei Welten gleichzeitig zu leben: auf der einen Seite eine durchscheinende und ätherische Welt, die er bereits in den Tiefen seines Wesens trägt, auf der anderen Seite die manifestierte und grobe Welt, die mit seinen Sinnesorganen wahrnehmbar ist. Daher wird sein Blick auf eine sehr spezielle Weise der Außenwelt zugewendet bleiben, während *sein Geist gleichzeitig auf sein Innerstes gerichtet sein wird.*

Diese besondere Teilung der Aufmerksamkeit (an der der Aspirant unablässig arbeiten muss) findet sich geheimnisvollerweise bei manchen großen Komponisten; ihr alleine ist es zu verdanken, dass es diesen großen Wesen gelingt, ohne dass sie sich dessen bewusst sind, während sie intensiv von ihren musikalischen Schöpfungen absorbiert sind, mit einer anderen Welt in sich in Kontakt zu treten, einem rätselhaften inneren Universum, aus dem sie außerordentliche Inspirationen holen, die später die äußere Welt in Erstaunen setzen. Diese Teilung der Aufmerksamkeit, derart wichtig für das spirituelle Wachstum des Aspiranten, wird in ihm geheimnisvoll eine *Ausdehnung des Bewusstseins* schaffen. Außerdem wird sich erst, wenn es ihm gelingt, diese subtile Teilung der Aufmerksamkeit im aktiven Leben zu bewahren, ein gewisses Gleichgewicht zwischen der äußeren Welt und der inneren Welt einstellen können, ein Gleichgewicht, das ihm erlauben wird, sich seiner selbst in der richtigen Weise bewusst zu sein.

Diese besondere Art, sich seiner selbst bewusst zu sein, wird ihn nicht nur davor bewahren, zu weit in eine Richtung zu gehen (die ihn am Ende vergessen ließe, dass er ein Bindeglied zwischen der oberen und der unteren Welt werden muss), sondern sie wird ihm auch erlauben, die unerwünschten Tendenzen besser kennenzulernen, die er noch in seinem Wesen trägt und die ihm den Weg zu einem anderen Universum versperren, das ihm für gewöhnlich unzugänglich ist.

Außer in sehr seltenen Momenten, wird in der Regel der gesamte Mensch zur Außenwelt gezogen, mit der er sich dramatisch identifiziert und in der er verloren ist, ohne dass er sich je dessen bewusst ist, was ihm widerfährt. Er bleibt daher von seiner GÖTTLICHEN ESSENZ abgeschnitten und die Tür, die zu seiner spirituellen Entwicklung führt, bleibt geschlossen. Folglich fährt er fort, *innerlich von einem Augenblick zum anderen zu sterben*, ohne es zu wissen, bis zu dem Augenblick, da sich der große physische Tod seiner bemächtigt und sich seine Augen zu seinem letzten langen Schlaf schließen.

Wenn der Aspirant im Laufe seiner verschiedenen Konzentrationsübungen nicht dahin kommt, einen besonderen Zustand des Seins zu erreichen, der ihm erlaubt, in beiden Welten gleichzeitig zu leben, wird er sich nie seiner selbst in der Weise bewusst sein können, wie er es eigentlich sein sollte, und folglich wird es ihm nicht möglich sein, zu einem Kanal zwischen der HIMMLISCHEN und der geschaffenen Welt zu werden. Ein echtes Verständnis des UNIVERSUMS, des Sinns seines Lebens auf der ERDE sowie seiner Beziehung zum UNENDLICHEN wird sich ihm entziehen.

Überdies wird sich jeder höhere Zustand, den er in gewissen Momenten seiner Meditation berühren darf, zwangsläufig mit dem gewöhnlichen Aspekt seiner Doppelnatur *vermischt* finden. Ohne sich dessen bewusst zu sein, wird er hinterher nicht anders können, als über seine Erfahrungen in einer Weise zu sprechen, die nicht der Realität entspricht; und da es sowieso kein irdisches Wort gibt, das die mystische Welt ausdrücken kann, wird alles, was er in Bezug auf dieses UNSAGBARE UNIVERSUM sagt, unfreiwillig nur Verrat sein, der auch die Anderen bei ihrem eigenen spirituellen Suchen irreführen kann.

Das *Wissen* einer Sache mit dem Intellekt und das *Verstehen* dessen, was man intellektuell kennt, sind zwei Dinge sehr verschiedener Art. Es ist möglich, ein beträchtliches Bücherwissen über Spiritualität, den Menschen oder den Sinn des existenziellen Lebens anzuhäufen, ohne es wirklich verstanden zu haben.[12] In diesem Fall bleibt man der, der man für gewöhnlich ist, ohne die Notwendigkeit verstanden zu haben, das intellektuelle Wissen, das man in sich angesammelt hat, *in die Praxis umzusetzen*. Man kann sich sogar soweit selbst betrügen zu glauben, dass man, weil man großartige Worte über die mystische Welt, das Jenseits oder das Ziel einer spirituellen Praxis gebraucht, auf dem rechten Weg ist.

Unter all den Männern und Frauen, die von einem spirituellen Weg angezogen werden, kommt nur eine winzige Minderheit

---

[12] „Wenn dein Intellekt den Strudel des Irrtums überquert hat, wirst du gleichgültig werden gegenüber den SCHRIFTEN, die du kennst, und denen, die kennenzulernen übrig sind." Bhagavad-Gîtâ, zweiter Gesang, 52.

zu dem Verstehen dessen, was von ihnen auf dieser geheimnisvollen Reise bei der Suche nach dem GÖTTLICHEN URSPRUNG verlangt wird. Der Sucher benötigt eine Intelligenz, die sich von der des Menschen dieser Welt unterscheidet – wie brillant die intellektuellen Fähigkeiten des Letzteren auch sein mögen – und eine besondere innere Kraft, die er in der Regel nicht besitzt, um ein solches Ziel zu erreichen, das die üblichen Gedankengänge des Geistes überschreitet.

Der heutige Mensch hat sich dermaßen weit in die Richtung des Intellekts entwickelt, dass er sich, auf seine Kosten, von seinem Gefühl abgeschnitten hat. Folglich hat er eine Art besondere Intuition verloren, eine sehr wertvolle, die alleine ihm helfen kann, das zu erfassen, was der Intellekt nicht ergreifen kann.[13]

Sogar die zeitgenössische Kunst, die sich zu weit in die Richtung des Intellekts vorgewagt hat, ist dermaßen intellektuell, eisig und leer geworden, dass sie schließlich ihr anfängliches Ziel verloren hat, das darin besteht, die Menschen zu *erheben* und sie die Existenz einer anderen Welt ahnen zu lassen, die sie in ihrem Wesen tragen, ohne sich im Allgemeinen je dessen bewusst zu sein. Die derzeitigen sogenannten künstlerischen Schöpfungen sind tatsächlich nur das Produkt intellektueller *Ideen* und stammen nicht aus einem *ästhetischen Empfinden*. Daher muss man auch auf dem Gebiet der Kunst die Notwendigkeit feststellen, den *mittleren Weg* zu finden, damit das Gefühl nicht vom Intellekt erstickt wird.

* * *

Empfinden und Mitgefühl sind Bruder und Schwester. Sie sind untrennbar voneinander und von größter Bedeutung im

---

[13] „Ohne intuitives Wissen gibt es keine Meditation; und ohne Meditation gibt es kein intuitives Wissen. Der ist nahe dem Nirvâna, der meditiert und gleichzeitig intuitives Wissen hat." Dhammapada, 372.

Leben und bei der spirituellen Arbeit des Aspiranten. In schwierigen Zeiten, denen er in dieser Art von Dasein zwangsläufig begegnen muss, können sie ihm eine wichtige Stütze sein. Sie können ihm auch die nötige Kraft übertragen, damit er angesichts der Probleme, auf die er in der phänomenalen Welt unvermeidlich treffen wird, nicht kapituliert, und vor allem, damit er diese Schwierigkeiten nicht seine Meditation und seine anderen Konzentrationsübungen beeinflussen lässt.

Wenn sich ein Aspirant in schwierige äußere Umstände gestellt sieht, muss er äußerst vorsichtig sein, um nicht in einen Zustand der Niedergeschlagenheit oder der Verbitterung zu verfallen, der in ihm das Empfinden und das Mitgefühl ersticken würde, denn das würde ihm den Weg zu seiner Entwicklung versperren.

Es kann sein, dass er erst viele Jahre später dahin kommen wird, den wahren Sinn der Prüfungen zu erfassen, die er erduldet hat; er wird dann erkennen, dass die Schwierigkeiten und Ärgernisse, denen er unterworfen war, vielleicht keinen anderen Zweck hatten, als ihn zu lehren, stark zu werden, nicht, um von Seinesgleichen bewundert zu werden, sondern um im Stillen stark zu werden, zwischen GOTT und sich. Die wertvollen Erfahrungen, die er dank seiner verschiedenen spirituellen Übungen gemacht haben wird, werden ihn gelehrt haben, dass die Bewunderung der anderen und all die Ehren, mit denen ihn die Welt hätte überhäufen können, sich nicht als Hilfe erweisen werden, wenn für ihn die schwindelerregende Stunde kommen wird, dieser Existenzform Adieu zu sagen, und wenn er alleine in das GROßE UNBEKANNTE aufbrechen muss.

In diesem schicksalhaften Augenblick, der schon immer auf ihn wartet, muss er alle seine Kräfte aufbieten, damit er seinen Geist, soweit möglich, störungsfrei auf das

UNENDLICHE, das ihn erwartet, gerichtet halten kann.[14] Er wird nun verstehen, wie sehr die Schwierigkeiten, die er während seines ganzen Daseins erfahren hat, Vorbereitungen waren, um ihn in die Lage zu versetzen, das Leiden, das dem Tod meistens vorausgeht, zu ertragen.

Einige Personen können von der Aussicht auf das moralische und physische Leiden, das den Sucher unweigerlich im Laufe seines Lebens erwartet, abgestoßen sein. Sie ziehen es vor zu glauben, dass es möglich sei, ein leichtes Leben zu führen und trotzdem fähig zu sein, der Prüfung des Todes entschlossen ins Auge zu sehen.

Der Mensch lebt in seiner Jugend (und selbst als Erwachsener) oft in seinen Träumen und in Gleichgültigkeit gegenüber dem Leiden der Anderen. Erst wenn ihn die Wechselfälle dieses Daseins persönlich betreffen, öffnen sich seine Augen für die Realität des Schmerzes in der Welt, die ihn umgibt. Er entdeckt dann, dass das Leben Leiden ist – trotz der Momente der Freude und des Genusses, die er ab und zu erleben darf, die aber unweigerlich dazu bestimmt sind, früher oder später zu vergehen.

Der Mensch schreit, wenn er in diese Welt kommt, und er weint, wenn er gezwungen ist, sie zu verlassen. Wenn er die außerordentliche Vielfalt der Natur, die Majestät der Berge und die schillernden Farben der Blumen, deren Duft seine Sinne betört, betrachtet, und wenn er das geheimnisvolle Rauschen der Wälder und den erlesenen Gesang der Vögel hört, fühlt er sich voller Bewunderung für alle diese Schönheit. Aber vergisst er nicht, dass sich *hinter all dieser Herrlichkeit pausenlos ein unerbittlicher Kampf ums Überleben abspielt?* Sei es im Pflanzenreich oder in der Tierwelt, alles was vom Atem des Lebens erfüllt ist, ist unvermeidlich dazu verdammt, während seiner irdischen Existenz einen

---

[14] „Wer in der Todesstunde seinen Körper verlässt und an MICH alleine denkend scheidet, der erreicht MEINEN Seinszustand; daran besteht kein Zweifel." Bhagavad-Gîtâ, achter Gesang, 5.

unerbittlichen Kampf zu führen, sowohl ums *Überleben* als auch zur *Fortführung der Art.*

Ganz gleich, welches die Wunder sind, die außen mit den Sinnen wahrgenommen werden, sie sind alle eines Tages dem Untergang geweiht. Selbst die Galaxien mit ihren Myriaden von Sternen und Planeten sind dazu verurteilt, früher oder später zu verschwinden; aber nicht der Raum, der sie umgibt und der weder Anfang noch Ende hat und der nie von den gigantischen Manifestationen berührt wird, die in seinem Inneren ablaufen.

Auch im Menschen gibt es einen Aspekt seiner Doppelnatur, der vom Zerfall seiner körperlichen Form nicht betroffen ist. Hinter der unaufhörlichen Bewegung seines Geistes, hinter all dem, was er zu sein glaubt und hinter seinen fortwährenden flüchtigen Empfindungen, gibt es in ihm einen Schirm leuchtenden und bewegungslosen Bewusstseins,[15] der von all dem, was in seinem Geist abläuft und was er während seiner kurzen Durchreise auf dieser ERDE tun musste, nie beeinflusst oder befleckt wurde. Nur in der Stille dieses UNIVERSELLEN BEWUSSTSEINS wird der Sucher seine WAHRE IDENTITÄT und den Frieden finden, nach dem er strebt.

---

[15] „Weil ES ursprungslos und ewig ist, nicht durch Eigenschaften begrenzt, ist das HÖCHSTE ICH unvergänglich, oh Kaunteya, obwohl es im menschlichen Körper wohnt, handelt es nicht und bleibt unbeeinflusst." Bhagavad-Gîtâ, dreizehnter Gesang, 32.

Kapitel 3

Evolution und Involution

Wenn der Aspirant möchte, dass in seinem Wesen und in seiner Denkweise eine umfassende Transformation stattfindet, muss er einsehen, dass der spirituelle Weg, dem es zu folgen gilt, keineswegs leicht sein kann, besonders nicht am Anfang; denn er erfordert von seiner Seite nicht nur regelmäßiges Meditieren, sondern auch eine gründliche Erforschung seiner selbst und einen hartnäckigen Kampf mit den Widerständen, auf die er unweigerlich in sich stoßen wird.

Der Sucher beginnt diese geheimnisvolle Reise auf der Suche nach seinem GÖTTLICHEN URSPRUNG voller berauschender Träume, ohne sich darüber im Klaren zu sein, welche Probleme und zahllose unvorhergesehene Hindernisse ihn auf seinem Weg erwarten – Probleme und Hindernisse aller Art, die sowohl von außen als auch aus seinem gewöhnlichen Ich kommen, das paradoxerweise sein spirituelles Streben überhaupt nicht teilt. Das gewöhnliche Ich sucht in Wirklichkeit nur die Leichtigkeit (sogar auf einem spirituellen Weg), die Befriedigung seiner Wünsche (die sich ständig ändern), das Gelingen seiner ehrgeizigen Pläne, Prestige, Bequemlichkeit und so weiter. Wenn er dessen Willkür ausgeliefert bleibt, wird der Aspirant für immer an dessen endlose Forderungen gefesselt und in einen Zustand permanenter Unzufriedenheit und sogar der Qualen getaucht bleiben, bewusst oder unbewusst, die nicht aufhören werden, ihm sein Dasein durcheinanderzubringen und zu vergällen.

Alle Konzentrationsübungen, die der Sucher auszuführen versucht, haben zum Ziel, *seinen rebellischen Geist zu meistern*. Denn die Probleme und das Unglück des Menschen liegen vor allem in seinem Intellekt, in seiner Denkweise – sich ewig ändernd und widersprüchlich –, die ihn in einer permanenten

Knechtschaft hält. Aber die Kontrolle des Geistes ist nicht leicht,[16] und im Gegensatz zu dem, was ein Anfänger zu glauben versucht ist, ist diese Meisterung das Ergebnis einer lebenslangen Arbeit, und noch mehr...

 Die unerlässlichen Bemühungen um Konzentration, welche die Meditationspraxis vom Aspiranten verlangt, verunsichern unbestreitbar sein gewöhnliches Ich, das faul ist und ständig begierig, herauszufinden (ohne dass sich der Sucher darüber im Klaren ist), wie es noch mehr die vielfältigen Freuden genießen kann, die ihm die existenzielle Welt in Form von Essen, Sex und allerlei angenehmen Zerstreuungen bietet, die er kontinuierlich erfindet... auf seine eigenen Kosten.

Jede ernsthafte spirituelle Übung erfordert von Anfang an ein bestimmtes Opfer von sich und von all dem, was man normalerweise möchte und nicht möchte, um eines Tages dahin zu kommen, in einem permanenten Zustand intensiver innerer Wachsamkeit zu sein.[17] Dieser Zustand der Wachsamkeit, der den Aspiranten aus einem merkwürdigen Wachschlaf weckt – so charakteristisch für den Menschen – hat zur Folge, *dass er ihn auf eine Weise seiner selbst bewusst werden lässt, die sich von seiner gewohnten Weise radikal unterscheidet.*

Dieser besondere Bewusstseinszustand, der ihm in der Regel unbekannt ist, zeichnet sich auch dadurch aus, dass in seinem Wesen die höchste und subtilste Form der inneren Aktivität oder auch der allerfeinsten Schwingung erwacht, die tatsächlich die Manifestation einer Energie ist, die bereits in ihm existiert, aber in einem latenten Zustand. Und, im Gegensatz zu dem, was sich ein Anfänger vorstellen könnte, hat diese feine innere Aktivität, die in ihm erwacht, nichts zu

---

[16] „Das Denken ist schwer zu zügeln, der Geist ist ein Vagabund und geht hin, wo es ihm gefällt. Es ist gut, ihn zu zähmen. Der gezähmte Geist ist der Träger des Glücks." Dhammapada, 35.
[17] „Ständig über IHN meditierend, das Bewusstsein in einer beharrlichen Yogapraxis in IHM geeint, gelangt man zum GÖTTLICHEN und zum HÖCHSTEN PURUSHA, oh Partha." Bhagavad-Gîtâ, achter Gesang, 8.

tun mit der fieberhaften und ermüdenden Aktivität seines
üblichen Zustandes des Seins; es handelt sich um eine höchst
subtile Energie, die begonnen hat, in ihm lebendig zu werden
und die der Vorläufer des so sehr erwünschten GROßEN
ERWACHENS ist.[18]

Jede Meditationspraxis zielt darauf ab, den Sucher von sich
selbst zu lösen – ihn von seinem gewöhnlichen Bewusstsein
und von der Weise zu lösen, in der er sich und das Leben
gewohnheitsmäßig begreift – um ihn mit einem anderen
Aspekt seiner Natur in Beziehung zu setzen, den er in sich
trägt, ohne es im Allgemeinen zu wissen, ein LEUCHTENDER
und HIMMLISCHER ASPEKT, der in den Tiefen seines Wesens
vergraben ist und der nur durch eine DIREKTE
WAHRNEHMUNG erkannt werden kann, die aus dem
beharrlichen Bemühen um Konzentration resultiert.

Der Kampf, um sich von seinem üblichen Zustand des Seins
und Sich-Fühlens loszureißen, erweist sich als dermaßen
schwierig, dass diese Tatsache noch einmal hervorgehoben
werden muss, damit sich ein Aspirant, der sich gerade erst auf
den Weg gemacht hat, angesichts der Widerstände gegen das
Gegenwärtig-Bleiben, auf die er unweigerlich in sich stoßen
wird, nicht überrumpelt sieht – andernfalls würde er riskieren,
auf dem Weg zu kapitulieren, umso mehr, als es für ihn am
Anfang schwierig ist, *wirklich zu verstehen, was für ihn bei diesem
dramatischen Kampf auf der Suche nach seiner GÖTTLICHEN
IDENTITÄT auf dem Spiel steht.*

Wenn ein Aspirant Zugang zu einer authentischen Lehre hat
und wenn er das Glück hat, Hilfe von jemandem zu
bekommen, der selbst den Schwierigkeiten begegnet ist, mit
denen er sich früher oder später auseinandersetzen muss, ist
er es sich schuldig, diese wertvolle Gelegenheit zu schätzen,
an die Vielen denkend, die ein tristes und zielloses Dasein

---

[18] „Wenn sie euch fragen: Was ist das Zeichen eures VATERS in euch?
dann sagt zu ihnen: Es ist Bewegung und Ruhe zugleich."
Thomasevangelium, 50.

führen, und er muss mit umso größerem Eifer für seine Befreiung arbeiten, d.h., um sich von seiner Bindung an diese Existenzform und von seiner Knechtschaft durch die selbige zu befreien.

Nicht wissend, was sie mit dem Geschenk ihres Lebens anfangen sollen, verbringen die meisten Leute ihr gesamtes Dasein in einer tragischen Unwissenheit um den Schatz, den sie in sich tragen. Sie werden kontinuierlich von einem blinden und unverständlichen Impuls getrieben, den niederen Aspekt ihrer Natur befriedigen zu wollen, den man eigentlich nie zufriedenstellen kann… Je mehr man ihm gibt, desto mehr verlangt er! Je mehr er besitzt, desto mehr will er sich aneignen. Je mehr er sich freut, desto mehr Freude sucht er. Wo ist es ihm also möglich, äußerste Sättigung zu finden?[19]

Indessen, trotz der fortwährenden Unzufriedenheit, in der die meisten Männer und Frauen ihr Leben verbringen, hören sie, wenn man, um ihnen zu helfen, zu ihnen von dem GÖTTLICHEN ASPEKT spricht, den sie in ihrem Wesen tragen, entweder mit lauem oder gekünsteltem Interesse zu und vergessen in kurzer Zeit, was man ihnen zu übermitteln versuchte, oder sie erwidern, dass sie schon zu viele Beschäftigungen in ihrem Leben haben, die ihnen weder die Energie noch die Muße lassen, sich auf ein solches Abenteuer einzulassen. Und nur wenige Augenblicke später beeilen sie sich, ihre Kräfte und ihre so wertvolle Zeit mit belanglosen Gesprächen und wertlosen Zerstreuungen zu verschwenden, die ihnen in ihrer Todesstunde nicht im Mindesten helfen werden.

Ein aufrichtiger Aspirant, der bereit ist, den langen Kampf auf sich zu nehmen, den die Transformation all dessen, was er in sich trägt, erfordert, wie Gewohnheiten, Denkweisen und nicht wünschenswerte Tendenzen, darf sich nicht einbilden, dass, wenn er erst einmal eine gewisse Schwelle in

---

[19] „…, wer aber von dem Wasser trinken wird, das ich ihm gebe, den wird ewiglich nicht dürsten." Joh 4, 13-14.

seinem Wesen überschritten hat (als Resultat seiner Bemühungen) und endlich das ERHABENE in sich erkannt hat, von nun an alles im Leben nur noch „Milch und Honig" sein wird. Im Gegensatz zu dem, was er gemeinhin zu glauben versucht sein könnte, wird von ihm von diesem entscheidenden Moment an *immer mehr verlangt*; er wird sich nämlich von nun an als Träger einer Verantwortung sehen, die er sich nicht erwartet hat, als Gegenleistung für die außergewöhnliche Erfahrung, die zu machen er privilegiert war.

Wenn ihn obendrein sein Schicksal, ohne dass er es gesucht hat, in eine Position der Verantwortlichkeit gegenüber anderen Suchern stellt, die seine Hilfe brauchen, muss er extra Anstrengungen machen, damit diese Personen genügend berührt und angeregt werden, um selbst auch die unerlässlichen Anstrengungen für ihre spirituelle Entwicklung zu machen. Da Worte auf diesem Gebiet nicht ausreichen, ist es nötig, ein Beispiel zu geben.

Unter Tausenden

Ob es sich um die äußere Welt oder um den mystischen Bereich handelt, *ohne Bemühen ist nichts möglich*. Nach und nach hat sich bei den religiösen Abendländern und Orientalen die bedauerliche Gewohnheit eingeschlichen zu behaupten (ohne über die Konsequenzen ihrer unrealistischen Versprechen auf die Motivation der Sucher nachzudenken), dass die Erlösung oder die Befreiung (Mukti) am Ende der Zeiten auf jeden wartet.

Wie ist es demnach möglich, diese optimistischen Behauptungen mit den Worten CHRISTI in Einklang zu bringen: „Viele sind berufen, doch nur wenige sind auserwählt", oder mit denen BUDDHAS (der ausschließlich von denen sprach, die sich bereits auf dem PFAD befinden): „Nur wenige erreichen das andere Ufer, die meisten drehen ihre Runden an diesem Ufer"?

Muss man daraus schließen, dass die beiden größten spirituellen Gestalten der Menschheit nicht wussten, wovon sie sprachen, da sie ausdrücklich dem widersprechen, was die Religionsvertreter im Westen und in Indien vorbringen? Denkt man an die verhängnisvolle (oder gar verheerende) Wirkung, die diese mildernden Behauptungen auf die religiöse Haltung der Menschheit im Allgemeinen haben – im Westen wie im Osten?

Auf diese Weise keimt im Geist von Männern und Frauen unbemerkt ein geheimer Gedanke und setzt sich dort fest: „Warum soll ich mein Leben lang hart an mir arbeiten, wenn die ERLÖSUNG und die BEFREIUNG am Ende der Zeiten, wie es scheint, für jedermann sicher sind!" Dieser Mangel an Unterscheidungsvermögen schließt dramatisch die Türe vor ihnen, sie daran hindernd, dem Ruf ihrer HÖHEREN NATUR zu folgen, durch den alleine eine besondere und echte Entwicklung in ihrem Wesen stattfinden kann.

Buddha ist nicht müde geworden, auf den *persönlichen Bemühungen* zu bestehen,[20] die vom Sucher gefordert werden, wenn er nach seiner Emanzipation streben möchte, eine intensive persönliche Arbeit, die er selbst zu seinen Lebzeiten vollbracht hat, um zu dem HÖCHSTEN ZUSTAND eines BUDDHA zu gelangen.

Was ist das Ende der Zeiten? Ist es wirklich möglich, sich vorzustellen, worin das „Ende der Zeiten" besteht – das tatsächlich nur in außergewöhnlichen Bewusstseinszuständen erfasst werden kann, wo man andere Dimensionen berührt, die dem Menschen in seinem gewohnten Zustand des Seins unverständlich bleiben?

Was könnte „die Auferstehung der Toten am Ende der Zeiten" wirklich bedeuten? Riskierte GOTT in diesem Fall nicht, *seine ganze Zeit* nehmen zu müssen, um die Myriaden

---

[20] „An euch ist es, sich zu bemühen. Die Buddhas zeigen bloß den Weg." Dhammapada, 276.

von Männern und Frauen zu richten, die seit dem seltsamen Erscheinen des Menschen auf diesem einzelnen Planeten inkarniert sind? Und was ist mit den unvorstellbaren Mengen, die die Milliarden von Planeten bewohnen, die in der Unermesslichkeit des KOSMOS verstreut sind? Wie kann man außerdem die Vorstellung von einem apokalyptischen Gericht mit einer Eventualität in Einklang bringen, bei der jeder gerettet wird? Warum würde GOTT im letzteren Fall seine Zeit mit Richten verlieren?

Sollte sich der Aspirant nicht von begrenzten anthropomorphen Konzepten freimachen, wenn er sich verfügbar machen möchte, um intuitive Verständnisblitze über sich und das UNIVERSUM aufzufangen?

In seinem nächtlichen Schlaf hat der Mensch keine bewusste Wahrnehmung vom Ablauf der Zeit, und wenn er träumt, hat die Zeit keine Bedeutung mehr für ihn. Wie steht es damit nach dem Tod? Verliert er in dem Zustand, in dem er sich in diesem schicksalhaften Augenblick befindet, nicht ebenfalls jeden Zeitbegriff? Ist nicht das Ende aller Zeiten das Ende *seiner* Zeit?

Man ist fassungslos beim Betrachten des gigantischen Werkes, das die NATUR fortlaufend hervorbringt. Sie erschafft pausenlos in einem solchen Überfluss, dass diese Fülle das menschliche Fassungsvermögen übersteigt. Sie wirkt daher als Werkzeug des GÖTTLICHEN GEISTES, der hofft, dass vielleicht hie und da eine kleine Anzahl Menschen aus dieser unvorstellbaren Menge, die die ERDE bewohnt, nach einem entschlossenen Kampf das Ende dieser rätselhaften inneren Reise, die von ihnen gefordert ist, erreichen wird – wie es die Lachse machen, die wieder den Fluss hinaufschwimmen, zurück zur Quelle, wo sie geboren sind.

Diese unerbittliche Auslese, die die spirituelle Domäne regiert, mag jemandem, der nicht reflektiert, ungerecht vorkommen. Aber vergisst er nicht, dass *die meisten Männer und Frauen dieser Welt sich nicht an einer spirituellen Suche beteiligen möchten?* Sie erwarten, einen greifbaren Beweis für ein HEILIGES UNIVERSUM zu bekommen, *das nicht dem Greifbaren angehört.*

Tatsächlich muss man feststellen, dass die Mehrheit der Männer und Frauen, die diesen Planeten bevölkern, leider nicht auf den Ruf antworten wollen, der aus einer HÖHEREN und HEILIGEN WELT an sie ergeht und der versucht, sie zu einer HEILIGEN und AUßERZEITLICHEN EXISTENZ sowie zu einem rätselhaften WISSEN zu führen, das ihnen normalerweise unbegreiflich ist; dieser *geheimnisvolle Ruf* sucht in Wirklichkeit nur, sie aus ihrer trostlosen und vegetativen Existenz sowie von ihrer psychischen Versklavung zu befreien, in der sie so traurig ihr Leben verbringen. Sie sind mit ihrem Los merkwürdig zufrieden, trotz aller moralischen und physischen Leiden, die sie die meiste Zeit ohnmächtig durchmachen und die nur ab und zu von einigen Momenten vorübergehenden Genusses kompensiert werden.[21]

Man kann nur verwirrt sein angesichts dieses erstaunlichen Überschusses, den die NATUR kontinuierlich und hartnäckig zu schaffen beschäftigt ist, um dem zu entsprechen, was der GÖTTLICHE GEIST eines Tages vom Menschen zu erhalten hofft – und was sich jenseits des gewöhnlichen Verständnisses befindet – sowie angesichts der Gleichgültigkeit des Letzteren gegenüber diesem inneren Ruf und das trotz all dem, was ihm von den Weisen aller Epochen an spirituellen Wahrheiten übermittelt worden ist.

Der Mensch ist von Anfang an von der GROßEN NATUR programmiert worden, ein Instrument der Reproduktion zu sein.[22] Man sucht mit allen Mitteln das übermäßige Wachstum

---

[21] „Jesus sagte: Ich bin mitten in der Welt aufgetreten und bin ihnen im Fleisch erschienen. Ich fand sie alle betrunken; ich fand niemanden unter ihnen, der Durst hatte und meine Seele litt für die Menschenkinder, denn sie sind blind in ihren Herzen und sie sehen nichts, weil sie leer in die Welt gekommen sind und leer aus der Welt zu scheiden suchen." Thomasevangelium, 28.
[22] Siehe Kapitel 17 meines Buches *La Quête Suprême.*

der Weltbevölkerung einzudämmen. Vielleicht würde sich dieses demographische Wachstum von selbst vermindern, wenn mehr Männer und Frauen aufgrund eines lebendigen Verständnisses dahin kämen, sich einer authentischen spirituellen Praxis zu widmen, um einem ausgeprägten Bedürfnis des GÖTTLICHEN GEISTES nachzukommen, der andernfalls ein Rätsel für sie bleiben würde.

※ ※ ※

Jedes Mal, wenn sich ein Mann mit einer Frau vereinigt, stößt er mehr als zweihundert Millionen Samenzellen aus. Was ist der Grund für eine solch unglaubliche Zahl, da eine einzige Samenzelle genügen würde, um ein Kind entstehen zu lassen? Noch erstaunlicher ist, dass selbst wenn ein Paar regelmäßig über Wochen, wenn nicht sogar Monate, eine körperliche Beziehung unterhält, die Empfängnis unsicher bleibt. Man kann sich nun die Milliarden Samenzellen vorstellen, vom Mann ausgestoßen, damit eines Tages *eine einzige* aus dieser unfassbaren Menge die Kraft findet, sich mit der Eizelle der Frau zu vereinen, um ein Kind zu bilden. Was wird nun aus allen diesen Milliarden von Samenzellen, von denen jede ihre Form des Bewusstseins hat, und die folglich (wie der Mensch) den Tod fürchten? Sollen auch sie am Ende der Zeiten auf eine Wiederauferstehung der Toten hoffen?

Es kann auch das folgende erstaunliche Phänomen angeführt werden: nur an einem einzigen Legeplatz der Seeschildkröten an einem Strand des Atlantik werden jedes Jahr Tausende von Seeschildkröten geboren. Die Räuber, die auf sie warten, verschlingen den größten Teil und nur 5% von ihnen gelingt es, Zuflucht in den Fluten des Ozeans zu finden. Aber sogar im Wasser lauern andere Gefahren und schließlich werden von den Tausenden anfänglich geborenen nur eine geringe Anzahl erwachsener Schildkröten am Leben bleiben, die zurückkehren werden, um einige Jahre später am gleichen Platz ihre Eier zu legen.

Im Bereich der Astrophysik, die die Erforschung eines derart immensen und für unsere begrenzten Sinne unzugänglichen UNIVERSUMS anstrebt, entdeckt man mit Verwunderung ebenfalls dieses gleiche Phänomen eines unglaublichen Überflusses in der SCHÖPFUNG. Letztlich gelingt es nur einem winzigen Teil dieser gigantischen Materieentwicklung, sich in einer bestimmten Ordnung zu organisieren, um höhere Sprossen zu erklimmen.

Beim Betrachten dieses überwältigenden Überflusses, der die SCHÖPFUNG regiert, ob es sich nun um diesen Planeten oder um den gesamten KOSMOS handelt (eine Fülle, die offensichtlich notwendig ist, damit wenigstens eine winzige Anzahl aus dieser unendlichen Schöpfung zu einer gewissen Evolution kommt), kann ein kluger Aspirant vielleicht besser die Art der Stärke und der *Redlichkeit* verstehen, die er in sich finden muss, wenn er wirklich hofft, zu dieser spezifischen Transformation in seinem Wesen zu kommen, die ihn eines Tages würdig machen kann, die Verantwortung für die GNADE zu tragen.[23]

Diese besondere und geheimnisvolle Metamorphose, die sich *innerlich* im Aspiranten vollziehen muss, kann nur mit der der Raupe verglichen werden, die akzeptiert, *freiwillig* ihre Individualität aufzugeben und geduldig ihr eigenes Grabmal zu bauen (ihren Kokon), in dem sie als Raupe sterben wird, um dann in der Form eines einzigartig schillernden Schmetterlings wiedergeboren zu werden, der zur unsagbaren Schönheit der GÖTTLICHEN SCHÖPFUNG beitragen wird.

Der Mensch kann dem, was er aus sich macht, nicht entkommen. Im Gegensatz zur orientalischen (einige Jahrtausende alten) Psychologie bemüht sich die zeitgenössische westliche Psychologie, die Funktionsweise

---

[23] „Ich sage euch, niemand kann diese Geburt (Gottes, dessen er sich in seiner Seele bewusst geworden ist) ohne *intensives* Bemühen erleben. Niemand kann diese Geburt erreichen, wenn er seinen Geist nicht völlig von den Dingen abziehen kann." Meister Eckhart.

ihrer Psyche zu verstehen, indem sie die latenten höheren Möglichkeiten völlig außer Acht lässt. So eine Einstellung, die den Schwerpunkt ausschließlich auf den Einfluss bestimmter Ereignisse in der Kindheit legt, wird schließlich die einzelne Person *immer weniger für ihre Taten verantwortlich machen* und sie vergessen lassen, dass sie einen nicht reduzierbaren Teil an Verantwortung an dem hat, was sie ist, und an dem, was sie werden wird.

Vielleicht gelingt es jemandem, in verschiedenen Bereichen der äußeren Welt zu betrügen, aber damit kann er auf keinen Fall durchkommen, wenn es sich um das spirituelle Gebiet handelt. Denn auf diesem Gebiet erhält letztlich jeder das, was für ihn gerecht ist, gemäß der Art von Bemühungen, die er zu seinen Lebzeiten gemacht hat, gemäß seiner Aufrichtigkeit und gemäß seiner Stufe des Bewusstseins und seiner Verdienste.

Der Autor dieses Textes weiß in seinem Innersten sehr wohl, dass, trotz allem, was er als Ergebnis langjähriger Konzentration zu erfahren privilegiert war, trotz sehr außergewöhnlicher Bewusstseinszustände, die er während seiner Meditationen berühren durfte, und trotz dessen, was er auf verschiedenen künstlerischen Gebieten vollbringen durfte, das Erreichen des Endes dieser geheimnisvollen spirituellen Reise von ihm noch eine lange geduldige und beharrliche Arbeit erfordern wird. Und es ist vollkommen gerecht, dass der zu zahlende Preis derart hoch für den ist, der aufrichtig wünscht, dass es ihm gelinge, die Portale einer normalerweise so unzugänglichen Welt zu durchschreiten und sich das Recht zu verdienen, im HEILIGEN LICHT des GÖTTLICHEN zu bleiben.

Um nicht völlig überrascht zu werden und angesichts der Schwierigkeiten, denen er begegnet, nicht einem Gefühl der Niederlage zu erliegen, was seine Arbeit keineswegs voranbringen würde, muss der Aspirant seinen Weg stets mit einer unbeugsamen Entschlossenheit verfolgen, ohne zurück zu blicken, um zu wissen, wieviel er bereits zurückgelegt hat, und ohne nach vorne zu schauen, um zu wissen, welche Strecke noch zurückzulegen ist; er soll sich *ausschließlich mit der Gegenwart* befassen.

Der wiederholte Nachdruck auf der Intensität der unerlässlichen Bemühungen, um ein gültiges Resultat zu erreichen, kann zu der Frage führen, wie so strahlende Wesen wie BUDDHA, CHRISTUS und einige seltene Yogis und Heilige (die in dieser Welt inkarnierten, als sie in ihrer Entwicklung schon sehr weit waren) mit einem Schlag ein solches spirituelles Niveau erreichen konnten und einen solchen Mut und eine so spektakuläre Weisheit an den Tag legen konnten, dass man ratlos bleibt. Vielleicht ist es möglich, diese Frage mit einer anderen zu beantworten: Weiß man, was für eine immense Arbeit an sich selbst diese außergewöhnlichen Wesen in einer unergründlichen Vergangenheit leisten mussten und welche Prüfungen sie durchmachen mussten, um die zu werden, die sie waren, als sie zum letzten Mal auf diese ERDE kamen?

Erst wenn er von diesen gigantischen Anstrengungen und den beispielhaften Opfern dieser außergewöhnlichen Wesen (Bemühungen und Opfer, die durch das Leben Buddhas veranschaulicht werden) betroffen ist, kann der Aspirant klarer erkennen, was von ihm bei dieser geheimnisvollen Suche nach seiner GÖTTLICHEN IDENTITÄT gefordert wird.

Das gleiche Prinzip, das in der mystischen Welt maßgebend ist, gilt auch auf den Gebieten der Kunst und der Wissenschaft. Man darf nicht glauben, dass die sehr seltenen großen Komponisten, Maler oder Wissenschaftler, deren derart außergewöhnliche Werke die Welt entzücken, nichts als ein bloßes Produkt des Zufalls sind. Es ist wichtig, die Tatsache zu beachten, dass in jedem geschaffenen Wesen eine unwiderstehliche, ihrer Natur innewohnende Tendenz besteht, das, was es in der Vergangenheit bereits gedacht, gesagt und getan hat, *wieder denken, wieder sagen und wieder tun zu wollen.* Und was ein Mensch während seines kurzen Aufenthaltes auf diesem Globus vollbracht hat und was ihm am Herzen lag (sei es auf einem mystischen, künstlerischen oder wissenschaftlichen Gebiet), gibt seinen Gedanken eine *entscheidende Richtung* und erzeugt in ihm einen unkontrollierbaren Impuls, *stets das reproduzieren zu wollen, was bereits in sein Wesen gesät worden ist*, so wie ein Rosenstrauch, wenn er in die Erde gepflanzt ist, nichts anderen tun kann, als *wieder Rosen hervorzubringen.*

Wenn jemand aus dem einen oder anderen Grund nicht zu Ende bringen konnte, was er während seiner kurzen Reise auf dieser ERDE vollbringen wollte, wird er, wenn er ins existenzielle Leben zurückkehren wird, den unbezwinglichen Wunsch mitbringen, das Ziel dessen zu erreichen, was er in der Vergangenheit angefangen hatte und was durch den Gott des Todes unterbrochen worden war.

Die dominierenden *letzten Gedanken* des Sterbenden (bewusste oder unbewusste) werden unweigerlich seine Zukunft bestimmen. Denn er wird nicht vermeiden können, die Gedanken mit sich zu nehmen, die ihn während seines irdischen Lebens vorwiegend beschäftigt haben; und auf eine gewöhnlich unverständliche Weise wird er geheimnisvoll fortfahren, während seines Todesschlafes über die Gedanken, die sein Hauptinteresse erregt hatten, zu grübeln und die Erinnerungen an die Tätigkeiten und Erfahrungen, die ihn absorbiert hatten, als er in dieser Welt war, immer wieder an sich vorüberziehen zu lassen. So werden diese Gedanken, Tätigkeiten und Erfahrungen, die sich zu seinen Lebzeiten als so wichtig erwiesen hatten, die Richtung seiner zukünftigen Existenz bereits vorgegeben haben, welche Form auch immer diese letztlich annehmen mag.

Wohin sich der Blick im KOSMOS auch wendet, zu den unzähligen fernen Galaxien, zu den Myriaden von himmlischen Gestirnen, die den schwindelerregenden Raum der MILCHSTRAßE bewohnen, oder auch zum Planeten ERDE, muss man angesichts des erstaunlichen Exzesses der Schöpfung von einem Gefühl der Unruhe ergriffen werden – ein offensichtlich notwendiger Überfluss, um einer, dem begrenzten menschlichen Geist unverständlichen Absicht zu erlauben, sich verwirklichen zu können.

Unter den Milliarden von Männern und Frauen, die auf dieser ERDE geboren werden, wird es vielleicht einer winzigen Anzahl gelingen, eines Tages ein besonderes Schicksal zu erfüllen, zu rätselhaft, um gemeinhin verstanden zu werden. Die Hindernisse, die manche großen Mystiker, Wissenschaftler oder künstlerische Genies während ihres Lebens überwinden müssen, erweisen sich oft als von solchem Ausmaß, dass die Welt nicht begreifen kann, wo diese außergewöhnlichen Menschen die Kraft finden, um, ohne mitten auf dem Weg aufzugeben, das Ende dessen zu erreichen, was sie während ihrer kurzen Existenz auf diesem Globus vollbringen wollten, – vor allem wenn man bedenkt, das sich ein erheblicher Teil des menschlichen Lebens im nächtlichen Schlaf abspielt und dass ein anderer Teil damit beschäftigt ist, auf den zwingenden Ruf seiner physischen Bedürfnisse zu antworten.

Der Realität ins Auge zu sehen – das heißt, zu akzeptieren, das zu sehen, was man für gewöhnlich wirklich in sich ist, festzustellen, wie lächerlich klein und unbedeutend man in der Unermesslichkeit des UNIVERSUMS ist, sowie die Kürze und die Ungewissheit des menschlichen Lebens in Betracht zu ziehen –, erweist sich als von höchster Bedeutung, um einen ernsthaften Aspiranten zu ermuntern, in sich *wahr* und bei seinen spirituellen Übungen motiviert zu werden.

Der, dessen Augen sich zu öffnen begonnen haben und der wirklich erfasst hat, was für ihn bei diesem geheimnisvollen Kampf zu *SEIN* auf dem Spiel steht, soll sich äußerst ermutigt fühlen, trotz der Schwierigkeiten, die noch auf seinem Weg warten. Denn die bloße Tatsache, dass er nicht mehr so blind ist, wie in der Vergangenheit, kann ihm erlauben, richtig an sich zu arbeiten, um seinen Geist zu meistern und seine niederen Triebe, die sein höheres Streben behindern, zu bekämpfen. Und erst, wenn seine verschiedenen unerwünschten Tendenzen durch das Feuer einer glühenden spirituellen Praxis gegangen sind und mindestens einen gewissen Grad der Transformation durchgemacht haben, wird er eine bestimmte Schwelle in seinem Wesen überschreiten können, was ihm erlauben wird, das LICHT seines HIMMLISCHEN ICH zu schauen, ohne von Panik ergriffen zu werden oder sich davonzustehlen.

Als Folge all der spirituellen Arbeit, die der Sucher an sich ausführen wird, wird in ihm eine sehr subtile Intuition keimen, durch die er fühlen wird, dass das, was einen Menschen drängt, eine spirituelle Praxis anzufangen, vielleicht in einer geheimnisvollen schweigenden Erinnerung besteht, die rätselhafterweise in ihm erwacht. Wer auf dem PFAD ist, *erinnert sich;* aber diese Art Erinnerung kann in keiner Weise mit den bildhaften oder gewöhnlichen Erinnerungen verglichen werden, die ihm in manchen Augenblicken in den Sinn kommen. Es handelt sich um eine besondere Erinnerung ganz anderer Art, die das Wesen des Suchers in der Weise anrührt, dass sie in ihm ein seltsames Gefühl der Unruhe aufsteigen lässt, *so als ob er etwas Lebenswichtiges wiederfinden müsse, das er in einer unergründlichen Zeit gekannt hat.*

Ein aufrichtiger Aspirant muss sich immer vor Augen halten, dass die Weise, in der er sein Leben verbringt, unausweichlich Konsequenzen für sein Wesen nach sich zieht, zum Besseren oder zum Schlechteren. Tatsächlich, wenn er sein Dasein nur von der Oberfläche her lebend verbringt, wird die oberflächliche Weise, in der er gelebt hat, keine Spur in seinem Wesen hinterlassen. Wenn ein Sucher dagegen sein Leben der ernsthaften Suche nach der Antwort auf das Rätsel seiner Existenz und der SCHÖPFUNG widmet, so unergründlich und *materiell* unerklärlich, und wenn die Beschäftigungen, denen er sich hingibt, höherer Natur sind, wird der in ihm zurückgelassene Eindruck tief und dauerhaft sein und ihn früher oder später antreiben, das, was für ihn von so entscheidender Wichtigkeit war und was der Todesgott damals unterbrochen hatte, wieder aufzugreifen. Daher wird die Tiefe der in seinem Wesen zurückgelassenen Spur proportional zu der *Intensität* sein, mit der er sein Leben gelebt haben wird, eine rätselhafte Spur, die ihn dazu führen können wird, in einem bestimmten Moment des Aufenthaltes auf dieser ERDE einen seltsamen beunruhigenden Zustand zu empfinden, der in ihm eine *geheimnisvolle schweigende Erinnerung* wachruft.

Deshalb, je mehr man sich spirituell entwickelt, desto mehr *erinnert* man sich, und je mehr man sich zurückbildet, desto mehr *vergisst* man. Anders gesagt, die *Involution* des Menschen impliziert unweigerlich das *Vergessen* in ihm und seine *Evolution* bedeutet, dass er, auf geheimnisvollste und gemeinhin unerklärliche Weise, *sich erinnert*.

Das, was oben gesagt wurde, darf auf keinen Fall als Anregung verstanden werden, sich durch irgendwelche Rückführungen an frühere Leben erinnern zu wollen. Es geht hier um etwas ganz anderes; es handelt sich um die schweigende Erinnerung an einen *spirituellen Ruf*, den man nicht absichtlich herbeizuführen gesucht hatte.

Wenn ein Aspirant im Laufe seiner Meditationsübungen (oder bei einer anderen spirituellen Übung, die er auszuführen versucht) einmal dahin gekommen ist, in sich eine innere Gegenwart zu spüren, die ihm völlig ungewohnt ist – eine ganz besondere Gegenwart, die ungeachtet all seines Wünschens anfangs nur *sehr kurze Augenblicke* anhalten kann, bevor er sie wieder verliert –, hat er, ohne sich darüber klar zu sein, angefangen, mit einem anderen Aspekt seiner Doppelnatur verbunden zu sein, der sich nicht mehr auf die Sinne bezieht. Er findet sich mit einem Bewusstseinszustand verbunden, den er vorher nicht kannte und in dem Maße, wie es ihm gelingen wird, diesen Zustand in sich zu verlängern, wird er sich von einer seltsamen inneren Stille erfüllt finden, der rätselhaften Stille des unermesslichen kosmischen Raumes. Ein geheimnisvoller Gedanke wird nun aus den Tiefen seines Wesens aufsteigen, in ihm ein unaussprechliches Gefühl auslösend: vielleicht ist das gesamte UNIVERSUM, mit allem, was es an gigantischer Materie enthält, im Grunde nur BEWUSSTSEIN, SUBTILE ENERGIE, grenzenloser GEIST und EWIGES SEIN.

Hinter all den Meditationsübungen, die ein Sucher ausführt, verbirgt sich der unbewusste starke Wunsch aufzuhören, in der *Zeit* und in der Welt des *Werdens* zu leben. Und erst, wenn es ihm gelingt, während seiner Meditation einen Zustand tiefer innerer Versenkung zu erreichen, kann er anfangen, *der Welt des Werdens zu sterben* und nicht nur *außerhalb von Zeit und Raum* zu leben, sondern gleichzeitig *in sich* die EWIGKEIT zu erfahren.

Nichts kann SEIN in der Bewegung der Zeit und der Welt des Werdens. Im Inneren der Zeit kann es nur ein *unaufhörliches Fließen* zu einem *kontinuierlichen Werden* hin geben. Da in der Bewegung der Zeit alles dem Prozess des Werdens zum Opfer fällt, kann es dort kein „SEIN" geben, denn die *Zeit* ist direkt mit dem *Werden* verbunden und die EWIGKEIT mit dem SEIN. Die Wurzeln des SEINS finden sich nur in der EWIGKEIT. Und die Meditation hat klar zum Ziel, dem Aspiranten zu helfen, *Zeit und Raum zu verlassen*, um zu beginnen, in der EWIGKEIT zu SEIN.

Der gleiche Prozess unaufhörlicher Bewegungen und Veränderungen, der sich im Ablauf der Zeit manifestiert, findet sich gleichfalls im Menschen. Der ununterbrochene Fluss seines Intellekts erlaubt ihm nicht, zu erkennen, was die EWIGKEIT ist. Aufgrund seiner Konditionierung glaubt er, dass die EWIGKEIT erst nach seinem körperlichen Tod erfahren werden könne und dass es sich um etwas handle, das im linearen Ablauf einer Zeit ohne Ende andauern werde. Er erkennt nicht, dass er sich selbst *begrenzt*, wenn er versucht, die Zeit mit der EWIGKEIT zu vereinen. Der inkarnierte

Mensch lebt in der Zeit, aber, ohne es zu wissen, trägt er tatsächlich die EWIGKEIT in sich. Und erst, wenn es dem Sucher gelingt, während seiner Meditation tief in sich hinabzusteigen, und wenn er beginnt zu SEIN, kann er sich mit der EWIGKEIT vereinen und sie erfahren.

Kapitel 4

Der Aspirant, ein unfreiwilliges Schlachtfeld

Wenn der Aspirant nicht gleich zu Beginn seiner Arbeit auf einem spirituellen Weg zu einer Wahrnehmung des Unterschiedes zwischen den *langen Zeiten*, in denen er abwesend und in sich selbst eingeschlossen ist, und den *kurzen Augenblicken*, in denen er (dank verschiedener Konzentrationsübungen) beginnt, innerlich gegenwärtiger zu sein, gekommen ist und besonders wenn er diese Gegenwart, die ihm normalerweise ungewohnt ist, *nicht schätzt*, dann werden seine Meditation und seine anderen spirituellen Übungen immer ungeschickt ausgeführt werden und werden lau sein im Verhältnis zu dem, was von ihm wirklich verlangt wird, damit seine Bemühungen um Konzentration eine Chance haben, zu einem Ergebnis zu führen.

Sucher, die diese schwierige Reise ins Innere ihrer selbst unternehmen, haben manchmal von gewissen Personen sprechen gehört, die die GNADE anscheinend umsonst empfangen haben. Nun setzt sich, ohne dass sie sich dessen bewusst sind, in ihrem Geist die Idee fest, dass, weil auch sie ein gewisses spirituelles Streben an den Tag legen, ihnen die GNADE zwangsläufig zustehe! Muss man daraus folgern, dass man zu einem Landwirt gehen und zu ihm sagen könnte: „Weil ich Appetit auf Ihre Kartoffeln haben, stehen mir diese zu!" Ist es jemals möglich zu wissen, auf welche geheimnisvolle Weise, sei es in diesem Leben oder in einer unergründlichen Vergangenheit, jemand den Preis bezahlt hat, der der GNADE erlaubt hat, in ihm den günstigen Boden für IHRE MANIFESTATION zu finden?

Das Ziel jeder Ausübung der Konzentration und der Meditation ist es, den Aspiranten von seiner üblichen Weise zu denken, sich zu empfinden und zu sein zu lösen, damit es ihm gelingen kann, sich seiner selbst in einer Weise bewusst zu werden, die sich vollkommen von der Weise unterscheidet, in der er es im Allgemeinen ist. Und das erfordert von ihm eine *anhaltende Aufmerksamkeit, die unaufhörlich auf das Objekt seiner Konzentration fokussiert ist.*

Dieses Bewusstsein von sich selbst, dem Sucher in seinem üblichen Zustand des Seins unzugänglich, ist direkt mit einer sehr besonderen inneren Präsenz verbunden, die befreiend, verwandelnd und therapeutisch zugleich ist.

Nur in den kurzen Augenblicken, in denen der Aspirant beginnt, während seiner Meditation wirklich innerlich gegenwärtig zu sein, wird er auch beginnen, sich vom Ablauf der Zeit zu befreien und *außerhalb der Zeit* zu leben. Jedoch, aufgrund der Gewohnheit und seiner Konditionierung, findet er sich, kaum dass er diese INNERE WAHRHEIT erkannt hat, im nächsten Augenblick erneut zum Äußeren, *zum Wahrnehmbaren*, hingezogen; und er beginnt wieder, ohne es vielleicht zu merken, dem Glauben zu schenken, was ihm seine Sinnesorgane als „Wahrheit" vermitteln: eine sehr begrenzte und unvollständige äußere „Wahrheit". Daher findet sich die UNSICHTBARE WAHRHEIT, die er in einem gegebenen Moment in sich gespürt hat, wieder einmal durch das Sichtbare unterdrückt.[24]

Die gewohnte Weise, in der sich der Mensch empfindet, und die Weise, in der er sich seiner selbst bewusst ist, sowie die Art Aufmerksamkeit, die er für gewöhnlich hat, genügen ihm, um den dringenden Bedürfnissen seines planetarischen Körpers nachzukommen und um sich gegen die verschiedenen Gefahren der äußeren Welt zu schützen (wie Krankheiten, Unfälle, Raubtiere etc.), die ihn ständig bedrohen. Aber sie sind ihm bei weitem nicht nützlich auf einem mystischen Gebiet, das, im Gegensatz zu dem, was er

---

[24] „ER entfernt sich niemals von uns, wenn wir uns nicht zuerst von IHM entfernen; mögen wir fürchten, uns von IHM zu entfernen, mögen wir immer mit IHM sein, mögen wir mit IHM leben und sterben." Bruder Lorenz von der Auferstehung.

zu kennen gewohnt ist, von ihm eine ganz spezifische Gegenwärtigkeit erfordert, die er ohne eine lange und intensive Konzentrationspraxis nicht erfahren kann: eine sehr besondere innere Gegenwärtigkeit, dank derer er nicht nur beginnen kann, außerhalb der Zeit zu leben, sondern auch, mit einem anderen Aspekt seiner Doppelnatur verbunden zu sein, der ihm durch seine höchste Subtilität stets entgeht.

Im Gegensatz zu dem höheren Aspekt seiner Natur, der *von äußeren Bedingungen unabhängig* ist und der, da er vollständig ist, sich selbst genügt, wird die Art Empfindung und Bewusstsein, die der Mensch im Allgemeinen von seinem Dasein hat, nur von den *Eindrücken der äußeren Welt*, die seine Sinnesorgane ihm übermitteln, sowie von seinen körperlichen Bedürfnissen, von seinen sexuellen Begierden und von allem, *was von außen seine Aufmerksamkeit anzieht und festhält*, stimuliert.

Wenn ein Sucher nicht wenigstens geheimnisvoll mit einem besonderen Wissen versehen ist, das in einer fernen Vergangenheit erworben wurde, und fähig ist, ganz alleine die spirituelle Arbeit an sich wieder aufzunehmen, die früher durch seinen physischen Tod unterbrochen wurde, dann braucht er die Hilfe von jemandem, der, weil er selbst mit diesem Problem gerungen hat, sehr gut weiß, worin die Schwierigkeit besteht, dieses so besondere Erwachen des Bewusstseins zu verwirklichen.

Der Aspirant benötigt Unterstützung von jemandem, der mehr erwacht ist als er, der die nötigen Mittel kennt, um ihn von seinem Gefühl und seinem gewöhnlichen Zustand des Seins loszureißen, damit es ihm gelingen möge, einen anderen Zustand des Seins und des Bewusstseins zu erkennen, unabhängig von jeder äußeren Stimulation.

Wenn er erst einmal, und sei es nur ein bisschen, dieses LICHT erkannt hat, das er in sich trug, ohne davon zu wissen, und wenn er verstanden hat, was von ihm verlangt wird, wird seine Entwicklung nun abhängen von der Aufrichtigkeit, mit der er seine spirituellen Übungen angehen wird, von der Glut seines Wunsches, sich von seinem gewöhnlichen Zustand des Seins und Bewusstseins zu lösen, und vor allem von der Intensität seines Strebens, sich vom Gewicht jeder unerwünschten Tendenz in sich zu befreien, das ihn daran hindert, sich zu den leuchtenden Höhen seines HIMMLISCHEN WESENS zu erheben.

Wenn er wirklich in die HEILIGEN BEREICHE seines Wesens gelangen und dort bleiben können möchte (ohne sich jedes Mal, wenn er versucht sich zu erheben, nach unten gestürzt zu sehen), ist es für den Sucher wichtig zu verstehen, dass sich diese innere Transformation in alle Richtungen gleichzeitig vollziehen muss, einschließlich in die seiner *moralischen Integrität*. Andernfalls werden, ohne dass er es merkt, alle die spirituellen Übungen, die er machen wird, riskieren, die unerwünschten Aspekte seines gewöhnlichen Ich noch mehr in ihm kristallisieren zu lassen. Diese Gefahr der Verfestigung der gewöhnlichen und nicht wünschenswerten Aspekte seiner Natur ist auf dem Gebiet des Hatha-Yoga umso schwerwiegender, wenn die Ausführung der verschiedenen Asanas (Körperstellungen) von Pranayamaübungen (Atemübungen) und hier insbesondere vom *Anhalten des Atems* begleitet wird.

Die Praxis des Hatha-Yoga kann unbestreitbar wohltuende Wirkungen auf der physischen Ebene haben, und bis zu einem bestimmten Punkt auch auf der spirituellen, jedoch unter der Bedingung, dass sie mit der größten Wachsamkeit ausgeführt wird, was den inneren Zustand betrifft, in dem man sich während der Durchführung befindet. Der Autor hat selbst mehr als dreißig Jahre lang Hatha-Yoga praktiziert und gelehrt; und, da er die Gefahren dieser wirksamen Technik erkannt hatte, hat er bei seinen Übungen, und besonders beim Anhalten des Atems, stets mit größter Sorgfalt darauf geachtet, sich in einen Zustand intensiver innerer Gegenwärtigkeit zu versetzen – was unweigerlich die Bemühung beinhaltet, die Leere in seinem Geist zu schaffen sowie sich von jedem unerwünschten emotionalen Zustand freizumachen. Im Übrigen muss daran erinnert werden, dass eine Disziplin, wie die Praxis des Hatha-Yoga, stets durch eine regelmäßige Meditationspraxis und verschiedene Konzentrationsübungen ergänzt werden muss.[25]

Wenn der Aspirant infolge seiner Meditationspraktiken erreicht hat, einen Bewusstseinszustand zu erleben, der ihm völlig ungewohnt ist, und wenn er dessen entscheidenden Wert für seine zukünftige Arbeit und für seine Befreiung zu schätzen weiß, wird er feststellen müssen, dass, kaum dass sich dieses besondere Bewusstsein während der Momente, in denen er Konzentrationsübungen zu machen versucht (sei es im aktiven Leben, während seiner Meditation oder wenn er Hatha-Yoga ausführt) in ihm manifestiert hat, *er dieses im nächsten Augenblick geheimnisvoll wieder verliert*. Dieser Bewusstseinszustand, der ihm ungewohnt ist, wird *verdünnt und mit seinem gewöhnlichen Zustand des Seins vermischt*, und der Sucher versinkt wieder einmal in seinem üblichen Zustand der *Abwesenheit zu sich selbst*.

Wenn einige Augenblicke später *eine plötzliche Rückkehr zu ihm selbst eintritt*[26] und er diesen besonderen Bewusstseinszustand von sich findet, und wenn er sensibel genug ist, um zu erkennen, was bei diesem dramatischen Kampf ums SEIN für ihn auf dem Spiel steht, wird er bemerken, dass *ganz am Anfang* dieses Wiederaufnehmens der Bewusstheit *etwas Wahres* in ihm entsteht, das nur einige Sekunden anhält; dann, obwohl er mehr oder weniger noch gegenwärtig zu sich bleibt, wird er feststellen müssen, dass dieser Bewusstseinszustand, der ihm ungewohnt ist, seine WAHRHEIT verliert, und in kurzer Zeit *verliert sich auch der Aspirant in sich* und identifiziert sich erneut mit seinem

---

[25] Siehe die drei Kapitel über Hatha-Yoga in meinem Buch *Der Weg der inneren Wachsamkeit*.
[26] Drückt nicht das Gleichnis vom verlorenen Kind in Wirklichkeit *die Rückkehr zu sich selbst aus, zum HIMMLISCHEN WESEN in sich*, eine Rückkehr, die nur durch eine lange regelmäßige Arbeit an sich selbst dauerhaft gemacht werden kann?

üblichen Zustand des Seins sowie mit der Welt, die ihn umgibt.

Daher wird sein kontinuierliches Verschwinden und Wiedererscheinen während seiner Konzentrationsübungen ihm helfen, besser zu verstehen, warum die großen spirituellen Gestalten, die sich auf dieser ERDE inkarniert haben, die Suche nach dem ERHABENEN in sich immer mit einem Krieg verglichen haben, einem heiligen Krieg, der im Inneren des Menschen stattfinden soll und *nicht* draußen, gegen die anderen, wie das leider so oft in der Welt geschieht.

Dieser geheimnisvolle Krieg, in dem sich der Sucher engagieren soll, wird für gewöhnlich derart schlecht verstanden. Die Zerrissenheit Arjunas (des Helden der Bhagavad-Gîtâ), der zögert, eine Armee, die aus den Seinen besteht – d.h. die aus unzähligen „kleinen Ichs" besteht, die auf seine Kosten in ihm wohnen –, zu bekämpfen, illustriert gut die Schwierigkeiten des Aspiranten bei dem Kampf, den auch er gegen seine „lieben kleinen Ichs" führen muss, die ihm den Weg zu seinem HIMMLISCHEN SEIN versperren. Hat nicht CHRISTUS seinen Jüngern erklärt: „Das HIMMELREICH wird mit dem Schwert gewonnen"? Beziehen sich dieselben Worte nicht auf die Schlacht, um zu SEIN? Auch das Dhammapada spielt oft auf den *Kampf* an, den der Sucher mit sich selbst ausfechten muss, um den Zustand des NIRVÂNA zu erreichen.[27]

Wenn er wirklich die Bedeutung eines solchen Engagements erkannt hat, ist jeder Aspirant, der sich auf einem spirituellen Weg einsetzt, unvermeidlich zu einem *Schlachtfeld* geworden, ob er das will oder nicht.

Es kommt vor, dass intellektuell brillante Männer und Frauen beteuern: „Das wissen wir doch schon alles!" Zweifellos

---

[27] „Besser als der, der tausendmal Tausend Männer in der Schlacht besiegt, ist der, der sich selbst besiegt. In Wirklichkeit ist er der mächtigste Sieger." Dhammapada, 103.

kennen sie diese spirituellen Wahrheiten *intellektuell;* aber *verstehen* sie wirklich das, was sie mit ihrem Verstand wissen?

Es ist klar, dass das intellektuelle Wissen seinen Platz und seine Bedeutung in der existenziellen Welt hat. Von Gelehrten durchgeführte Forschungen, um heilige Texte zugänglich zu machen, die ohne sie für den Sucher unerreichbar geblieben wären, haben zweifellos ihren Wert.[28] Außerdem kann sich die Lektüre dieser heiligen Texte als große Hilfe erweisen, um den Aspiranten bei seiner Suche anzufeuern und zu ermutigen. Indessen, eine bloße Lektüre kann ihm niemals erlauben, zu einer direkten Wahrnehmung des ERHABENEN ASPEKTES seiner Doppelnatur zu gelangen, noch ihn die nicht wünschenswerten Neigungen in sich entdecken lassen, die einer so bedeutenden Erfahrung entgegenstehen.

Sehr oft machen sich gelehrte Personen (sei es im Westen oder in Indien)[29] nicht klar, dass das intellektuelle Wissen für sie ein Hindernis darstellt, wenn es nicht in die Praxis umgesetzt wird. Die brillanten intellektuellen Fähigkeiten, die einige von ihnen besitzen, können sie in eine Falle locken, indem sie ihnen den Eindruck geben, dass es genüge, diese spirituellen Wahrheiten rein theoretisch zu kennen.

Wenn sie nicht praktizieren, was sie an intellektuellen Kenntnissen über Spiritualität ansammeln konnten, und nicht akzeptieren, sich strengen spirituellen Übungen zu unterziehen – unerlässlich, um ihnen zu helfen, ihren Verstand zu verlassen und in ihr Gefühl hinabzusteigen, um ihr Wissen lebendig werden zu lassen –, wird es ihnen immer an einem besonderen Verständnis und einer besonderen

---

[28] Insbesondere aus dem Orient stammende Texte wie das Dhammapada, das Tibetanische Totenbuch, die Bhagavad Gîtâ, die Upanishaden etc.
[29] Damit im Leser kein Missverständnis bezüglich Indiens entsteht, muss der Autor klarstellen, dass er stets eine tiefe Liebe für dieses Land empfindet, in dem er mehrere Jahre gelebt hat, während er es gleichzeitig klar und objektiv betrachtet.

Intuition mangeln, ohne die ihr Wissen keine echten Früchte tragen und ihr niederes Wesen nicht umwandeln kann.

Wenn der Intellekt den Menschen dominiert und seine Entwicklung übermäßig in dieser einzigen Richtung verläuft, ist die Gefahr, sich von seinem Gefühl abzuschneiden, umso größer – wie man leider auf den verschiedenen heutigen künstlerischen Gebieten feststellen kann, insbesondere auf dem der Malerei und dem der zeitgenössischen sinfonischen Musik, die nicht länger in der Lage sind, eine spirituelle Schönheit zu bringen, die imstande ist, die Menschheit zu erheben.

Der Sucher muss mit seinem Gefühl (durch das er die Kraft finden wird, sich selbst zu übersteigen) und mit seiner Intuition (um die subtile Welt zu erfassen, die er in sich trägt) verbunden sein. Außerdem muss er eine außergewöhnliche Aufrichtigkeit zeigen, um bereit zu sein, einem Weg zu folgen, den er aufgrund der Schwierigkeiten, denen er dort begegnen kann, am Anfang entmutigend finden kann.

So wie ein Komponist ohne gründliche Kenntnisse der Gesetze, die die Harmonie regieren, und ohne von einem erhabenen Gefühl *gestützt* zu werden, kein großes sinfonisches Werk schreiben kann, so kann der Sucher nicht hoffen, auf dem delikaten spirituellen Weg voranzukommen, wenn es ihm nicht gelingt, sich wenigstens einen gewissen Verständnisgrad der Gesetze anzueignen, die diese subtile Domäne, die nicht zur berührbaren Welt gehört, beherrschen, und wenn er nicht von seinem Gefühl *getragen* wird, wenn von ihm verlangt wird, die für seine Suche unerlässlichen Bemühungen zu machen.

Es kommt manchmal vor, dass jemand, der intellektuell nicht sehr brillant ist, den tiefen Sinn einer spirituellen Lehre und die Herausforderung für sich bei dieser geheimnisvollen Schlacht, um zu SEIN, besser versteht. Erst wenn es ihm gelingt, ein wenig zu SEIN, wird er sich vollständig in sich fühlen können. Er wird von da an beginnen, von einer seltsamen inneren Stille erfüllt zu sein, einer Stille, die in seinen Ohren auf eine so subtile und so rätselhafte Weise singen wird, dass der Lärm der äußeren Welt ihm wie das dissonante Kreischen eines schlecht justierten Rades vorkommen wird.

Kritik und Kontrolle über den Geist

Die Gewohnheit im Menschen ist hartnäckig. Hat sie sich einmal in ihm festgesetzt, ist es schwierig für ihn, sich genügend von ihr freizumachen, um in der Lage zu sein, sie wahrzunehmen und in Frage zu stellen, denn sie wird mit der Zeit zu einem integralen Bestandteil seiner Persönlichkeit werden, und zwar so, dass er nicht einmal mehr ihre Gegenwart in sich erkennen kann.

Unter den verschiedenen nutzlosen Gewohnheiten, die er unwissentlich in sich tragen kann, gibt es eine, von der er besonders schwer loskommen kann. Er kann, ohne es zu merken, einen großen Teil seiner Zeit damit verbringen, schweigende Kritik, die unentwegt an ihm nagt, innerlich immer wieder durchzugehen; und wenn er auf diese Weise beschäftigt ist, wird ihm seine *Aufmerksamkeit*, die seine nicht wünschenswerten Gedanken und Gefühle *nährt, kontinuierlich gestohlen*, statt für die Fortsetzung seines spirituellen Kampfes verwendet zu werden.

Daher kann sich ein Sucher, ohne sich dessen bewusst zu sein, gefangen und in sich geteilt finden durch fortlaufende stille Kritiken, die ihm weder die Freiheit des Geistes noch die nötige Energie lassen, um sich seinen spirituellen Übungen in der Weise zu widmen, wie er das eigentlich tun sollte.[30]

Dazu kommt, dass von dem Augenblick an, in dem ein bestimmtes Urteil oder eine Kritik in jemand aufgetaucht ist (sei sie an einem bloßen Bekannten oder an einer

---

[30] Siehe Kapitel 7 meines Buches *Inneres Erwachen und Praxis des Nada-Yoga*.

nahestehenden Person), aufgrund der seiner Natur innewohnenden Neigung, immer wieder denken, sagen und tun zu wollen, was er in der Vergangenheit gedacht, gesagt oder getan hat, er diese Kritik und dieses bestimmte Urteil nicht daran hindern können wird, sich erneut leise in ihm zu regen, jedes Mal, wenn er die betreffende Person wiedersieht.[31] Denn von dem Moment an, wo die Kritik in ihm geboren ist, findet sie sich untrennbar mit der Person, dem Ort oder der Sache verbunden, die sie sich zum Gegenstand gemacht hat.

Solange ein Sucher seine Zeit damit verbringt, bewusst oder unbewusst, die Fehler der anderen anzuschauen, sie zu kritisieren oder zu beurteilen, kann er sicher sein, *dass er in diesen Momenten nicht in der Weise beschäftigt ist, wie er es durch seine spirituellen Übungen sein sollte* – ganz gleich ob diese im aktiven Leben oder bei sich zu Hause ausgeführt werden. Diese unerwünschten Zustände können in ihm nur Gefühle der Intoleranz gegen andere sowie Qualen in ihm selbst hervorrufen – ganz zu schweigen von dem Energieverlust, den diese Gewohnheit mit sich führt, während er seine Energie doch so sehr für seine spirituelle Arbeit bracht.

Wenn er *wirklich* mit seinem Kampf *beschäftigt ist*, auf eine andere Weise selbstgegenwärtig und seiner selbst bewusst zu sein, als auf seine übliche Weise, *kann ihm keine Zeit übrig bleiben, um die Unvollkommenheiten seiner Mitmenschen zu bemerken oder sie zu beurteilen.*

Wenn sich ein Sucher von seiner Versklavung durch unerwünschte Gefühle, die ihm sinnlos seine Kräfte stehlen, befreien möchte, muss er bewusst und pausenlos an sich arbeiten, um jede Beurteilung und jede Intoleranz, die ihn in einem gegebenen Moment beherrscht, in *Mitgefühl* umzuwandeln – was ihm erlauben wird, sich in leuchtende

---

[31] „Wer die Tendenz hat, stets die Fehler der anderen zu sehen und immer kritisch zu sein, vermehrt die schlechten Gewohnheiten in sich. Er ist in Wirklichkeit weit davon entfernt, sie zu zerstören." Dhammapada, 253.

Regionen seines Wesens zu erheben und schließlich dort zu bleiben. Ein langanhaltender Zustand der Kritik und der Intoleranz wird im Menschen schließlich ein Gefühl *konstanter Unzufriedenheit* auslösen; und um sich Erleichterung zu verschaffen, wird er ständig angetrieben, jemanden oder etwas zu suchen, das ihm ein paar Augenblicke des Vergnügens verschaffen kann oder sein Dasein wenigstens etwas akzeptabler machen kann. Aber, da er sich nicht kennt, merkt er nicht, wie sehr und auf welche Weise er wechselhaft ist. Und das, was ihm einen Moment der Befriedigung bringt, kann nicht von Dauer sein und verschwindet früher oder später; und er findet sich nun wieder *bei* sich selbst, *so wie er aus Gewohnheit ist*, immer auf der Suche nach einem beständigen Glück – unmöglich zu erreichen in diesem Dasein, das sich, so wie er, als derart veränderlich und zufallsbedingt erweist.

* * *

Ohne Meisterung seines Geistes (selbst wenn sie anfangs nur teilweise ist) werden die verschiedenen unkontrollierten Wünsche, Impulse und Ängste, die den Aspiranten erfüllen, fortfahren, ihn auf seine Kosten heimzusuchen. Um sich von ihnen zu befreien, muss er sich auf Mittel stützen (insbesondere bestimmte Konzentrationsübungen, die mitten in den Turbulenzen des aktiven Lebens auszuführen sind), dank derer er hoffen kann, sich von seinem gewöhnlichen Ich zu lösen, und sei es nur für einen kurzen Augenblick, um zu beginnen, in sich den anderen Aspekt seiner Doppelnatur zu erkennen, der jenseits von Zeit und Raum ist.

Erst wenn er sich auf diesen höheren Aspekt seiner Natur stützt, wird er in sich eine gewisse innere Stabilität herstellen können, aus der heraus es ihm möglich sein wird, die Unsicherheiten und die Wechselfälle des existenziellen Lebens betrachten zu können, ohne dass diese in ihm Spannungen und sinnlose Qualen erzeugen.

Aber solange der Aspirant nicht Herr über seinen Geist ist, ist er praktisch niemals seiner selbst auf die Weise bewusst, wie er es eigentlich sein sollte, damit sich diese innere Stabilität, deren er so sehr bedarf, in ihm einstellen kann; er sieht sich daher ohnmächtig von den unaufhörlichen Bewegungen eines zufälligen irdischen Lebens überflutet, ohne zu wissen, wie er sich wehren kann.

Der im Fleisch inkarnierte Mensch, zusammengesetzt aus Zellen, Molekülen und Atomen, alle in ständiger Bewegung, macht sich nicht klar, wie sehr auch sein Geist und sein Gefühl in *fortwährender und unbeständiger Bewegung* sind. Da er sich unwissentlich mit diesen Bewegungen in sich identifiziert, kann er sie nicht wahrnehmen. Er merkt daher nicht, wie sehr *er sich nicht kennt*. Ohne sich dessen bewusst zu sein, macht er die meiste Zeit nichts anderes, als blind den sprunghaften Impulsen seines niederen Wesens zu folgen, mit seinen vielfältigen Wünschen (von denen sehr wenige einem höheren Streben entsprechen), seinen Ängsten (von denen sich die meisten als unbegründet erweisen) und seinen Glaubensvorstellungen (von denen die Mehrheit nicht nur veränderlich, sondern auch sinnlos ist).

Und da in ihm eine unbezwingliche Tendenz besteht, *wiederholen* zu wollen, was ihm durch den Kopf gegangen ist, oder *reproduzieren* zu wollen, was er in einem bestimmten Moment ausgeführt hat, können diese Gedanken oder Handlungen, wenn sie nicht positiver Art sind, durch ihre *konstante Wiederholung* Neigungen in ihm verschweißen, von denen sich nicht nur die meisten als ungünstig für seine spirituelle Entwicklung erweisen, sondern die ihm nicht einmal die Möglichkeit geben, ein glückliches Leben zu führen – daher die Notwendigkeit für den Aspiranten zu beginnen, wachsam zu werden und alles in Frage zu stellen, was in seinem Geist aufsteigt, sich stets daran erinnernd, dass keine Handlung ausgeführt werden kann, *ohne dass ihr ein Gedanke vorausgeht*.

Der Mensch ist so unbeständig und so unvorhersehbar wie der Wind. Da außerdem das äußere Leben unbeständig, in fortwährender Bewegung und für immer veränderlich ist, beeinflusst es sein SEIN ebenfalls, ohne dass er sich dessen bewusst ist.

Aufgrund der Tatsache, dass er in Unwissenheit über sich selbst lebt und sich (auf eine Weise, die von seinem üblichen Seinszustand aus schwer für ihn zu erfassen ist) mit allem identifiziert, was seine Aufmerksamkeit erregt und fesselt, kann er seine Unbeständigkeit nicht wahrnehmen. Die Sache, die er in einem gegebenen Moment besitzen will, kann für ihn morgen jede Anziehungskraft verlieren; die Frau, die ein Mann heute mit solchem Verlangen begehrt, erscheint ihm einige Zeit später nicht mehr begehrenswert; kaum findet sich jemand in der Umgebung seiner Träume, da möchte er sie um einer anderen willen verlassen, die er sich noch paradiesischer vorstellt,... Der Mensch bleibt daher sein Leben lang versklavt und an die (meistens gegensätzlichen) Wünsche seines niederen Ich gekettet, ohne zu merken, was ihm widerfährt.

Aufgrund der immerwährenden Unzufriedenheit, in der er gewöhnlich sein Dasein verbringt, wird er, ohne sich dessen bewusst zu sein, ständig getrieben, die sofortige Befriedigung der Wünsche seines niederen Ich zu suchen, ohne über die (manchmal tragischen) Konsequenzen nachdenken zu können, die seine Handlungen für sein eigenes Wesen und das der anderen haben können.[32] Er scheint unfähig zu erkennen, dass alles, was er tut oder sagt, sich zwangsläufig um ihn herum ausbreiten muss, bis hin zur Provokation von Konflikten oder sogar Kriegen, wie die, welche die Welt so oft erlebt hat, manchmal ausgelöst von einer einzigen Person, ganze Nationen in ihrem Kielwasser nach sich ziehend.

---

[32] „Sklaven ihrer Begierden, werfen sich die Menschen in den Wildbach der Leidenschaften, so wie eine Spinne in das Netz fällt, das sie selbst gewebt hat." Dhammapada, 347.

* * *

Sobald sich ein Sucher auf einem spirituellen Weg engagiert, werden seine *Geduld* und seine *Ausdauer* auf die Probe gestellt. Er muss eine unbeugsame Entschlossenheit und einen unerschütterlichen Mut in sich finden, wenn er ans Ende dieser rätselhaften Suche nach seiner GÖTTLICHEN IDENTITÄT kommen will – eine Suche, für die sich die äußere Welt nicht interessiert.

Erst wenn der Aspirant in sich die Kraft findet, beharrliche Bemühungen um Konzentration zu machen, um zu versuchen, sich von der unablässigen Bewegung seines Geistes, von seinen wechselhaften körperlichen Begierden und von dem, was er gewöhnlich möchte oder nicht möchte, zu lösen, wird er in sich die nötige Ruhe herstellen können, um das geheimnisvolle Flüstern seines HIMMLISCHEN WESENS zu hören. Da er früher zu sehr in seinem Verstand eingeschlossen geblieben war, war er sozusagen blind. Nun werden sich seine Augen zu öffnen beginnen und er wird zum ersten Mal in seinem Leben während kurzer Augenblicke *wirklich sehen* und *wirklich hören* können.

In dem Maß, wie er bei seinen spirituellen Übungen vorankommt und sich und die Welt mit anderen Augen sieht, wird sich in ihm der brennende Wunsch regen, das zu kennen, was Bedeutung haben kann: für einen anderen etwas zu *empfinden*, *Mitgefühl* für andere zu empfinden und seine Mitmenschen zu *lieben*. Er wird sensibel für die Weise werden, in der das Wort „Liebe" im Leben gebraucht wird. Er wird feststellen müssen, dass dieses Wort zu leichtfertig eingeschätzt und angewendet wird, und dass die Leute die Gewohnheit angenommen haben, es zu gebrauchen, um, unbekümmert und, ohne irgendwelche Unterscheidungen zu machen, ihre Anziehung zu irgendeinem unsinnigen Objekt auszudrücken.[33]

Die Schwierigkeiten und die Ungewissheit des existenziellen Lebens sind notwendig, um einen Sucher aufzuwecken. Und gerade wegen der *Gewissheit seines unvermeidlichen Todes* kann er angestachelt werden, seine spirituellen Übungen ernster zu nehmen. Die Welt, in der er sowie alle anderen Geschöpfe leben, erweist sich als dermaßen unvorhersehbar, dass es niemanden gibt, der nicht in den Tiefen seines Wesens unter einem bewussten oder unbewussten Gefühl der Unsicherheit leidet und der nicht Angst vor dem hat, was die Zukunft an Problemen für ihn bereithalten mag.

Wenn indessen der Aspirant im Laufe einer tiefen Meditation beginnen wird, sich dem HÖHEREN ASPEKT seiner Doppelnatur zu nähern und das zu erkennen, was er wirklich ist, wird er seinen körperlichen Tod nicht mehr mit demselben Geisteszustand wie in der Vergangenheit sehen. Denn er wird wissen, dass er das UNWANDELBARE in sich trägt, das durch die Auflösung seiner körperlichen Form in keiner Weise beeinflusst wird.

Ein seltsamer Gedanke wird nun geheimnisvoll in seinem Geist zu keimen beginnen und er wird sich fragen, ob die Geburt in einem physischen Körper nicht in Wirklichkeit den wahren Tod darstellt und der körperliche Tod die *richtige Geburt*.

Widerstände und Akzeptanz

Jeder Mann und jede Frau, vor allem jemand, der sich bereits auf einem spirituellen Pfad befindet, sieht sich durch sein

---

[33] Ein als tragikomisch einzustufendes Ereignis hat sich eines Tages vor den Augen des Autors abgespielt. Nach einem langen feurigen Vortrag über die Liebe fragte ein Offiziant eines der Kinder von etwa 10 Jahren, die ihn umgaben: „Was ist GOTT?" Und ratlos angesichts des langen Schweigens des armen Kindes packte er gereizt dessen Ohr und rief mit zorniger Stimme: „GOTT ist Liebe!"

Karma[34] unfreiwillig in genau die Bedingungen gestellt, die er braucht, um seine unerwünschten Neigungen zu transzendieren, um seine Weise zu denken und zu handeln zu transformieren und um die karmischen Schulden zu bezahlen, die er unwissentlich angesammelt hat, gleichzeitig in diesem Leben und in anderen vergessenen Existenzen.

Der Sucher, der die Situation, in die ihn sein Schicksal gestellt hat, um die nötigen Bemühungen zur Transformation seines Wesens zu machen, nicht akzeptiert, wird seine Qualen nur unnötig vermehren. Wenn er sich seinen Lebensumständen widersetzt und auf bessere wartet, um seiner Arbeit an sich nachgehen zu können, wird er versklavt bleiben, abgeschnitten von seinem HÖHEREN SEIN, in dem seine einzige Hoffnung auf Befreiung von einer zufallsbedingten Existenz, voller Wechselfälle und Leiden, liegt. Er wird daher weiter ziellos in der Welt der Sinne umherirren, immer der Willkür seines niederen Wesens und der Unsicherheit einer prekären Existenz ausgeliefert, hie und da kompensatorische Momente des Vergnügens suchend, um seine ständige Unzufriedenheit zu lindern. Es handelt sich keineswegs darum, dem Aspiranten vorzuschlagen, sich mit seiner Situation abzufinden – denn Resignation ist im Grunde ein *passiver* innerer Zustand –, sondern es geht im Gegenteil für ihn darum, sein Schicksal aktiv zu akzeptieren und das, was von ihm verlangt wird, tapfer zu tragen. Außerdem kann ihm ein *aktives Akzeptieren* die Möglichkeit der Veränderung bieten, die er nicht ergreifen könnte, wenn er in einem Zustand passiver Resignation bliebe.

Damit der Sucher angesichts der Hindernisse, denen er während seiner Meditation und seiner verschiedenen Konzentrationsübungen in sich begegnen wird, nicht den Mut verliert, ist es wichtig, sich zu erinnern, dass (wie zuvor

---

[34] Um besser zu verstehen, was der so schwierige Begriff des Karma umfasst, siehe das Kapitel, das der Autor diesem Thema in seinem Buch *Dans le silence de l'Insondable* (In der Stille des Unergründlichen) gewidmet hat.

gesagt) die Widerstände, die aus seinem niederen Ich stammen, keine nutzlosen Hindernisse sind – wie er anfangs zu denken versucht sein könnte –, sondern dass sie vielmehr die *nötigen Mittel* darstellen, um ihn besser erkennen zu lassen, was innerlich überwunden werden muss, sowie um ihn daran zu erinnern, sich nicht auf seinen Lorbeeren auszuruhen, indem er jeden höheren Zustand, den er in bestimmten Augenblicken während seiner Meditationsübungen erfahren kann, als gesichert ansieht.

Es kann sein, dass er sich am Anfang dieser geheimnisvollen Reise in das Innere seines Wesens nicht genügend klar macht, dass die Widerstände, die sich in ihm erheben, wahrscheinlich die einzigen Möglichkeiten sind, über die er verfügt, um klarer zu sehen, wovon er sich befreien muss, um den Aspekt seiner Doppelnatur zu entdecken, der Raum und Zeit transzendiert – seinen GÖTTLICHEN ASPEKT, aus dem er das Wunder seines Lebens gezogen hat und in den hinein er sich in seiner Todesstunde wieder aufgeben soll.

Jeder Widerstand, der aus seinem gewöhnlichen Ich kommt, sowie die Hindernisse, auf die er außen trifft, können von einem klugen Aspiranten als Zeichen verwendet werden, einerseits, um ihn daran zu erinnern, seinen Blick dem Inneren seines Wesens zu zuwenden, jedes Mal, wenn er sich nach außen gezogen fühlt, und andererseits, um das *loszulassen*, was ihn nutzlos beschäftigt. Denn nur, indem er sich innerlich *verfügbar* macht, wird er eines Tages das HIMMLISCHE ERBE entgegennehmen können, das ihm bestimmt ist. Immer auf der Suche nach einer äußersten Sättigung, die im physischen und materiellen Bereich unmöglich zu erreichen ist, kehren die meisten Menschen dem Schatz den Rücken zu, der ihnen angeboten wird, im Austausch gegen ein Vergnügen, das, wie exquisit es auch sein mag, nur zufällig und vergänglich sein kann.

Es muss hier klargestellt werden, dass es keineswegs darum geht, den Sucher aufzufordern, sich zu kasteien oder kein normales Leben zu führen, sondern er handelt sich darum dahinzukommen, in sich das Mittel zu finden, *der äußeren Welt und der inneren Welt gleichzeitig Genüge zu tun* – was offensichtlich bedeutet, dass das äußere Leben mit den richtigen spirituellen Prinzipien in Einklang stehen muss.

Erst wenn sich ein Aspirant ernsthaft auf seine Meditationspraxis einlässt, wird er sich plötzlich und nicht ohne Überraschung der Gegenwart seines niederen Ich in sich bewusst und ihm wird klar, in welchem Maß es sich sträubt, indem es sich mit einer Hartnäckigkeit an seine alten Gewohnheiten klammert, die den Aspiranten zunächst erstaunt und fassungslos macht.

Es fällt ihm schwer, die Kraft zu verstehen, die die Gewohnheit auf sein Wesen ausübt; und da der Mensch ein Gewohnheitstier ist und nicht anders kann, als eines zu sein, fasst alles, was in seinem Geist auftaucht, sei es positiver oder negativer Art, Wurzel in ihm und wächst, bis es zu einem solchen Teil seiner Persönlichkeit geworden ist, dass es ihm nicht mehr möglich ist, sich davon zu lösen, um es in Frage stellen zu können.

Wenn der Aspirant nicht von Anfang an die Wirkung berücksichtigt, die alles, was er sich zu denken, zu sagen oder zu tun erlaubt, auf sein eigenes Wesen (sowie auf das der anderen) hat, wird er Gewohnheiten in sich *kristallisieren*, die durch ihre Wiederholung zu hartnäckigen Tendenzen werden, die nur schwer auszureißen sind, wenn er später entdeckt, dass sie Hindernisse für seine spirituelle Entwicklung darstellen. Er wird dann durch einen unnachgiebigen Kampf gehen müssen, um zu transzendieren, was er, ohne es zu merken, *an Tendenzen und Gewohnheiten in sich eingeschweißt hat*, bevor es ihm möglich sein wird, in seinem Wesen die Schwelle zu überschreiten, die zum königlichen Gemach seines PRINZLICHEN ICH führt.

Wenn der Weg, dem der Aspirant folgt, ihm leicht erscheint, kann er sicher sein, *dass er ihn in Frage stellen muss*, umso mehr, wenn dieser nicht darauf abzielt, ihn von Anfang an die Notwendigkeit verstehen zu lassen, den hartnäckigen Kampf mit seinen Begierden und unerwünschten Neigungen zu akzeptieren; denn tatsächlich sind es nur diese Neigungen, die ihm den Weg zu seinem HIMMLISCHEN MONARCHEN verstellen.[35]

Außerdem, wenn er nicht den notwendigen Abstieg in die dunklen Regionen seines Wesens akzeptiert, um sich als den kennenzulernen, der er gewöhnlich ist, und wenn er die Lehre, der er folgt, zu anspruchsvoll findet, muss er sich dann nicht fragen, ob er für das, was er zu erreichen sucht, wirklich motiviert ist?

Da es unmöglich ist zu vermeiden, dass sich Gewohnheiten in ihm einnisten, muss er wenigstens auf die *Art* der Gewohnheiten achten, die er in seinem Wesen wachsen lässt, und muss versuchen, in sich alles zu kultivieren, was edel, mitfühlend und liebend ist und was ihm auf dieser geheimnisvollen Reise in eine Welt, die er in seinem üblichen Zustand des Seins unmöglich erfahren könnte, von Nutzen sein kann.

Überdies muss er versuchen, den Bewusstseinszustand, den er während seiner Meditation berührt, im *aktiven Leben ebenfalls wiederzufinden*, und bei allem, was er tut, sei es Sprechen, Schauen, Hören, Gehen, Essen etc., innerlich *so gegenwärtig wie möglich* zu bleiben. Tatsächlich muss er sich stets vergegenwärtigen, dass Tendenzen und Gewohnheiten unaufhörlich *wachsen* und sich im Menschen mit zunehmendem Alter *verstärken*. Er darf daher nur diejenigen seine innere Heimstatt in Besitz nehmen lassen, die für seine Entwicklung eine Hilfe sein können.

---

[35] „Fällt den ganzen Wald der Begierden und nicht nur ein paar Bäume, denn in diesem Wald lauert die Gefahr. Nach dem Fällen der Bäume und dem Ausreißen der Unkräuter der Begierden seid ihr frei, oh Bikkhus." Dhammapada, 283.

* * *

Vor dem Erlöschen leuchtet die Flamme einer Lampe mit einem lebhafteren Glanz denn je. Das Gleiche gilt für das Leben des Menschen. Wenn dieser an das Ende seiner irdischen Reise gelangt, geschieht es oft, dass er geheimnisvoll eine Energie in sich findet, die diejenigen überrascht, die ihn umgeben, und die sie glauben lassen kann, dass er seine Lebenskraft wiedergefunden hat, wenn plötzlich, kurz danach, die Flamme, die seinen planetarischen Körper belebt hat, erlischt, und er den Rückweg zu der QUELLE antritt, aus der er aufgetaucht ist – wie er es wiederholte Male in einer fernen und unergründlichen Vergangenheit tun musste…, denn, ohne gewöhnlich daran zu denken, ist nicht das *Ende* auch ein *Anfang?*

Auf ähnliche Weise kann das alte Ich im Aspiranten – welches jener zeitweise gemeistert zu haben glaubte – unerwartet erwachen und wie die oben erwähnte Flamme beginnen sich zu manifestieren, manchmal mit einer erstaunlichen Kraft, bevor sich ihre anfängliche Energie erschöpft und sie für immer erlischt.

Die inneren Krisen, durch die ein Aspirant von Zeit zu Zeit gehen muss, können schwer zu ertragen sein; denn sein gewöhnlicher und eigensinniger Geist erwacht immer wieder, unablässig danach suchend, die Freuden und Erfahrungen wiederzufinden, die er in der Vergangenheit gekannt hat – selbst wenn er weiß, dass sie unmöglich für ihn geworden sind.

Erst wenn der Sucher aufhören wird, sich an seine alten Träume zu klammern, die sinnlos geworden sind, wird ein neues Leben beginnen können, sich ihm zu eröffnen, hin zu anderen höheren und wichtigeren Perspektiven. Er wird unbedingt die wohlwollende Hilfe seines HIMMLISCHEN ICH brauchen, um zu dieser Befreiung zu kommen, die alleine ihn mit dauerhaftem Frieden und Glückseligkeit erfüllen kann.

Wer die vollste Sättigung nicht *in sich* gefunden hat, wird sie *auch nicht im Äußeren* finden.

Kapitel 5

Schwere und Wahrheit des Seins

Aufgrund des unerbittlichen Gesetzes der Schwerkraft, das im UNIVERSUM und über die gesamte SCHÖPFUNG regiert, geschieht es oft, dass der *Impuls*, den jemand in einem bestimmten Augenblick verspürt, sich in eine neue Aktivität zu stürzen oder etwas zu erforschen, was ihn anzieht, nach und nach seine anfängliche Kraft verliert, bis dieser Impuls aufhört, stark genug zu sein, um weiter seine Handlungen zu beleben; daher wird das, was er unternehmen wird, sich – aufgrund der Gewohnheit, die in ihn eingezogen ist – zunehmend in gedankenlose und passive Wiederholungen verwandeln, oder er wird ganz und gar seine anfängliche Begeisterung verlieren und sein Interesse anderswohin verlagern.

Das Gleiche gilt für die spirituellen Übungen des Aspiranten. Wenn dieser nicht ein hinreichend hohes Niveau des Bewusstseins besitzt und innerlich nicht genügend erwacht ist, um klar die lebenswichtige Notwendigkeit zu sehen, gegen die Kraft der *Schwere* zu kämpfen, die bis in seine Meditationspraxis und seine verschiedenen Konzentrationsübungen eindringt, wird sich alles, was er auf diesem schwierigen Gebiet anfängt, nach und nach in *mechanische Wiederholungen* verwandeln, und er wird sich, ohne es zu merken, vielleicht damit zufrieden geben, sein Leben lang vom Ziel seiner Suche zu träumen – daher die Wichtigkeit für ihn, manchmal Konzentrationsübungen auszuführen, die anspruchsvoll genug sind, um ihn am innerlichen Schlafen zu hindern.

Es ist daher für den Sucher notwendig zu verstehen, dass seine spirituellen Übungen, ganz gleich welche, immer mit einem Maximum an Wachsamkeit und Sorgfalt ausgeführt werden müssen, wenn er eines Tages ein gültiges Resultat erzielen möchte. Dieser Kampf gegen den Automatismus betrifft vor allem die Personen, die das Rezitieren von Mantras praktizieren (die Wiederholung heiliger Worte), wo die Gefahr, sich im Laufe der kontinuierlichen Wiederholung dieser Worte (die man zuletzt nur zu gut kennt) langsam in ein Träumen sinken zu lassen, umso ernster ist für das, was sie zu erreichen suchen. Der Aspirant kann nie genügend auf der Hut und aufmerksam sein angesichts der Gefahr der Anziehung durch die Schwerkraft in einer spirituellen Praxis, eine Kraft, die (wie bereits gesagt) von Natur aus immer die Richtung sucht, die ihr den geringsten Widerstand bietet – nämlich die Richtung nach unten.

Jede Rezitation von Mantras muss obligatorisch mit Mudras (symbolischen Gesten) verbunden werden, die genügend kompliziert sind, um den Aspiranten zu zwingen, in einem Zustand intensiver Wachsamkeit und innerer Gegenwärtigkeit zu bleiben, der ihm ungewohnt ist; andernfalls wird das Mantra, das er rezitiert, für seine Suche keinen wirklichen Wert haben; ein Aspirant kann bis zum Ende aller Zeiten „Om Nama Shivoham, Om Nama Shivoham, Om Nama Shivoham…" wiederholen, während ihm heimlich Gedanken durch den Kopf gehen; das wird ihn nirgendwohin führen und sicher nicht zu dieser LETZTEN WIRKLICHKEIT, die er in sich zu erfahren strebt.

Welche Stützen der Aspirant auch anwendet, handle es sich um das Rezitieren von Mantras (wie vorher gesagt, von komplizierten Mudras begleitet), um die Konzentration auf den *Nada*[36] und die Atmung während der Meditation oder um die Durchführung verschiedener spiritueller Übungen im aktiven Leben, so müssen alle diese Mittel immer mit einer Haltung *intensiver innerer Wachsamkeit* angewendet werden,

---

[36] Ein bestimmter Ton, der im Inneren der Ohren hörbar ist. Siehe zu diesem so wichtigen Thema die fünf Kapitel über Nada-Yoga in meinem Buch *La Voie de la Vigilance Intérieur* (Der Weg der inneren Wachsamkeit) sowie das dreizehnte Kapitel meines Buches *Pratique spirituelle et Éveil intérieur* (Inneres Erwachen und Praxis des Nada-Yoga).

verbunden mit einer *tiefen, hingabevollen Achtung*, die bei diesem geheimnisvollen Kampf ums SEIN unerlässlich sind. Die Sucher müssen durch ein direktes und lebendiges Verstehen dahin kommen zu erkennen, dass, in einem sehr speziellen Sinn, die *Leichtigkeit* (nicht zu vergessen die angenehme Seite des Lebens) ihr *Feind* ist, denn die *schläfert sie ein*. Die Schwierigkeit bei einem spirituellen Weg (so wie die unangenehme Seite des äußeren Lebens) erweist sich als notwendig für ihr Erwachen und ihre spirituelle Evolution.

Es ist ein Glück für den Menschen, dass sein irdisches Dasein nicht leicht zu leben ist und dass es nicht nur angenehme Ereignisse und Umstände beinhaltet – die ihn letztlich für immer in den Schlaf wiegen würden; es ist meistens schwierig, problematisch und unsicher, was wahrscheinlich das einzige Mittel darstellt, um ihn aus einem seltsamen Wachschlaf zu wecken, in dem er sein Leben verbringt, damit er anfängt, sich bestimmte Fragen über die geheimnisvollen Fähigkeiten seines Geistes, über die komplexen Manifestationen seiner verschiedenen physischen Organe sowie über den Sinn seiner planetarischen Existenz zu stellen, und damit er sich mit seinem ganzen Sein bemüht, die RÄTSELHAFTE QUELLE zu erkennen, aus der er diese Geschenke empfangen hat, so wunderbar und für gewöhnlich unerklärbar.

Es muss noch einmal betont werden, dass, da die ganze SCHÖPFUNG zwangsläufig dem *unerbittlichen Gesetz der Schwere* unterworfen ist, der Aspirant nicht verhindern kann, dass diese Bedingung des phänomenalen Lebens seine spirituellen Übungen infiltriert, die auf keinen Fall in der gleichen passiven Haltung angegangen werden dürfen, wie er sie bisher bei seinen tagtäglichen Tätigkeiten zeigte.

Er muss versuchen, das Funktionieren dieser Schwere zu verstehen, die jeden Augenblick auf ihn lauert und deren Gefahr nicht unterschätzt werden darf. Er muss besonders darauf aufmerksam sein, wie er seine verschiedenen Konzentrationsübungen ausführt, indem er versucht herauszufinden, wie er seinen Bemühungen einen *neuen Impuls* geben kann, jedes Mal, wenn er fühlt, dass sich die Qualität verschlechtert, um zu erreichen, sie neu zu *beleben*, bevor die Flamme seiner Begeisterung erlischt.

Ein sensibler Aspirant kann nicht umhin festzustellen, dass bei seinen spirituellen Übungen dauernd Momente vorkommen, in denen sein *Interesse* die Richtung ändert und ihm neue Energie eingeflößt werden muss, um seine Versuche, wachsam und innerlich *wahr* zu sein, neu zu stimulieren, sei es während seiner Meditationssitzungen oder während er versucht, seine verschiedenen Konzentrationsübungen im aktiven Leben auszuführen.

Wegen seiner extrem hohen Sensibilität fühlt ein großer Maler oder ein großer Komponist der Musik intuitiv das Problem der Schwere, die unaufhörlich seine künstlerischen Verwirklichungen bedroht; und, ohne sich dessen bewusst zu sein, ist er tatsächlich unaufhörlich damit beschäftigt, gegen diese absteigende Kraft zu kämpfen, während er in seine Arbeit des Schaffens vertieft ist.

Ein großes sinfonisches Werk enthält ständige Überraschungen in der Abwicklung seiner musikalischen Themen, seiner Harmonien und seiner Rhythmen; Überraschungen, die unaufhörlich im Stillen so auf den Hörer einwirken, dass sie ihn von seinem Verstand *entfernen* und ihm helfen, *irgendwohin in sich selbst hinabzusteigen*, wo er anfangen kann, seltsame Empfindungen wahrzunehmen, die ihn erheben und die ihm normalerweise unzugänglich sind. Daher gelingt es der Musik, die er gerade hört, nicht nur, einen gewissen Grad der Stille in seinem Geist zu schaffen und sein Gefühl zu nähren, sondern sie hilft ihm darüber hinaus, eine *seltsame Kontinuität des Seins* zu empfinden, ohne dass er erkennt, wie diese in ihm entstanden ist.

Da ein großer Komponist von dem unwiderstehlichen Wunsch nach Vollkommenheit in seinen musikalischen Schöpfungen beseelt ist, gibt er seiner Musik jedes Mal, wenn er fühlt, dass die Anziehung der Schwerkraft Gefahr läuft, überhand zu nehmen, instinktiv einen *neuen Impuls*, bald durch die Anwendung unerwarteter Modulationen in der Harmonie, bald durch eine neue Variation des Anfangsthemas, oder auch durch die Überlagerung des Hauptthemas mit sekundären Themen, oder durch den Einsatz anderer und imposanterer Rhythmen. Der Komponist vermeidet somit, dass die Musik, die er schreibt, ihren Reiz verliert, sowie ihr Vermögen, ununterbrochen die Aufmerksamkeit des Zuhörers zu fesseln.

Vielleicht ist das der Grund, aus dem die Männer und die Frauen, die ein großes musikalisches Werk hören (wie Psyché von César Franck oder seine Sinfonie), nicht müde werden können, es immer wieder anzuhören, um in sich diese rätselhafte Kontinuität des Seins wiederzufinden, verbunden mit der seltsamen Empfindung eines „kontinuierlichen Jetzt", das diese Musik geheimnisvoll in ihrem Wesen beschwört, eine unaussprechliche Empfindung, die aus einer anderen Welt stammt und die sie im Trubel des gewöhnlichen Lebens nicht erfahren können.

So wie diese großen Künstler, die, kraft ihrer äußerst hohen Sensibilität, intuitiv fühlen, wann es angebracht ist, ihren musikalischen Schöpfungen neue Energie zuzuführen, muss auch der Aspirant lernen, die entscheidenden Augenblicke zu erkennen, in denen seinen spirituellen Übungen ein *neuer Impuls* eingeflößt werden muss, wenn die absteigende Kraft, die die Schwere im Leben ausübt, dabei ist, wieder die Oberhand zu gewinnen, und seine Konzentration nachzulassen beginnt.

Jeder muss für sich die Mittel finden, die seinen Bedürfnissen entsprechen (gemäß seinem Typ und seinem Temperament), um seine Begeisterung und seine Bemühungen neu zu beleben.

Wenn der Sucher beim Durchführen einer Konzentrationsübung während seiner äußeren Tätigkeiten oder beim Gehen im Freien spürt, dass seine Bemühungen und seine

Aufmerksamkeit begonnen haben nachzulassen, kann er den Rhythmus seiner Gesten oder seiner Schritte variieren, sei es, indem er sie *beschleunigt* (leicht oder erheblich – alles hängt von den Umständen ab, in denen er sich befindet), sei es, indem er sie *verlangsamt*. Er kann auch, während *kurzer* Perioden, den Rhythmus seiner Atmung beschleunigen oder verlangsamen (sei es bei äußeren Tätigkeiten oder während seiner Meditationssitzungen) und *sogar seinen Atem nach der Einatmung einen Moment anhalten*, bis es ihm gelungen ist, seinem Streben und seiner Begeisterung neue Energie einzuflößen.

Bei anderen Gelegenheiten kann er sich für einen Moment an einem Zitat aus einem heiligen Text, der ihn beim Lesen besonders berührt hat, festhalten, damit ihm sein Gefühl zu Hilfe kommt, um sein Interesse bei der Konzentrationsübung, die er gerade im aktiven Leben ausführt, zu stützen.

Manchmal kann er auch an das beispielhafte Leben gewisser großer Wesen denken, die durch ihren erstaunlichen Mut und durch die außergewöhnliche Kraft ihres Geistes für die Menschheit zu nachahmenswerten Vorbildern geworden sind.

Außerdem können ein einfaches Wort, hie und da von jemandem ausgesprochen, der Anblick eines bestimmten Objektes, ganz bestimmte Umstände, oder sogar unerwartete Schwierigkeiten (der Gesundheit oder andere) vom Aspiranten als Mittel der Erinnerung verwendet werden, um seinem Kampf einen neuen Impuls zu geben.

Wenn er wirklich ernsthaft ist, ist es immer möglich, ein Mittel zu finden, um die Intensität seiner Bemühungen zu erneuern, gleich ob diese in der Bewegung des äußeren Lebens oder während seiner Meditationssitzungen gemacht werden.

Es ist auf jeden Fall wesentlich, dass er in sich den glühenden und kontinuierlichen Wunsch kultiviert, sich selbst zu überschreiten, wenn er eine Konzentrationsübung durchführt oder meditiert. Ohne sich zu zwingen und auf eine subtile, aber feste Weise muss er versuchen, nicht nur die *Qualität* seiner Bemühung aufrechtzuerhalten, sondern diese vor allem zu *vertiefen;* er muss die Wichtigkeit fühlen, bei jedem Schritt, bei jeder Geste oder bei jedem Atemzug (alles hängt von der Art der Übung ab, die er gerade ausführt) *noch weiter zu gehen, sich immer mehr zu geben,* was ihm unbestreitbar helfen wird, gleichzeitig gegen diese absteigende Kraft der Schwere zu kämpfen (die der Feind dessen ist, was er in sich zu erreichen sucht) und ihn eine bestimmte Schwelle in ihm überschreiten zu lassen, um das LICHT seines HIMMLISCHEN ICH zu erlangen.

Gegen sich selbst angehen

Am Anfang seines Engagements in einer spirituellen Praxis ist die Versuchung für den Sucher groß, sich Illusionen zu machen. Er kann nämlich glauben, dass das Bemühen sich zu konzentrieren ihm keine großen Schwierigkeiten machen wird. Da er mit einem Unbekannten, oder vielmehr mit *Unbekannten* in sich lebt, kennt er noch nicht die Art von Gegnern, mit denen er sich in sich messen muss. Wenn es ihm wirklich ernst ist mit seinem Wunsch, sich selbst kennenzulernen und die unsichtbaren Mauern niederzureißen, die ihn von seinem HIMMLISCHEN WESEN trennen, dann wird er sich auf eine harte innere Schlacht einlassen müssen, um zu erreichen, *wahr* in sich zu bleiben. Und es kann nicht anders sein, denn außer seinem weltlichen Ich, das stark in ihm verfestigt ist, übt alles im äußeren Leben eine Kraft auf ihn aus, ihn aus sich herausziehend und dazu anstachelnd, sich ausschließlich im persönlichen Interesse des Augenblicks zu verhalten, ohne die Konsequenzen zu bedenken, die seine Handlungen haben können, gleichzeitig für sein eigenes Wesen wie für das der anderen. Meistens handelt der Mensch einem anderen gegenüber einzig aufgrund dessen, was er von ihm oder ihr bekommen möchte, und fast immer auf eine Weise, die nicht der *Wahrheit des Seins* entspricht, die zu leben von ihm gefordert ist.

Wenn der Aspirant wirklich aufrichtig ist mit seinem Wunsch, auf diese rätselhafte innere Stimme zu antworten, die ihn so geheimnisvoll ruft, und wenn er bereit ist, sich ganz dem hinzugeben, was er in sich zu erreichen sucht (und was, ohne dass er es vielleicht zu Anfang erkennt, für ihn *eine Frage von Leben oder Tod ist*), kann er nicht umhin festzustellen, dass der Kampf, der von ihm verlangt wird, um innerlich *gegenwärtig* und *wahr* zu bleiben, sich unbestreitbar als schwierig erweist. Und wenn er sich angesichts der Probleme, auf die er in sich trifft, nicht genügend klarsichtig und auf der Hut zeigt, riskiert er, oftmals mutlos zu werden (oder sogar auf dem Weg aufzugeben), wenn er sieht, wie *fragil* diese WAHRHEIT DES SEINS und diese INNERE GEGENWART, die er in sich zu festigen sucht, sind und wie schwer sie im Leben aufrechterhalten werden können.

Er wird wahrscheinlich verwirrt sein, wenn er entdecken wird, dass diese WAHRHEIT des SEINS und diese KLARHEIT des BEWUSSTSEINS, die er in sich am Leben zu halten sucht, nur einen kurzen Augenblick dauern, bevor sie sich verschlechtern und sich von Neuem mit seinem gewohnten Geisteszustand vermischen, in dem er aufhört zu *sein*, wieder zu dem werdend, der er aus Gewohnheit ist, mit seinen *konfusen Gedanken* und seinen *nichtigen inneren Gesprächen*.

Zu Beginn seines Engagements in dieser seltsamen inneren Schlacht kann sich der Kampf, um gegenwärtig und wahr in sich zu bleiben, für den Aspiranten als schwer erträglich erweisen, denn es wird ihm so vorkommen, als ob seine Bemühungen vielleicht noch lange keine Früchte tragen werden,[37] und er wird ständig versucht sein, diesen inneren

---

[37] „Denn der Geist, oh Krishna, ist ruhelos, ungestüm, kraftvoll und unbezähmbar; mir scheint, er ist so schwer zu kontrollieren wie der Wind."
Der Erhabene sprach:
„Zweifellos, Krieger mit den mächtigen Armen, ist der Geist ruhelos und schwer zu zügeln; aber, oh Sohn der Kunti, man kann ihn meistern durch

Kampf aufgeben zu wollen, weil er denkt, dass es sinnlos sei, ihn weiter zu verfolgen. Oder er kann auch zu der Auffassung kommen, dass der Weg, dem er folgt, nicht der richtige sei und dass er einen anderen suchen müsse, dass es sicher irgendwo einen besseren Weg gebe, der leichter zu gehen sei.

Es ist schwer für den Aspiranten zu akzeptieren, dass *Leichtigkeit* auf einem authentischen spirituellen Weg auf keinen Fall möglich sein kann, wenn man nicht wenigstens in einer unergründlichen Vergangenheit durch eine lange Vorbereitung gegangen ist – und selbst dann noch, wie es das Leben so großer Mystiker gezeigt hat, das des Buddha inbegriffen, das bis zu seiner endgültigen Erleuchtung nichts anderes war als eine gewaltige, unablässige Anstrengung.

Jede ernsthafte spirituelle Praxis beinhaltet nämlich unweigerlich einen unaufhörlichen Kampf des Aspiranten gegen die Anziehung der Schwere, die ewig am Werk ist, in ihm selbst und im äußeren Leben zugleich, ein kontinuierlicher Kampf gegen alle seine Gewohnheiten und seine nutzlosen Wünsche, und gegen alles, was ihn von außen anzieht und nicht im Interesse dessen ist, was er spirituell zu erreichen sucht.

Es ist sinnvoll zu präzisieren, dass das oben gebrauchte Wort „Wunsch" nicht nur für Begehrlichkeit in Bezug auf Objekte des Vergnügens oder auf angenehme Lebensbedingungen steht. Wenn jemand zum Beispiel nicht akzeptiert, sich in einer Situation zu befinden, die ihm missfällt und die er nicht vermeiden kann, oder wenn er das, was von ihm verlangt wird und was nicht nach seinem Geschmack ist, nicht tun möchte, stellt diese Weigerung, obwohl sie auf den ersten Blick den Eindruck einer Verneinung macht, eine bestimmte Form des *Wunsches* dar, die von den meisten Suchern, die einer spirituellen Lehre folgen, nicht verstanden zu werden

---

eine regelmäßige Praxis und durch Nicht-Anhaften." Bhagavad-Gîtâ, sechster Gesang, 34-35.

scheint: den Wunsch, das *Gegenteil* dieser Bedingungen zu finden, die ihm unangenehm sind.

In seinen spirituellen Übungen „gegen sich selbst anzugehen" gilt daher nicht ausschließlich attraktiven Dingen, die den Aspiranten verführen, sondern auch dem, wozu er *keine* Lust hat, oder den unerfreulichen Situationen, in die ihn sein Schicksal gestellt hat, um ihm zu helfen, sich selbst zu erkennen und um seine spirituelle Evolution zu beschleunigen (Tätigkeiten oder Umstände, die die Mehrheit der Männer und Frauen die ganze Zeit fliehen wollen).

Wenn zum „heiligen Krieg" aufgerufen wird, handelt es sich da nicht in Wirklichkeit um *die Schlacht, die der Sucher seinem weltlichen Ich liefern muss, das er in sich trägt?* Es ist sehr schwer, die Idee zu akzeptieren, dass die Religionen – die in der Theorie unaufhörlich *Toleranz* und *Mitgefühl* anderen gegenüber gepredigt haben – im Namen Gottes ihre Gläubigen anstiften können, unaufhörliche Kriege mit ihren Nachbarn zu führen und die Leben anderer lebender Geschöpfe zu zerstören. Kein äußerlich geführter Krieg kann die Bezeichnung „heilig" verdienen.

Der Aspirant wird sein ganzes Leben lang gegen diese unerbittliche Kraft der Schwere kämpfen müssen – die immer bereit ist, ihm den Dienst zu erweisen, ihn in diesen dramatischen Wachschlaf oder in diese Abwesenheit zu sich selbst zu ziehen, in die sich der Mensch für gewöhnlich gehüllt sieht. Wenn er aus dem einen oder anderen Grund versucht ist, seine Bemühungen einen oder zwei Tage nacheinander zu lockern, wird es schwieriger für ihn sein, seine Übungen am folgenden Tag wieder aufzunehmen; er wird dann die Kraft finden müssen, eine größere Anstrengung zu machen, um wieder anfangen zu können."[38]

---

[38] „Wer den Lauf seiner spirituellen Übungen und seiner Gebete unterbricht, gleicht jemandem, der einen Vogel entkommen lässt, den er in der Hand hält; er kann ihn kaum wieder einfangen." Johannes vom Kreuz.

* * *

Wie kann der Sucher danach streben, seinen URZUSTAND wiederzufinden und sich mit ihm zu vereinen, *wenn sein Geist nicht kontinuierlich auf diese Suche gerichtet ist?*

Und wie kann sein Geist auf diese Suche gerichtet sein, *wenn er innerlich nicht verfügbar ist?*

Und wie kann er innerlich verfügbar bleiben, *wenn er nicht allem entsagt, was ihn behindert und beschwert?*

Und wie kann er allen Dingen und Gedanken entsagen, die ihn behindern, *wenn er nicht ihre Nichtigkeit sieht?*

Und wie kann er die Nichtigkeit all dessen sehen, was ihn belastet, *wenn er nicht versteht, was für ihn bei dieser entscheidenden Suche auf dem Spiel steht – die in Wahrheit eine Frage von Leben oder Tod für ihn ist?*

Es ist wichtig, noch einmal zu betonen, dass ein Sucher am Anfang seines Engagements nicht erkennen kann, dass, ganz gleich, welchem Weg er folgt, dieser, wenn er wahrheitsgemäß ist, keinesfalls leicht in die Praxis umgesetzt werden kann. Denn es handelt sich immer um den Kampf, um die physische Welt zu verlassen und sich einer anderen Welt anzuschließen, die *nicht räumlich-zeitlich* ist, eine Welt, die einer *anderen Dimension* angehört, die gewöhnlich nicht erfasst werden kann – so wie die Welt, in der der Sucher sich geheimnisvoll im nächtlichen Schlaf wiederfindet, ebenfalls Zeit und Raum nicht mehr unterworfen ist, sondern einen Hinweis auf eine *andere Dimension darstellt, die für den Menschen, wie er normalerweise ist, ein Rätsel bleibt.*

Die Erschaffung eines fortwährenden Jetzt

Wenn der Sucher wirklich die grobe Welt der Sinne verlassen möchte, um ein anderes UNIVERSUM in sich kennenzulernen, das, aufgrund seiner äußersten Feinheit seiner inneren Sicht für gewöhnlich verhüllt bleibt, muss er sich darauf vorbereiten, den hartnäckigen Kampf zu akzeptieren, den er während seiner gesamten irdischen Existenz gegen die Anziehung der Schwerkraft ausfechten muss, die stets bereit ist, ihm den Gefallen zu tun, ihn nach unten zu ziehen, sobald man ihr die Gelegenheit bietet – ein Kampf gegen seine Faulheit, seine unerwünschten (oder gar zerstörerischen) Tendenzen, seine Trägheit, sowie gegen die Leichtigkeit, mit der er sich zu dem ziehen lässt, was seine Aufmerksamkeit von außen erregt.

Was das Niveau des Bewusstseins im Aspiranten anheben kann, ist die Schaffung eines Zustandes des *fortwährenden Jetzt*. Und es ist gerade die *Konzentration*, die das Werkzeug darstellt, mit dessen Hilfe es ihm möglich ist, das Niveau des Bewusstseins anzuheben, indem sie in seinem Wesen die Empfindung von diesem *kontinuierlichen Jetzt* erzeugt.

Wenn es ihm nicht wenigstens gelingt, in sich genügend „Leere" herzustellen, damit der frei gewordene Platz von seinem HÖHEREN WESEN eingenommen werden kann, dann werden es unweigerlich alle die Eindrücke sein, die er über seine Sinnesorgane passiv von außen aufnimmt, die in besetzt halten, meistens auf seine Kosten.

Wenn der Sucher es schafft, sich von dem gebieterischen Einfluss zu befreien, den die Sinne auf sein Wesen ausüben, wird es ihm möglich, zu einem anderen Bewusstseinszustand und zu einem GEHEIMNISVOLLEN WISSEN über sich selbst und über das UNIVERSUM zu gelangen, das bereits in ihm existierte, aber das er vergessen hatte. Dieses besondere WISSEN bleibt unerreichbar für die meisten Menschen, die durch ihre begrenzten Sinne versklavt sind und deren Aufmerksamkeit und Geist ausschließlich nach außen gelenkt werden, verloren in fieberhaften Aktivitäten und damit beschäftigt, die drängenden Forderungen ihre planetarischen Körpers zu befriedigen.

Es existiert im Aspiranten etwas anderes als die fragmentarischen Zustände und die ewigen Veränderungen, mit denen er sich identifiziert und die er für sich selbst hält. Er muss durch die Ausübung der Meditation und spezifischer Konzentrationsübungen *eine andere Empfindung von sich* finden, eine Empfindung, die sich sehr von der *unterscheidet*, die er normalerweise als „*Ich*" bezeichnet.

Wenn es ihm im Laufe seiner Meditation und seiner Konzentrationsübungen gelingt, ein höheres Bewusstsein in sich zu erreichen, verändert sich seine Empfindung von seinem „*Ich*" und mit dieser Veränderung findet geheimnisvollerweise eine Metamorphose seiner selbst statt, durch die das, was ihn noch einen Augenblick vorher beschäftigte, plötzlich seinen Wert verliert. Denn, aus dieser erhöhten Perspektive gesehen, erscheinen ihm diese Tätigkeiten, die ihm vorher noch am Herzen lagen, leer und bedeutungslos; und dadurch erfährt er einen *Moment der Befreiung*, der ihm einen kurzen Blick auf die Richtung gewährt, die er einschlagen muss, um seiner Emanzipation näher zu kommen, und vor allem, *von was* in sich selbst er sich befreien muss.

Dazu kommt, dass die *Energie* in ihm, die von seinem üblichen Zustand des Seins gewöhnlich ohne Gewinn genutzt und verschwendet wurde, von nun an *vom HÖHEREN ASPEKT seiner Natur absorbiert* und für ein viel erhabeneres und spirituell gewinnbringendes Ziel verwendet werden wird.

Alle Konzentrationsübungen, die der Sucher auszuführen sucht, haben zum Ziel, ihn zu sich selbst zurückzuführen und *ihn in der Gegenwart zu halten*. Der Mensch, so wie er für gewöhnlich ist, lebt nie in der Gegenwart; er wird von einem unaufhörlichen inneren Strom zu einer Zukunft getragen, deren Ende er unmöglich voraussehen kann. Ohne dass er sich je dessen bewusst wird, lebt er in *sehr zersplitterten* Augenblicken und inneren Zuständen, die ununterbrochen aufeinander folgen. Nun, das HÖHERE ICH in ihm kann nur in einem *kontinuierlichen Jetzt* erfasst werden (das er in sich *erschaffen* muss) und nicht in der Zeit, die vergeht.

Die Erschaffung des *Jetzt* ist von entscheidender Bedeutung für das, was der Aspirant in sich zu erkennen sucht; dieser Zustand kann nicht automatisch erreicht werden, er muss ihn *willentlich* erzeugen. Er wird nach und nach entdecken, dass die Empfindung von *sich* immer mit dem *Jetzt* verbunden ist. Jedes Mal, wenn dieses geheimnisvolle Wiedereintreten der Bewusstheit seiner selbst in ihm stattfindet, kann er, wenn er klug genug ist, nicht umhin zu bemerken, dass es sich durch eine *Rückkehr zu ihm* in der *Gegenwart* äußert. Und die *Gegenwart* ist der Schlüssel, die ihn von seinen Fesseln der Vergangenheit und der Zukunft befreit, ihm dadurch den Weg zu seiner HIMMLISCHEN STADT weisend.

Der Sucher benötigt Mittel, die ihm erlauben, dieses Gefühl des *Jetzt* in sich zu erzeugen. Die Weise, in der er schaut, hört, sich bewegt, denkt etc., muss sich ändern, damit es ihm möglich ist, sich in der *Gegenwart* zu empfinden. Er wird feststellen, dass sich, wenn er sich bewusst wird, dass er etwas betrachtet, eine subtile Bewegung zu ihm hin vollzieht. Und wenn er anfängt, *vage* zu schauen (wie er das aus Gewohnheit tut), findet eine *umgekehrte* Bewegung statt, d.h., eine Bewegung nach außen, …und er selbst wird ebenfalls nach außen getragen, *mit seinem Blick*. Das gleiche Phänomen entsteht in ihm, ohne dass er es merkt, wenn er etwas hört.

Allein die Tatsache, dass er sich seines Blickes, seiner Gesten und seiner Handlungen bewusst wird, kann im Aspiranten eine Empfindung von „jetzt" erzeugen – die Empfindung einer *Gegenwart*, die nicht nur befreiend ist, sondern das einzige Mittel darstellt, dass ihm erlaubt, in andere Dimensionen (nicht räumlich-zeitliche) zu gelangen, um anzufangen, zu leben und sich *außerhalb der Zeit* zu fühlen.

* * *

In dem Maße, wie sich das Verständnis des Aspiranten vertieft, wird er dahin kommen zu sehen, dass seine Meditationspraxis und seine verschiedenen Konzentrationsübungen, die er im aktiven Leben ausführt, in Wirklichkeit nur vorübergehende Mittel sind, dazu bestimmt, ihn zu lehren, *die Empfindung von sich selbst in einem kontinuierlichen Jetzt zu halten*. Und um diesen schwierigen inneren Akt vollbringen zu können, muss er lernen, alles, was er äußerlich tut, zu *verlangsamen*. Dieses Verlangsamen beinhaltet ebenfalls einen *ununterbrochenen Verzicht* auf alles, was ihn nutzlos beschäftigt.

Jedes Mal, wenn seine Aufmerksamkeit aufgrund eines Widerstandes, den er in sich antrifft, nachlässt, muss er zu dieser, für seine Suche entscheidenden Frage zurückkehren und sich fragen: „Was bedeutet dieser innere Akt, *das Empfinden meiner selbst in einem kontinuierlichen Jetzt zu halten*, wirklich für mich?" Er wird entdecken, dass er, *während* der Momente, in denen er sich bemüht, die Empfindung von sich in der Gegenwart zu halten, ebenfalls beginnen wird, *sich seiner selbst auf eine Weise bewusst zu sein, wie er sie vorher nicht kannte*. An diesem Punkt wird die wirkliche Arbeit seines Lebens beginnen, denn er wird gesehen haben, worauf alle seine zukünftigen spirituellen Übungen gegründet sein müssen. Ihm wird klar werden, dass er, *dieses ungewohnte Empfinden seiner selbst verlierend*, nicht vermeiden kann, *unmittelbar in seinen üblichen Zustand des Seins zu sinken*, in den er jeden Augenblick *stirbt*, ohne sich dessen bewusst zu sein.

In den kurzen Momenten, in denen der Aspirant anfangen wird, in sich ein *kontinuierliches Jetzt* wahrzunehmen, werden ihn alle Anlässe zum Klagen, bewusste oder unbewusste, die er gegenüber der Welt und Seinesgleichen (denen er gerne für den Mangel, den er in sich fühlt, die Schuld gibt) in sich trägt, verlassen, wie die unzähligen toten Blätter, die im Herbst vom Baum fallen. Denn in diesen privilegierten Augenblicken wird er verstehen, auf eine Weise, wie er gewöhnlich nicht verstehen kann, dass er *selbst* für die Lebensbedingungen *verantwortlich* ist, in denen er sich befindet. Er wird die Probleme, die von außen auf ihn zukommen, mit einem völlig anderen Blick sehen; und selbst, wenn es nicht in seiner

Macht steht, sie zu lösen, wird er nicht mehr in der gleichen Weise davon berührt sein wie in der Vergangenheit.

Die Erschaffung des *neuen Wesens* im Aspiranten liegt *jenseits von Raum und Zeit*. Es handelt sich um einen Zustand des Seins, der nicht umsonst gegeben wird; man muss ihn durch eigene Bemühungen gewinnen – ausdauernde und hartnäckige Bemühungen, die zu machen er akzeptieren muss, wenn er es wirklich ernst meint mit seinem Wunsch, zum HIMMLISCHEN ASPEKT seiner Doppelnatur zurückzukehren.

Wenn der Sucher, ohne ungeduldig nach einem Ergebnis zu spähen oder zu suchen, es schafft, die Dauer seiner Bemühungen zu verlängern, daran *Freude* zu finden und innerlich immer *gegenwärtiger* und *wahr* in sich zu bleiben, nicht nur, wenn er alleine ist, sondern auch im aktiven Leben des Alltags, wird er beginnen, *mitten im Kampf* eine subtile und ruhige Glückseligkeit zu schmecken, während er versuchen wird, diese ungewohnte Empfindung der GEGENWART zu sich und der WAHRHEIT des SEINS zu halten.

Außerdem wird er, was sich als noch wichtiger erweisen wird, entdecken, dass er nur *während* der Momente, in denen es ihm gelingt, ausgedehnte und aufrichtige und dennoch sanfte Bemühungen zu machen, begleitet von einem lebendigen Verstehen, die Empfindung von einer seltsamen *Kontinuität des Seins* in einem *kontinuierlichen Jetzt* sowie eine subtile und unaussprechliche Freude haben wird, die seine Bemühungen begleiten, um ihn zu ermutigen.

KAPITEL 6

Innere Bewegungslosigkeit in der äußeren Bewegung

Gelingt es dem Aspiranten, ohne auf ein Resultat zu lauern oder es erzwingen zu wollen, während seiner Meditationsübungen immer tiefer in sich hinabzusteigen und innerlich intensiv versunken zu sein, wird er beginnen, eine besondere *innere Bewegungslosigkeit* zu erleben, die ihm bis dahin unbekannt war – eine merkwürdige innere Bewegungslosigkeit, verbunden mit einer unsagbaren Stille, die sein Wesen ausfüllen werden und ihm wie eine Widerspiegelung der Bewegungslosigkeit und der rätselhaften Stille des KOSMISCHEN RAUMES erscheinen werden. Und jedes Mal, wenn er aus seiner Meditation kommen wird, wird er ein eindringliches Bedürfnis verspüren, sich auch *in* der Bewegung des äußeren Lebens weiter in dieser inneren Bewegungslosigkeit zu *halten*.

Trotz allen Wünschens wird er nicht wissen, wie er *in der Bewegung des aktiven Lebens* diese besondere Bewegungslosigkeit wieder erlangen und bewahren kann, die er während seiner, in der Ruhe seines Zimmers durchgeführten Meditationsübungen erfahren hat; denn er wird feststellen, dass, sobald er aufhört zu meditieren, bei der geringsten körperlichen Bewegung die er macht, diese innere Bewegungslosigkeit (deren große Bedeutung für seine zukünftigen spirituellen Übungen er intuitiv spürt) *sofort schwankt* und schließlich ganz verschwindet. Er findet sich dann von Neuem *in einer inneren Bewegung als Reaktion auf die Bewegung der äußeren Welt.*

Aufgrund seiner Erfahrungen in der Vergangenheit, wird er sich wiederholte Male der Tatsache beugen müssen, dass, eine gewisse innere Gegenwart in der Bewegung des äußeren Lebens aufrechtzuerhalten, und sei es nur wenig, sich schon als schwierig genug erweist, und von ihm ein unaufhörlich *erneuertes* Bemühen erfordert. Er wird feststellen, wieviel härter und schwieriger es ist, in der Betriebsamkeit der äußeren Welt diese geheimnisvolle innere Bewegungslosigkeit, die sich während seiner Meditation einstellt, am Leben zu erhalten.

Er wird ihre entscheidende Bedeutung für seine spirituelle Evolution ahnen und zu erkennen beginnen, dass er nur in dem Maß, wie es ihm glücken wird, innerlich bewegungslos zu bleiben, andere Dimensionen und andere Bewusstseinszustände in sich berühren können wird, in denen die Bewegung der Zeit ihren Einfluss auf ihn verlieren wird – eine *Ausdehnung* des Bewusstseins und anderer Dimensionen, die das gewöhnliche Verständnis übersteigen. Im Aspiranten wird daher eine *Ausdehnung* des Bewusstseins stattfinden, die umso größer ist, je mehr er eine innere Bewegungslosigkeit erfährt; je weniger es ihm dagegen gelingt, diese innere Bewegungslosigkeit zu bewahren, desto mehr wird sich sein Bewusstsein *verengen*.

Erst wenn er durch einen langen Kampf gegangen ist und zahlreiche Fehlschläge erlitten hat, wird der Sucher beginnen, geheimnisvoll zu ahnen, dass diese innere Bewegungslosigkeit (dermaßen wichtig, um ihn vor den Fallen zu bewahren, die die äußere Welt ihm stellt) direkt mit einem *subtilen Abstieg* in ihm verbunden ist – einem *Abstieg*, den die Musik bestimmter großer Komponisten im Wesen des Zuhörers auszulösen versucht, falls Letzterer empfänglich genug ist.

Damit es dem Sucher glückt, diesen schwierigen Abstieg in sich durchzuführen – der ihm helfen wird, in der Bewegung des aktiven Lebens, so gut es geht, innerlich bewegungslos zu bleiben –, muss er sich bemühen, den Rhythmus all dessen, was er außen durchführt, zu *verlangsamen*, wie wenig es auch sei, (wobei er Sorge trägt, anderen keinen Schaden zuzufügen), bis es ihm gelingt, innerlich immer länger bewegungslos und still zu bleiben, mitten in der Betriebsamkeit und dem Lärm des alltäglichen Lebens.

Der Aspirant wird hinterher nicht umhin können festzustellen, dass dieses leichte Verlangsamen bei seinen täglichen Tätigkeiten den doppelten Vorteil bietet, ihm zunächst die Möglichkeit eines kurzen Augenblicks der Besinnung zu gewähren, was ihm hilft, ihn vor impulsiven Worten oder Handlungen zu bewahren, die bedauerliche Folgen nach sich ziehen könnten, und was ihm dann erlaubt, einen beträchtlichen Teil der Energie zu sparen, die er aus Gewohnheit sinnlos in körperlichen und emotionalen Spannungen vergeudet, die (ohne dass er sich dessen im Allgemeinen bewusst ist) das äußere Leben unaufhörlich in ihm erzeugt, während er einen großen Bedarf an dieser Energie für alle seine spirituellen Übungen hat, besonders für die im aktiven Leben durchgeführten.

Dieses leichte Verlangsamen bei seinen täglichen Tätigkeiten wird außerdem ein zusätzliches Mittel darstellen, um einem aufrichtigen Sucher zu helfen, beim Kontakt mit seinen Mitmenschen und mit der Außenwelt bewusster zu werden – eine Bewusstheit seiner selbst, die ihm erlauben wird zu beginnen, sich selbst besser zu kennen, das heißt, seine verschiedenen Neigungen, die Art von Impulsen, die, von außen angeregt, in ihm auftauchen, die Weise, in der er auf den Druck des existenziellen Lebens reagiert, seine verschiedenen Begierden, seine Unbeständigkeit sowie seine vielfältigen Ängste, gerechtfertigt oder nicht, ausgelöst durch die Unsicherheit der phänomenalen Welt etc., besser zu erkennen.

Außer dem gerade erwähnten Verlangsamen bei seinen äußeren Beschäftigungen kann der Aspirant, um sich zu helfen, in der Bewegung und der Rastlosigkeit des äußeren Lebens innerlich bewegungslos zu bleiben, eine weitere wichtige Stütze benutzen, die darin besteht, diesem geheimnisvollen *Nada* zu lauschen (einem bestimmten Ton, der bereits erwähnt wurde und der dem Rauschen des Windes gleicht, hörbar im Inneren des Kopfes und der Ohren) und *während der Tätigkeiten des täglichen Lebens seine Aufmerksamkeit auf ihn zu fixieren.* Auf diese Weise wird er sich bei seinen Versuchen, während immer längerer Perioden in diesem Zustand der inneren Bewegungslosigkeit zu bleiben, immer mehr unterstützt fühlen.

Da dieser Ton sich durch eine seltsame *Kontinuität* auszeichnet, wird er sich für den Aspiranten als eine wertvolle Hilfe erweisen, wenn dieser versuchen wird, sich im Fluss des phänomenalen Lebens in dieser inneren Bewegungslosigkeit zu halten; außerdem wird der *Nada* ihm auch erlauben können, eine *ruhige innere Stille* zu empfinden, trotz der äußeren Geräusche, die ihn umgeben. Auch wird er durch diese unbeschreibliche innere Bewegungslosigkeit beginnen, mit einem anderen Aspekt seines Bewusstseins und seines Seins, *von äußerster Feinheit und Transparenz*, verbunden zu sein, den er im Laufe seiner Meditationssitzungen bisher vielleicht nicht erfahren durfte.

Es ist allerdings wichtig, dass der Aspirant auf der Hut bleibt, um nicht den Mut zu verlieren, wenn er auf unerwartete Schwierigkeiten stößt, diese sensible Vorgehensweise in sich anzuwenden. Er soll von Anfang an wissen, dass er, nur weil er sich an manchen Tagen erfolgreich während einer mehr oder weniger langen Periode in dieser inneren Bewegungslosigkeit halten konnte, künftig nicht endgültig in diesem Zustand bleiben kann, ohne ihn wieder zu verlieren.

Es ist notwendig für ihn, sich zu vergegenwärtigen, dass (im Gegensatz zu all dem, was er im Allgemeinen zu kennen gewohnt ist) die Bemühungen, um diese innere Bewegungslosigkeit wiederzufinden, *fortwährend erneuert* werden müssen und das vielleicht *sein ganzes Leben lang*; denn jeden Augenblick tauchen plötzlich unerwartete Bedingungen des existenziellen Lebens auf (die man weder vorhersehen noch vermeiden kann) und versuchen, sie ihm wieder wegzunehmen.

* * *

Es existiert eine ganze Tradition von romantischen Berichten aus China und Japan, in denen der Meister dem Kopf des Schülers plötzlich einen Schlag versetzt und der Vorhang der Illusion abrupt zerreißt und der Schüler für immer erleuchtet ist.

Es ist aufschlussreich festzustellen, dass diese attraktiven Erzählungen, so wie sie im Westen wiedergegeben werden, die Betonung mehr auf die *Erleuchtung* legen als auf die *harten Bemühungen, die vorausgegangen sind* und die sehr oft viele Jahre regelmäßiger Meditation bedeuten, durchgeführt unter strengen Bedingungen. Außerdem hat man die Tendenz, die große Zahl derer zu vergessen, die trotz ihrer Bemühungen *niemals zu dieser derart außergewöhnlichen befreienden Erfahrung kommen*.

Es kann sein, dass hie und da, unter sehr besonderen Umständen, ein Schüler unter vielen anderen plötzliche Erleuchtung erlangt, ausgelöst durch eine Geste oder ein unerwartetes Wort des Meisters. Jedoch wird diese Erfahrung, außer bei sehr seltenen Wesen (die vielleicht schon in einer unergründlichen Vergangenheit ein strenges Training absolviert haben und die obendrein schon im zarten Kindesalter unter außergewöhnlichen Lebensbedingungen aufgewachsen sind), *keine endgültige Erleuchtung darstellen können*. Der Schüler, der privilegiert war, einen gewissen Grad der Erleuchtung, des SATORI oder der GNADE zu erfahren, wird diesen Zustand anfangs nicht in sich am Leben erhalten können. Er wird ihn später mittels einer fleißigen Arbeit an sich wiedergewinnen müssen, einer Arbeit, die sein ganzes Leben dauern kann; denn er wird unvermeidlich Perioden der Fluktuation erleben, während derer er kämpfen muss, um diese wertvolle Erfahrung wiederzufinden, die er in einem besonderen Moment erfahren durfte.

Spontaneität

Durch den ständigen Kampf, um zu versuchen, sich während seiner äußeren Tätigkeiten in einem Zustand der inneren Bewegungslosigkeit zu halten (was ihm bisher nur während seiner Meditationssitzungen gelang), wird es dem Sucher möglich sein zu spüren, worin eine *echte spontane Handlung* im Alltagsleben bestehen könnte.[39]

Was man gemeinhin als „Spontaneität" bezeichnet, ist meistens nichts weiter als eine *subjektive und unbewusste Reaktion*, verbunden mit *früher erlebten Erfahrungen*. Der Mensch macht sich nicht klar, in welcher Weise und wie sehr er normalerweise durch sich selbst und durch die äußere Welt versklavt ist; und trotz allem, was er versuchen mag, wird er nicht anders können, *und sei es nur, um sich zu beruhigen*, als das wieder tun, wieder empfinden und wieder denken zu wollen, was er in einer *nahen oder fernen Vergangenheit* tun, empfinden oder denken konnte. Das ist der Grund, warum der Aspirant dem misstrauen sollte, was er für eine spontane Handlung halten mag, und warum er es immer in Frage stellen sollte. Überdies sollte er, soweit möglich, sich selbst ertappen und die Art Gedanken oder Vorstellungen untersuchen, mit denen er im vorigen Moment befasst war, aus Angst, ein unerwünschter Gedanke oder auch eine schädliche Vorstellung könnte sich heimlich in sein Wesen einschleichen und sich als Gewohnheit verfestigen, die ihn hindern würde, die erwünschte innere Bewegungslosigkeit zu erreichen, ihm so die Möglichkeit einer echten Spontaneität verwehrend.

---

[39] Der Chan Buddhismus sagt diesbezüglich: „*Wenn wir Hunger haben, essen wir, wenn wir müde sind, strecken wir uns; wo mischt sich das Endliche oder das Unendliche in all das ein? Sind wir nicht in uns selbst vollständig? Das Leben, so wie es gelebt wird, genügt. Nur wenn der Verstand, voller Ängstlichkeit, die Szene betritt, hören wir auf zu leben und stellen uns vor, dass uns etwas fehlt.*" Diese Worte des Buddhismus aus der Chan (oder Zen) Tradition werden die meiste Zeit leider vollkommen falsch verstanden. Tatsächlich stellt eine derartige Spontaneität eine große Errungenschaft dar und kann nicht ohne *eine harte Arbeit der Meisterung des Verstandes* erreicht werden.

* * *

Spontaneität kann nur echt sein, wenn sie aus einer inneren *Stille* und *Bewegungslosigkeit* entsteht. Und nur in den Momenten, ob lang oder kurz, in denen es der Aspirant schafft, im Laufe seines aktiven Lebens innerlich stiller und bewegungsloser zu bleiben, wird das, was er sagt oder tut eine Chance haben, neu und konstruktiv zu sein, auf diese Weise einen positiven Abdruck in seiner Umgebung hinterlassen könnend.

Die musikalischen Schöpfungen eines großen Komponisten geben immer den Eindruck einer *echten, durchgehenden Spontaneität;* und sie können in ihm nur während der Momente auftauchen, in denen er von einer inneren Stille erfüllt ist; denn nur in den Augenblicken, in denen es dem Komponisten gelingt, in sich selbst hinabzusteigen,[40] um konzentriert zu sein und in sich, wenigstens zu einem bestimmten Grad, eine innere Stille und Bewegungslosigkeit zu schaffen, ist es ihm möglich, seine großen Inspirationen zu empfangen. Und wenn man später seine Musik hört, wird man in ihr jeden Augenblick etwas *erstaunlich Neues* finden.

Jeder authentische mystische oder künstlerische Ausdruck gehört zu einem UNIVERSUM, das sich jenseits der räumlich-zeitlichen Welt befindet. Die Freiheit, etwas Echtes und Gültiges auszudrücken, kann in einer räumlich-zeitlichen Welt nicht existieren, denn letztere befindet sich tatsächlich am unteren Ende der Leiter der SCHÖPFUNG. Im Vergleich zu einer anderen Form des dem Menschen möglichen Bewusstseins, eines höheren und leuchtenden Bewusstseins, das mit einem hohen Preis verbunden ist, *erweist sich sein gewöhnlicher Geisteszustand als bloße Finsternis.*

---

[40] Der Autor (der selbst Komponist sinfonischer Musik war) kennt aus persönlicher Erfahrung die wichtige Rolle, die dieser *Abstieg* in sich selbst beim musikalischen Schaffen spielt.

Ohne dass sich der Zuhörer dessen bewusst ist, erzeugt ein großes sinfonisches Stück (wie die Alpensinfonie von Richard Strauss oder die Sinfonie von Chausson) in ihm unaufhörlich eine subtile innere Stille (die Stille, die der Komponist selbst während seines Schaffens erlebt hat) sowie die Empfindung von einer *fortgesetzten Spontaneität*, die sich während der ganzen Zeit, in der er diese Musik hört, *unaufhörlich erneuert*. Und jedes Mal, wenn er sie wieder hört, fährt sie fort, ihm das Gefühl zu geben, stets *neu* und *spontan zu sein*.

Da der Mensch zudem nur an seiner Oberfläche lebt, beginnt er, wenn er sensibel genug ist, in dem Maß, wie er von der Musik absorbiert wird, die er gerade hört, (ohne es überhaupt zu merken) in sich selbst *hinabzusteigen* und *sich irgendwo in seinem Wesen platziert zu finden, wo er normalerweise nicht ist*. Und da die Musik fortfährt, geheimnisvoll seine Aufmerksamkeit zu stützen, und ihm hilft, in diesem besonderen Zustand zu bleiben, der ihm ungewohnt ist, kann schließlich ein Moment kommen, in dem er eine solches Gefühl der Erhebung empfindet, *dass die Vergangenheit, die Gegenwart und die Zukunft in einem einzigen Punkt seines Bewusstseins verschmelzen*. Daher wird die Musik eines großen Komponisten, indem sie den Hörer anregt, diesen Abstieg in sich zu vollziehen, für ihn zu einer Art *spiritueller Unterweisung ohne Worte* werden.

Diese Erfahrung wird vom Aspiranten im Laufe seiner Meditation auf einer viel bedeutenderen und höheren Ebene erlebt werden, wenn es ihm gelingt, genügend tief in sich hinabzusteigen und innerlich so intensiv zu versinken, dass er schließlich seine Individualität, so wie er sie gemeinhin kannte, verlieren wird. Er wird sich dann in die RÄTSELHAFTE QUELLE getaucht sehen, aus der er entsprungen ist; und die Vergangenheit, die Gegenwart und die Zukunft werden geheimnisvoll in einem Punkt seines Bewusstseins verschmelzen, so dass die Zeit ihm stehenzubleiben scheint, um von der seltsamen Empfindung eines *ewigen Jetzt* ersetzt zu werden. Tatsächlich wird sich der Sucher in dem Maß, wie er beginnen wird, ein wirkliches Gefühl von sich und seiner

Existenz zu haben, durch eben dieses mit einem anderen Aspekt seines Bewusstseins verbinden, in dem sich *die Empfindung von der Zeit verändert.*

Die Tatsache, dass man eine solche Erfahrung macht, bedeutet, dass die Angst vor dem Tod, die den Menschen im Allgemeinen während seines ganzen Lebens begleitet, ihn nicht mehr auf die gleiche Weise wie in der Vergangenheit berühren kann, denn wenn für ihn die Stunde kommen wird, die Welt der Erscheinungen zu verlassen, wird er schon vorher das erfahren haben, in was er nach dem Verlust seiner körperlichen Hülle wieder aufgenommen werden wird.

Die Vereinigung der drei Aspekte der menschlichen Natur

Es ist wichtig, die Rolle zu unterstreichen, die die große Musik bei der spirituellen Evolution der Menschheit spielen kann. Tatsächlich wird der Aspirant, wenn er sensibel genug ist, bemerken, dass beim Anhören eines musikalischen Werkes dieses insgeheim dabei ist, ihm zu helfen zu *sein,* ihn zu lehren, innerlich *still* und *bewegungslos* zu werden (zumindest während der Dauer des Zuhörens), bei dem, was er äußerlich tut, *spontan* und *neu* zu werden, und vor allem, *in seinem Gefühl platziert zu sein,* wo er sich praktisch nie befindet.

Ein großes musikalisches Werk wirkt auf die Empfindung in der Weise ein, dass es ihm nicht nur hilft, irgendwohin in sein Wesen hinabzusteigen, wo er in eine andere Welt in sich gelangen kann, die er für gewöhnlich für unzugänglich hält, sondern dass es ihn auch verstehen lässt, was ihm fehlt, um ein vollständiges Wesen zu werden. Da die Musik aus drei Elementen zusammengesetzt ist, Rhythmus, Melodie und Harmonie, denen die drei Bestandteile des Menschen entsprechen (der Körper dem Rhythmus, das Gefühl der Melodie und, aufgrund ihres architektonischen Aufbaus, der Geist der Harmonie), sucht sie, ohne dass es der Zuhörer merkt, diese drei Aspekte seiner Natur zu vereinen, das heißt, sein Gefühl, seinen Geist und seinen Körper zu vereinen, die im Allgemeinen gespalten sind und nicht im Einklang stehen.

Erst wenn diese Dreiheit beginnen wird, sich im Aspiranten zu verbinden (dank der regelmäßigen Ausübung bestimmter Konzentrationsübungen), wird es ihm möglich sein, sich mitten im Treiben des äußeren Lebens während immer längerer Perioden in einem Zustand der inneren Bewegungslosigkeit zu halten – was ihn übrigens nur ermutigen kann bei seinen Versuchen, innerlich *wahr* zu bleiben, wenn er versucht, seine verschiedenen Konzentrationsübungen im täglichen Leben zu machen.

Jede seriöse spirituelle Lehre verlangt vom Sucher, sich mit seinem ganzen Selbst zu geben, das heißt, seine verschiedenen spirituellen Übungen sowie seine Meditation *unter der Beteiligung seines Gefühls, seines Geistes und seines Körpers* zu machen. Jeder Teil dieser Dreiheit, beim Menschen normalerweise auseinandergefallen, soll zunehmend dahin kommen, *an der spirituellen Arbeit des Aspiranten teilzunehmen*, wenn dieser erreichen möchte, etwas Wirkliches in sich zu erfahren.

Der indische Tanz (vor allem der Bharata-Natyam) stellt einen der erstaunlichsten Erfolge unter den künstlerischen Disziplinen dar, die dazu bestimmt sind, der Tänzerin (oder dem Tänzer) zu helfen, diese Dreiheit in sich zu vereinen, indem sie diese gleichzeitig an ihrem Gefühl durch die „Abhinayas" (Ausdruck), an ihrem Geist durch das Memorieren der komplizierten Bewegungsabläufe, die sie ausführen müssen, und an ihrem Körper durch die physischen Bewegungen, die sie ununterbrochen machen müssen, arbeiten lässt. Es kann sein, dass der indische Tanz in einer weit zurückliegenden Zeit eine Form des Yoga oder die Vorbereitung auf eine richtige spirituelle Praxis war, in unseren Tagen unverstanden.

Wenn der Sucher durch eine ernsthafte Erforschung seiner selbst dahin kommen wird, sich besser zu kennen, wird er verstehen, auf welche Weise diese Dreiheit in ihm praktisch nie im Einklang arbeitet. Er wird entdecken, dass sein Geist in manchen Momenten zustimmt, sich an den Bemühungen zu beteiligen, während seiner Meditation oder seiner im aktiven Leben ausgeführten spirituellen Übungen konzentriert zu bleiben, aber dass sein Gefühl anderswo beschäftigt ist, mit irgendeiner Melancholie, einer unbestimmbaren Nostalgie oder einer verschwommenen Unzufriedenheit mit jemandem oder mit etwas; und bei anderen Gelegenheiten ist es sein Körper, der sich weigert, bei seinen spirituellen Übungen mitzumachen, aufgrund einer Abgespanntheit oder Müdigkeit, eines sinnlichen Begehrens oder merkwürdigerweise sogar aufgrund eines körperlichen Wohlbefindens. Aber es ist hauptsächlich sein fieberhafter Geist, der ein größeres Hindernis darstellt und den er beherrschen muss, um konzentriert bleiben zu können. Der Geist ist ständig in Bewegung, beschäftigt mit der Erinnerung an die Vergangenheit, mit der Vorwegnahme der Zukunft oder mit einer Sache, die ihn anzieht und die er nicht loslassen kann. Der Aspirant erfährt daher nie eine ausreichende innere Ruhe, um die Freiheit zu haben, sich seiner schwierigen Aufgabe, gegenwärtig und wahr in sich zu bleiben, zu widmen, während er seine verschiedenen Konzentrationsübungen ausführt.

Außerdem muss er verstehen, dass, wenn bloß ein Aspekt dieser Dreiheit in ihm zustimmt, sich an seinen spirituellen Übungen zu beteiligen, während die anderen beiden sich sträuben oder deutlich ein Hindernis bilden, er nur eine geringe oder gar keine Chance haben wird, es zu schaffen, konzentriert zu bleiben, sei es während er eine Konzentrationsübung im tätigen Leben ausübt oder während seiner Meditation – oder auch nur zu akzeptieren, mit seiner rebellischen Aufmerksamkeit zu kämpfen. Wenn hingegen zwei Aspekte von dreien zustimmen, bei seinen Versuchen, konzentriert zu bleiben, zusammenzuarbeiten, wird er eine größere Wahrscheinlichkeit haben, den dritten mitzuziehen, um eine effektivere Arbeit an sich auszuführen. Jedoch, von diesen drei Bestandteilen seiner Natur, Geist, Körper und Gefühl, erweist sich das *Gefühl* als das, welches eher die Möglichkeit hat, die beiden anderen bei den Bemühungen des Aspiranten zu mobilisieren und zu unterstützen. Dies ist der Grund, warum die Musik bestimmter großer Komponisten eine äußerst wichtige Rolle im Leben zu spielen hat.

Der Sucher wird merken, dass er, sobald er aufhört, die nötigen Anstrengungen zu machen, um zu versuchen, diese drei Komponenten seiner Natur zusammenzubringen (um in sich mehr ganz und verfügbar zu werden für die WAHRHEIT des SEINS, die er sucht), gleichzeitig einen besonderen Bewusstseinszustand verliert, den er während einer tiefen Meditation berühren konnte, und sich als den wiederfindet, der er für gewöhnlich ist, getaucht in einen Ozean bewusster oder unbewusster Wünsche, von denen die meisten nicht nur unerfüllbar sind, sondern ihm obendrein nichts als Sorgen und Qualen ohne jeden Gewinn für seine Emanzipation einbringen.

Es ist von großer Bedeutung für ihn, eine Konzentrationsarbeit nicht auszuführen, indem er bewusst oder unbewusst nach einem Ergebnis Ausschau hält; er muss lernen, sich einzig *an der Bemühung an sich* zu erfreuen. Der Kampf und die Herausforderung, die diese ihm auferlegt, müssen während seiner Meditation und seiner anderen, im aktiven Leben gemachten Konzentrationsübungen zu seiner *einzigen Freude* werden, wenn er nicht mit seinem gewöhnlichen Willen eingreifen möchte in den Ablauf eines geheimnisvollen und heiligen Prozesses in seinem Wesen, der ihn übersteigt.

Diese spezielle Art des spirituellen Fortschreitens könnte auch als „Weg des Kriegers" bezeichnet werden. Im Gegensatz zu der des Eremiten verlangt sie vom Aspiranten, im sozialen Leben aktiv zu bleiben und gerade die äußeren Bedingungen *als Mittel zur spirituellen Arbeit* und *um sich selbst zu erkennen* zu benutzen.

Die an sich selbst gemachten Bemühungen in der Bewegung der existenziellen Welt sind unerlässlich, sowohl für seine eigene Transformation und für seine spirituelle Evolution, als auch um den Anderen durch das Beispiel zu helfen, das er ihnen gibt durch seinen unaufhörlichen Kampf mit sich selbst, um so wahr und beständig zu bleiben, wie es ihm möglich ist.

Mit sich kämpfend, um im aktiven Leben konzentriert zu bleiben, geht der Aspirant, im Gegensatz zum Einsiedler, nicht das gleiche Risiko ein zu verlieren, was er spirituell gewonnen hat, wenn er sich plötzlich mit unerwarteten äußeren Schwierigkeiten konfrontiert sieht. Pausenlos übend, wahr und beständig im äußeren Leben zu bleiben, wird er sich innerlich stärker machen – und sein Verdienst wird umso größer sein.

Manchmal geschieht es (besonders am Anfang seiner spirituellen Praxis), dass der Aspirant große Mühe aufwendet, um während seiner Meditation und seiner Übungen zur Konzentration wachsam zu bleiben, und dass ihm seine Bemühungen zu nichts führen zu scheinen. Vielleicht läuft er dann Gefahr, sich entmutigt zu fühlen und in einem Gefühl der Niederlage zu versinken. Indessen, sobald er aufgehört haben wird, sich zu bemühen, wird geheimnisvoll etwas in ihm geschehen und zu seiner großen Überraschung wird er gehobene Zustände erfahren, die ihn übersteigen. Er wird sich dann verwirrt fühlen, unfähig zu verstehen, warum er nichts spüren konnte, solange er damit beschäftigt war, diese Anstrengungen zu machen, wohingegen, sobald er damit aufgehört hatte, ein höherer Zustand, zu einer anderen Welt gehörend und nicht von seinem Willen abhängig, ihn ergriff und sein Wesen erfüllte.

Da ihm in diesem Stadium seines geheimnisvollen Abenteuers in einem Gebiet, das ihm völlig unbekannt war, noch eine gewisse Erfahrung fehlt, wird ihm vielleicht nicht genügend klar werden, dass er *nichts* empfunden hätte, wenn er nicht vorher diese harten Anstrengungen gemacht hätte.

Außerdem kann es sein, dass er in der Vergangenheit bereits erhabene Erfahrungen gemacht hat; vielleicht wird er versucht sein, sie in der Gegenwart auf identische Weise noch einmal erleben zu wollen, und wird nicht verstehen, warum ihm das trotz seiner Bemühungen nicht gelingen kann.

Zweifellos wird er eine Reihe schmerzhafter Fehlschläge erleiden müssen, bevor er erkennt, dass das Streben, etwas, was er in der Vergangenheit erfahren hat, wiederzufinden, ihn *gegenüber der Gegenwart verschließt* und ihm den Zugang zu einer anderen Welt in ihm, die er erreichen möchte, versperrt. Denn die *äußeren wie die inneren Bedingungen* – die dazu beigetragen hatten, dass bestimmte ungewohnte Erfahrungen in ihm stattfinden konnten – sind in dem Augenblick, wo er diese neuen Bemühungen macht, *nicht mehr dieselben*. Er muss daher lernen, sich so in seine spirituellen Übungen zu vertiefen, *als ob er nie zuvor etwas gekannt hätte*.

Der Sucher muss sich genügend klarsichtig zeigen, um zu verstehen, dass er, wenn er keine spirituelle Bemühung macht, zu nichts kommen wird; und wenn er interessierte und erzwungene Anstrengungen macht, wobei er (bewusst oder unbewusst) unaufhörlich auf ein Resultat lauert, wird ihn eine solche Haltung auch nirgendwohin führen. Es ist nötig, dass er beide Extreme vermeidet und die richtige innere Herangehensweise findet, die ihm erlaubt, die Art von Bemühungen zu machen, die, obwohl entschlossen, dem Handeln einer höheren Macht in ihm nicht im Weg steht – einer Macht, die ihn übersteigt und der er sich während der ganzen Zeit überlassen muss, in der er versucht, zu meditieren und seine verschiedenen Konzentrationsübungen im aktiven Leben zu machen.

Jede authentische spirituelle Arbeit erfordert vom Aspiranten nicht nur höchste Aufrichtigkeit, sondern auch eine besondere Sensibilität für die Art Bemühungen, die er machen muss. Seine Bemühungen, obwohl stets entschlossen, müssen von einem Moment und von einem Tag zum anderen ihre Qualität ändern, gemäß den äußeren und den inneren Bedingungen, in denen er sich befindet. An manchen Tagen muss er, aufgrund einer großen körperlichen Müdigkeit, einer geistigen Rastlosigkeit oder gar wegen klimatischer Bedingungen eine hartnäckige Mühe aufwenden, um es zu schaffen, die Widerstände zu überwinden, die er in sich antrifft. Bei anderen Gelegenheiten hingegen mag er sich motivierter finden und daher bereitwilliger, sich seinen spirituellen Übungen zu widmen; er muss dann sehr klug und aufmerksam auf die Art der Bemühungen sein, die er machen muss, und muss seine Meditation sowie seine verschiedenen Konzentrationsübungen mit größerer Geschmeidigkeit und Feinheit angehen.

Wie immer die äußeren Bedingungen oder sein innerer Zustand sein mögen, wird er, wenn er mehr Erfahrung hat, auf jeden Fall feststellen, dass es der Verzicht auf das, was ihn beschäftigt, und das Überlassen seiner selbst sind, die fortwährend von ihm verlangt werden und die, so einfach wie sie auf den ersten Blick erscheinen mögen, nie leicht zu bewerkstelligen sind.

In dem Maß, wie der Sucher vorankommt, müssen seine Bemühungen immer delikater und subtiler werden, bis sie sich in Bemühungen des „*Nicht-Eingreifens*" verwandeln. Er muss eines Tages dahin kommen, innerlich einfach *verfügbar* und *transparent* zu sein – aber *immer auf der Hut*, um sich nicht erneut von seinem Intellekt und von den heimlichen Einflüsterungen seines niederen Wesens gefangen zu finden.

Es ist wichtig für ihn, nicht zu vergessen, dass jede körperliche Spannung seine Versuche, sich und das, was ihn beschäftigt, loszulassen, unwirksam macht. Er muss zu einer *maximalen physischen Entspannung* kommen, wenn er versucht, zu meditieren und eine innere Bewegungslosigkeit in der äußeren Bewegung zu bewahren; und damit ihm bei seinen

Bemühungen, mitten in der äußeren Bewegung bewegungslos zu bleiben, geholfen wird, muss er ebenfalls lernen, seine körperlichen Bewegungen und Gesten kontinuierlich *ökonomischer zu gestalten*. Zu diesem Zweck kann er von einer zusätzlichen Hilfe profitieren, indem er sich nicht erlaubt, das, was ihm vor Augen kommt, *vage* anzusehen, wie er es unbewusst die meiste Zeit tut, oder seine Augen unentwegt *passiv in eine beliebige Richtung schweifen* zu lassen, Zeichen einer Unruhe oder ziellosen gedanklichen Aktivität.

Eine echte spirituelle Praxis kann beim Aspiranten erst anfangen, wenn er klar die Unbeständigkeit seines gewöhnlichen Ich erkannt hat und wenn er, durch die Arbeit, die er schon an sich geleistet hat, seine Unfähigkeit feststellt hat, länger als eine kurzen Augenblick innerlich wahr und gegenwärtig zu bleiben, bevor er sich erneut im Sumpf seiner üblichen Weise zu sein und zu fühlen findet.

Wenn sein Streben stark genug ist, um ihn angesichts der Widersacher zu stützen, die in ihm leben oder plötzlich außen auftauchen und die sich am Anfang seines Engagements in diesem geheimnisvollen spirituellen Kampf unvermeidlich auf seinem Weg aufrichten werden, und wenn er sich noch dazu wirklich der Herausforderung für sich bei diesem inneren Kampf ums *SEIN* bewusst ist, dann wird er klar erkennen, dass für ihn nicht nur eine lebenslange Schlacht begonnen hat, sondern dass es für ihn auch *kein Zurück mehr gibt*.

Nur indem er nicht ablässt zu versuchen, bei allen seinen äußeren Tätigkeiten *wahr* und *selbstgegenwärtig* zu sein, wird der Aspirant immer deutlicher den gewöhnlichen Aspekt seiner Natur wahrnehmen, von dem er sich lösen muss, damit in ihm ein lebendiges Verstehen seiner höheren Natur wachsen kann und diese beginnen kann, sein Wesen zu erleuchten – was nicht ohne Kampf in jedem Augenblick geschehen kann.[41]

---

[41] „Erinnere dich in jeder Situation an dich." Kwaja Abd Al-khaliq.

Wenn der Sucher bei dem Versuch, eine Konzentrationsübung zu machen oder zu meditieren, plötzlich wahrnimmt, dass er sich in einem nebulösen Zustand befindet, muss er sofort prüfen, ob er, ohne es gemerkt zu haben, entweder *an der Oberfläche seiner selbst geblieben* ist, oder ob er nach und nach dorthin *zurückgestiegen* ist, statt weiter diesen schwierigen und bedeutungsvollen Abstieg in sein Wesen durchzuführen (auf den vorher verwiesen wurde), während der ganzen Zeit, in der er versucht, seine Aufmerksamkeit auf das Objekt seiner Konzentration zu fokussieren. Dieser subtile Abstieg in ihn selbst hilft ihm, sich von seinem Verstand zu entfernen, um ihm zu helfen, freier von parasitären Gedanken zu sein, die seine Meditation stören.

Hinter den unaufhörlichen Bewegungen seines Geistes existiert ein ätherischer und unveränderlicher Schirm aus Bewusstsein. Die Verwirklichung des „SELBST" bedeutet, in sich einen besonderen Bewusstseinszustand in seiner REINEN ESSENZ wiederzuerkennen, *bevor sich ein Gedanke oder ein Bild erhebt und die Ruhe stört.*

Mitgefühl

Wenn ein Aspirant sein Heil, sein Paradies, das Nirvâna für sich alleine sucht, indem er sich von den Anderen abschneidet, schließt er für sich die Tür zu seiner Emanzipation; er kann seine Schlacht im Voraus als verloren ansehen. Außer wenn er sich als ganz außergewöhnlich erweist, *braucht der Mensch seine Mitmenschen* (die vielleicht auch ihr Heil suchen), um dahin zu kommen, sich selbst zu erkennen und sich durch den Kontakt mit ihnen und mit der Erscheinungswelt zu vervollkommnen.

Derjenige, der aufmerksam auf die Leiden der Anderen ist und deren Last zu erleichtern sucht, schafft er nicht, indem er dieses tut, die günstigen Bedingungen für sein eigenes Glück? Ein Aspirant auf der Suche nach dem GÖTTLICHEN, der jedoch nicht den Schmerz der Anderen in ihrer eigenen spirituellen Schlacht und im Kampf ums Überleben zu lindern sucht, könnte sehr wohl am Ende seiner Reise nur trockene Steine finden, anstelle des HIMMLISCHEN SCHATZES, nach dem er strebt.

Das Mitgefühl – das so dramatisch auf diesem Planeten fehlt, trotz der Bedeutung, die ihm die verschiedenen Religionen unaufhörlich beimessen – muss für den Aspiranten zum Eckstein werden, auf dem er seine gesamte spirituelle Arbeit errichtet. Wenn die meisten Menschen, die diese Erde bevölkern, offensichtlich nicht gewillt sind, ihren Mitmenschen Mitgefühl entgegenzubringen, muss der Aspirant diesen Mangel ausgleichen und sich bemühen, sich gegenüber seiner Umgebung so mitfühlend wie möglich zu zeigen. Er muss stets versuchen, sich so in sich zu platzieren, dass er sich nicht von den „Für" und „Wider" mitreißen lässt, die das Drama der Menschheit sind[42] – „Für" und „Wider", die unweigerlich in den Leuten auftauchen, wenn sie in ihrem üblichen Seinszustand bleiben, der durch *Gegenüberstellung* und *Dualität* gekennzeichnet ist.

Obwohl sich der Mensch als den Gipfel der Schöpfung betrachtet, hindert ihn diese privilegierte Stellung nicht daran, gegenüber Seinesgleichen und anderen lebenden Geschöpfen den *Gipfel der Grausamkeit* zu bekunden. Es ist schwer, das Verhalten von Männern und Frauen zu verstehen, die sich in religiösen Gebäuden versammeln, um einem liebenden GOTT ihre frommen Gebete darzubringen, und die, sobald sie draußen sind, in flagrantem Widerspruch zu ihren hingabevollen Gebeten handeln, die sie gerade verrichtet haben, indem sie *ohne das geringste Mitleid* versuchen, eine andere Rasse oder ein anderes Volk – einer anderen Religion

---

[42] Einer der Hauptschüler Buddhas, den man fragte, welche Meinung sein Meister vertrete, erwiderte: „Mein Meister vertritt keine Meinung, er ist von allen Meinungen befreit."

zugehörig, die nicht nach ihrem Geschmack ist – zu vernichten.

Was fehlt daher einer Religion, gleich welche, die Toleranz, Liebe und Mitgefühl predigt, dass sich so viele Offizianten und Gläubige als unfähig erweisen, das, was von ihnen verlangt wird, in die Praxis umzusetzen? Müssen sie nicht ihre Weise zu denken, die Welt zu sehen, ihren Glauben... und sogar ihre Religion in Frage stellen?

Solange er es nicht geschafft hat, dank einer regelmäßigen Ausübung der Meditation und verschiedener Konzentrationsübungen, *seine Individualität, wie er sie für gewöhnlich gekannt hat, zu verlieren*, um durch eine direkte Erfahrung das GÖTTLICHE zu entdecken, das in ihm und *in jedem lebenden Geschöpf* wohnt, kann der Mensch nur in Unwissenheit bleiben und weiter aus den Interessen und blinden Glaubensvorstellungen seines niederen Seins heraus handeln – das heißt, *gegen* GOTT,... einen GOTT, von dem er glaubt, dass er irgendwo da oben seinen Sitz hat, zwischen den Gestirnen des Himmels,[43] und dem er von Zeit zu Zeit fromme Gebete schickt. Er liebt GOTT, aber *nicht seine Mitmenschen*, die doch wie er von *demselben* GOTT bewohnt werden, den er zu lieben glaubt.

Die kontinuierliche Ausübung der Konzentration und der Meditation hat klar zum Ziel, dem Sucher zu helfen, das ERHABENE durch eine *unmittelbare Wahrnehmung* in ihm zu erkennen, um ihn aus dem Gefängnis eines passiven und blinden Glaubens zu befreien, der ihn nur von seinem Nächsten getrennt hält.

Aufgrund der dramatischen Verzerrung der HEILIGEN WAHRHEIT, die überall in der Welt verbreitet ist, muss es dem Aspiranten gelingen, diese WAHRHEIT mittels einer

---

[43] „Jesus sagte: Wenn eure Führer zu euch sagen: Seht, das Königreich ist im Himmel, dann werden euch die Vögel des Himmels vorangehen. Wenn sie euch sagen, dass es im Meer ist, dann werden euch die Fische vorangehen. Vielmehr ist das Königreich in euch und es ist außerhalb von euch." Thomasevangelium, 3, 1-8.

anhaltenden Meditationspraxis für sich selbst wiederzufinden. Er muss dahin kommen, *in sich*, durch eine *erlebte Erfahrung*, einen Zustand des Seins jenseits der Zeit kennenzulernen, *der unabhängig ist von allen äußeren Bedingungen, die er normalerweise braucht, um in sich das Empfinden seiner Existenz zu stimulieren –* ein HEILIGER Zustand des Seins, *der ihn mit allen anderen lebenden Geschöpfen verbindet.* Es handelt sich um ein HEILIGES WISSEN, dass ihm später niemand nehmen können wird.

Und wie steht es mit dem Mitgefühl für Tiere? Ein sensibler Aspirant kann nicht umhin, sich über die Einstellung der verschiedenen Religionen dieser Welt zu fragen, die (mit Ausnahme des Jainismus und des Buddhismus) niemals Mitgefühl für diese stummen Geschöpfe predigen, Religionen, die angesichts deren Todesqualen völlig gleichgültig bleiben, als ob nicht auch diese Kreaturen von derselben GÖTTLICHKEIT bewohnt würden, wie die Menschen, die sie quälen und mit einer Gefühllosigkeit niedermetzeln, die jedes Vorstellungsvermögen übersteigt.

Der Mensch, der sich für *die Krone der Schöpfung* hält, zögert nicht, Tiere, die seiner Herrschaft unterstellt sind, *mit größter Grausamkeit* zu töten, sei es in der Absicht, sie zu essen, *oder einfach mit dem Ziel, sich zu unterhalten*, was jedem unverständlich bleibt, der sensibel für die Angst dieser Kreaturen ist, denen die Fähigkeit zu leiden gegeben ist.

Es ist der tiefe Wunsch des Autors, dass der Tag kommen möge, an dem nicht nur die Adepten einer spirituellen Lehre, sondern alle Männer und Frauen, die diese ERDE bewohnen, *nie wieder die Leben anderer lebender Geschöpfe zerstören werden*, um sich von ihnen zu ernähren, und an dem sie ihren Hunger ausschließlich mit pflanzlichen Nahrungsmitteln stillen werden, die in ausreichender Menge und Variationsbreite zur Verfügung stehen, um ihren planetarischen Körper zu unterhalten.

Kann ein Sucher, der sich bemüht, sich seiner selbst mehr bewusst zu werden, unberührt das Fleisch dieser Geschöpfe essen, die qualvoll gestorben sind?[44]

Wenn sich ein Aspirant kontinuierlich und voller Eifer auf seinen Wunsch konzentriert, in jedem Moment seines existenziellen Lebens mitfühlend, wahr und gleichmütig zu werden, wird er, ohne sich zunächst darüber klar zu werden, dazu beitragen, mit seinem eigenen Geist, mit seinen Gedanken und mit seinem Gefühl in einer unsichtbaren Matrix sein neues Wesen auf einer höheren Ebene zu schaffen. Auf geheimnisvollste und gemeinhin unbegreifliche Weise wird er sich durch seine aufrichtigen und glühenden Bemühungen *an der Erschaffung seiner eigenen Zukunft beteiligen;* und indem er das tut, wird er dem GÖTTLICHEN bei dessen rätselhaftem Werk assistieren und damit DESSEN Aufmerksamkeit, DESSEN Barmherzigkeit und DESSEN wohlwollender Hilfe bei dieser schwierigen Aufgabe der *Transformation seiner selbst* würdig werden.

---

[44] „Man muss hinzufügen, dass es, aufgrund der oft schrecklichen Leiden, die diese Tiere bei der industriellen Aufzucht, während ihres Transports zur Schlachtbank und beim Getötetwerden durchmachen (nicht zu vergessen die massiven Schäden, die der Umwelt durch die intensive Tierhaltung zugefügt werden), umso notwendiger ist, Vegetarier zu werden. Mehr zu diesem Thema in Kapitel 46 meines ersten Buches *Der Weg der inneren Wachsamkeit.*

Kapitel 7

Die Fallstricke auf einem spirituellen Weg

Vom Äußeren fasziniert, hat der Mensch seinen Blick und seinen Sinn in der Regel ausschließlich dem Sichtbaren zugewendet, in der Hoffnung, eines Tages die Lösung für alle Probleme des irdischen Daseins zu entdecken, um dann ruhig in einem dauerhaften Glück leben zu können. Er versucht hartnäckig herauszufinden, woraus seine Umgebung und das materielle Universum im Allgemeinen zusammengesetzt sind, ohne sich die Mühe zu machen, zuerst *sich* selbst zu erkennen.

Er begreift offensichtlich nicht, dass sein Blick und sein Sinn vielmehr auf *das Innere seines Wesens* gerichtet werden müssen, um zu versuchen, in erster Linie sich selbst zu erkennen, wenn er zu einem wirklichen Verstehen des Rätsels des Daseins und des UNIVERSUMS kommen möchte (in dem er sich, er weiß nicht, aufgrund welchen Geheimnisses, befindet), ohne es durch die Wahrnehmungen zu entstellen, die er normalerweise passiv durch seine begrenzten Sinnesorgane aufnimmt. Aus Gewohnheit akzeptiert er alles, was ihm durch seine Sinne vermittelt wird, als ob es die alleinige und einzige Wahrheit sei, die in Bezug auf die Erscheinungswelt zulässig sei.

In sich selbst verschlossen und nur danach strebend, die Probleme seiner materiellen Bedürfnisse zu lösen (die niemals enden), kann er nur *partiell* und in einer *fortwährenden Unzufriedenheit* leben.

Ganz gleich, welche äußere Perfektion er erreicht, ist diese trotz allem, was er anstellen mag, um sie zu bewahren, früher oder später der Abnutzung und der Auflösung geweiht. Und er findet sich nun erneut *alleine* mit sich selbst, so wie er sich für gewöhnlich kennt – eine Kenntnis von sich selbst, die sehr eng und begrenzt bleibt und in ihm und in anderen nur eine ständige Unzufriedenheit erzeugen kann.

Diese Hast nach einer Ansammlung von äußerem Wissen, statt eines aufrichtigen Wunsches, sich selbst zu erkennen, stellt sie nicht eine unbewusste Flucht dar, hinter der sich eine Angst vor dem verbirgt, was er an nicht schmeichelhaften Seiten in sich zu entdecken riskiert und was ihm nicht gefallen würde?

Alle die Personen, die auf seine Kosten in ihm wohnen und ihm normalerweise unbekannt bleiben, drängen ihm ihre eigenen Reaktionen sowie ihre Ängste auf, ihn verleitend, eher das Fortbestehen seiner körperlichen Hülle zu suchen als hinter dem Sichtbaren das UNVERÄNDERLICHE zu finden, das, im Gegensatz zu allem, was einen Anfang gehabt hat, kein Ende kennt.

Unter den Tausenden von Männern und Frauen, die einen spirituellen Weg gehen, können so wenige mit Weisheit dem nachkommen, was von ihnen auf diesem derart delikaten und außergewöhnlichen Gebiet gefordert wird. Die Arbeit an sich selbst ist schwer zu verstehen und der Weg ist mit unsichtbaren Fallen übersät.

Jedes Mal, wenn der Sucher Anstrengungen macht, sich innerlich zu erheben, und wenn es ihm gelingt, höhere Bewusstseinsebenen in sich zu berühren, muss er danach die Kraft finden, den notwendigen Abstieg in die dunklen Winkel seines Wesens zu akzeptieren und sich als den zu sehen, der er noch ist, mit allen seinen bewussten und unbewussten Wünschen, die er überall mit sich trägt, mit den unerwünschten Tendenzen, der offenen oder versteckten Böswilligkeit, den widersprüchlichen und wechselhaften Gedanken, und so weiter, die ihn weiterhin erfüllen und deren Umwandlung immer noch nicht vollzogen wurde.

Nur in dem Maß, wie der Aspirant die Kraft hat, alle diese unerwünschten Aspekte seiner Natur zu sehen (ohne sich von ihnen entmutigen zu lassen), wird er beginnen, gerade dadurch *ein Weiser zu werden*.

Bleibt der HÖHERE ASPEKT seiner Natur im Hintergrund seines Wesens, dann ist es der niedere Aspekt, der den Vordergrund einnimmt und, auf Kosten des Suchers, zum Herrn seines inneren Heimes wird. Wenn die höheren Funktionen in ihm nicht mehr aktiv sind, um ihn vor sich selbst zu schützen, dann sind es unweigerlich seine niederen Funktionen, die nach ihrem Gutdünken in seinem Wesen herrschen – mit all den Problemen, die daraus folgen, sowohl für ihn wie für seine Umgebung.

Es existieren im Menschen verschiedene Ebenen des Bewusstseins, die ihm für gewöhnlich unzugänglich bleiben. Je mehr ein Aspirant es schafft, höhere Bewusstseinsebenen in sich zu erreichen (was nicht ohne hartnäckige Bemühungen von seiner Seite geschehen kann), desto mehr wird er die unerwünschten Triebe seines niederen Ich *im Zaum halten* können; und umgekehrt, je mehr die höheren Ebenen seines Bewusstseins abwesend sind, desto mehr werden die Triebe seines niederen Ich *freigesetzt* werden und *die Oberhand gewinnen*.

Wenn diese Triebe im Menschen nicht durch einen erhöhten Bewusstseinszustand (oder in gewissem Maß auch durch sein gewöhnliches Bewusstsein) zurückgehalten werden, werden sie sich mit Kraft entfesseln und in seiner Verirrung wird er nicht anders können, als die anderen bei seinem Fall mit sich zu reißen. Die niederen Tendenzen im Menschen haben eine erstaunliche Energie. Die Zerstörungskraft, die von den niederen Trieben gewisser Individuen ausgehen kann, fasziniert die Masse; und da die meisten Leute weder einen Schwerpunkt noch eine höhere Autorität in sich haben, an die sie sich um Wegleitung wenden können,[45] müssen sie sich aufgrund eines ihrer Natur innewohnenden Bedürfnisses der Autorität jedes Anführers unterwerfen, der sie fesselt und ihre blinde Bewunderung erregt, aber dessen Einfluss ihr Niveau des Seins und des Bewusstseins nur senken kann – ein

---

[45] Siehe Kapitel 12 meines Buches *La Quête Suprême*.

Prozess, der wiederum ihre eigenen niederen Triebe befreien und in Bewegung setzen wird, somit Phänomene kollektiver Hysterie auslösend, die in Krieg und Verrücktheit enden.[46]

Je höhere Bewusstseinszustände ein Sucher in sich erreicht, desto weniger durchlässig ist er für diese unerwünschten Einflüsse. Wenn er sich von den ungünstigen Trieben seines niederen Wesens befreien möchte, wird ihm das nur gelingen, indem er sich immer mehr zu höheren Bewusstseinsebenen erhebt, die er nur in einem Zustand intensiver innerer Gegenwärtigkeit und dank anhaltender Bemühungen der Konzentration berühren kann.

Durch ein ernsthaftes Studium seiner selbst wird der Aspirant herausfinden, dass er im Leben nichts anderes tun kann, als zu *reagieren*. Alles, was in ihm abläuft, geschieht aufgrund einer *Reaktion*. Ohne sich dessen bewusst zu sein, reagiert er passiv auf *alle Reize, die von außen wie von innen auf ihn treffen*. Und wenn er noch nicht zu einem Verständnis der Notwendigkeit gekommen ist, sich vor dem niederen Aspekt seiner Doppelnatur in Acht zu nehmen, wird er in Momenten der Schwäche von diesem zu wenig wünschenswerten Reaktionen verleitet werden, mit dem Risiko, den Nutzen der höheren Erfahrungen, die er während seiner Meditation machen durfte, wieder zunichte zu machen.

Für gewöhnlich merkt man nie, dass, wenn man beschließt, sich irgendwohin zu begeben oder etwas zu tun, der gefasste Entschluss immer eine *Reaktion* auf irgendeinen Reiz ist, ob sichtbar oder unsichtbar. Ebenso ist man, wenn man einen Gesprächspartner anspricht oder ihm antwortet, tatsächlich dabei, auf diesen Letzteren zu *reagieren*. Und *man reagiert innerlich* auch beim Anhören eines schönen musikalischen Werks, beim Betrachten einer herrlichen Landschaft, beim Bellen eines Hundes, an dem man vorbeigeht, wenn jemand

---

[46] Die Ereignisse des Zweiten Weltkrieges sowie die Manifestationen kollektiver Hysterie, die die Popmusik und gewisse Sportarten entfesseln, sind schlagende Beispiele.

auf einen zukommt oder auch, wenn man geschmeichelt ist oder einem ein einfacher Gedanke durch den Kopf geht – *oder sogar, wenn man diese Zeilen liest.*

Indessen, wenn ein Aspirant es schafft, genügend Abstand zu sich selbst herzustellen, um, auf die subtilste Weise, sehen zu können, wie man dabei ist, zu reagieren, wird eben dadurch eine teilweise innere Befreiung stattfinden – und das trotz der Tatsache, dass er nicht anders können wird, als äußerlich mit dem Reagieren *fortzufahren*, gemäß dem unerbittlichen Gesetz des manifestierten Daseins. Es ist selten, sehr selten, dass es jemand fertigbringt, im Leben *wirklich zu agieren* (und nicht bloß zu reagieren). Dies kann nur geschehen, wenn er sich – unter ganz außergewöhnlichen Umständen – mit dem anderen Aspekt seiner Doppelnatur verbunden findet, der in der Lage ist, zu agieren.

Es ist für den Aspiranten von kapitaler Bedeutung, sich stets daran zu erinnern, dass es in jedem Mann und in jeder Frau eine ihrer Natur innewohnende Tendenz gibt, das *wiederholen* und *wiedererleben* zu wollen, was sie in einem bestimmten Moment gedacht oder erlebt haben und was sich durch *konstante Wiederholung* in ihnen schließlich in *hartnäckige Gewohnheiten* verwandeln wird. Und haben sie sich erst einmal in ihnen eingenistet, werden diese Gewohnheiten, sollten sie sich später als unerwünscht erweisen, nur schwer zu ändern sein (so wie ein Fluss die Richtung seiner Fluten bereits gebahnt hat). Sie werden mehr und mehr in seinem Wesen Fuß fassen und schließlich einen Teil seiner Persönlichkeit ausmachen, die Furchen seiner Denk- und Seinsweise immer tiefer ziehend, bis es ihm am Ende *nicht mehr möglich ist, sie in Frage zu stellen.* Sie werden sich daher der Wirkung ihres Verhaltens auf ihre Mitmenschen unbewusst werden, die ihrerseits durch ihre Haltung und ihre Denkweise andere Personen, mit denen sie in Berührung kommen, beeinflussen werden, usw.

Inneres Geschwätz

Das Studium seiner selbst wird einem ernsthaften Sucher enthüllen, dass es unter den verschiedenen Manifestationen seiner niederen Natur die *wiederkehrenden Gedanken*, und je nach Typ und Temperament, die Arten von *innerem Geschwätz* sind, die auf seinem Weg zu seinem FÜRSTLICHEN ICH eine größere Hürde bilden. Sie hindern ihn daran, in sich eine andere Existenzform zu entdecken, *frei von Zeit und Raum*.

Wenn ein Aspirant wirklich aufrichtig ist in seinem Wunsch, die Hindernisse zu erkennen, die ihn vom Licht seiner HIMMLISCHEN IDENTITÄT abschirmen, muss er eine besondere Einstellung finden, die ihm erlaubt zu *akzeptieren*, dieses merkwürdige innere Gerede zu sehen, das den größten Teil seines Tages in ihm abläuft, sogar dann, wenn er sich voll mit seinen täglichen Aktivitäten beschäftigt wähnt.

Das Problem, sich von seinem inneren Reden lösen zu können, besteht in der doppelten Tatsache, dass man einerseits so damit identifiziert ist, dass es sich als schwierig erweist, es konkret fassen zu können, und dass es andererseits im Menschen ein seltsames Phänomen gibt, nämlich, sich in dem, womit man sich innerlich beschäftigt, *verloren zu fühlen*. Er reagiert, als ob sein Leben ohne diese unaufhörliche Aktivität in ihm leer werden würde. Da er in Unkenntnis des anderen Aspektes seiner Doppelnatur lebt, wird er unwiderstehlich getrieben, sich in fieberhaften Tätigkeiten (inneren und äußeren) zu verlieren, von denen er abhängt, um sich seines Daseins zu *versichern* und es zu *empfinden*. Er fürchtet, etwas in sich loszulassen, aus Angst, sich nicht mehr wiedererkennen zu können.

Wenn man zu jemandem sagt, er solle das loslassen, worüber er gerade innerlich grübelt, wird er vielleicht antworten: „Ich kann nicht." Sollte er nicht lieber sagen: „Ich möchte das nicht?" Ein solches Loslassen wird unweigerlich eine *Leere* in ihm erzeugen, die das Mittel darstellt, um anfangen zu können, jenseits der Zeit zu leben. Aber wenn er sich plötzlich mit der Empfindung konfrontiert sieht, die ihm die Tatsache, „jenseits der Zeit zu leben", verschafft (eine Empfindung, die zeitweilig seinen üblichen Zustand des Seins und seine gewohnte Weise, sich zu erleben, auslöscht), fühlt er sich verloren, ja sogar erschrocken.

Solange der Sucher noch nicht das „Gravitationszentrum" in sich kennt, zu dem er sich hinwenden muss, um seinem Leben einen Sinn zu geben und um die chaotischen Manifestationen seines Geistes zu beenden, wird er unausweichlich schwach bleiben. Und da er es nicht schaffen können wird, sozusagen in sich „gesammelt" zu sein, werden seine Energien gegen seinen Willen in alle Richtungen zerstreut sein.

Wenn einmal ein inneres Gespräch angefangen hat und der Aspirant dem Glauben geschenkt und sich damit identifiziert hat, und wenn er nun versucht, sich davon loszureißen, um dem ein Ende zu setzen, wird sich etwas in ihm hartnäckig weigern, darauf bestehend, *erst das zu beenden*, was er sich gerade erzählt, bevor er zustimmt loszulassen. Jedoch wird dieser unkontrollierte Prozess, der in ihm abläuft, in diesem Stadium nicht stehen bleiben. Denn wenn er nicht klug genug ist, um die langfristigen Schäden, die diese unfreiwilligen Reden in seinem Wesen anrichten können, zu begreifen und um zu versuchen, ohne Zögern Schluss damit zu machen, wird er seinen Monolog wieder anfangen wollen, um dem, was er anfänglich sagen wollte, ein ergänzendes Detail hinzuzufügen, das er vergessen zu haben schien,… und das endlos so weiter.

Sich aufmerksam prüfend, wird er vielleicht herausfinden, dass der Großteil seines inneren Geredes (das häufig mit allen möglichen Fantasien verbunden ist) sich nicht nur als trügerisch erweist, ziellos und belanglos, sondern sehr oft den Versuch einer *Rechtfertigung* darstellt, dazu bestimmt, ein bewusstes oder unbewusstes Schuldgefühl zu beschwichtigen, das aus einer unüberlegten Tat oder einem unbedachten Wort herrührt – eine Rechtfertigung, die keinen Bezug zur Realität oder der ursprünglichen Situation haben kann.

Vielleicht erkennt der Sucher anfangs nicht, was ein solches spirituelles Abenteuer an Arbeit und an beharrlichem Studium seiner selbst beinhaltet, beide notwendig, um ihm zu erlauben, auf dieser schwierigen inneren Reise zum HIMMLISCHEN ASPEKT seiner Doppelnatur ohne Verzug voranzukommen. Um sich von den schädlichen Hemmnissen, die er in sich antrifft, freimachen zu können, braucht er am Anfang bestimmte Stützen; und unter den verschiedenen Stützen ist es ihm möglich, den *Nada* zu benutzen (diesen besonderen Ton, der im Inneren seiner Ohren und des Kopfes zu hören ist und auf den früher Bezug genommen wurde), um sich vor diesen unerwünschten Stimmen in sich zu schützen.

* * *

Durch ein vertieftes Studium seiner selbst wird der Aspirant nicht nur die Nichtigkeit dieses inneren Geredes feststellen, sondern auch dessen oft negativen Charakter. Denn wenn er sich in der Situation oder in der Gegenwart der Person findet, die er sich vorgestellt hat, als diese inneren Kommentare in ihm abliefen, wird er zu spät merken, dass die Handlung oder die Rede, die er vorbereitet hatte, *nicht mehr der Wirklichkeit des Augenblicks entspricht* und ihm hinterher sogar Probleme machen würde, wenn er darauf bestehen würde, sie in die Tat umzusetzen.

Wenn sich dieses innere Gerede um negative Themen dreht, besteht die Gefahr, dass es, wenn jemand dem ständig nachgibt, zu einer *selbst-zerstörerischen* Besessenheit (wie man häufig genug bei alten Menschen feststellen kann) und zu einer *Quelle des Leidens* wird, und zwar sowohl für ihn als auch für die, die sein Leben teilen oder mit ihm arbeiten und die, auf gewöhnlich geheimnisvolle und unbegreifliche Weise, von den äußerst intensiven Gedanken oder Empfindungen berührt werden, die er in einem bestimmten Moment in sich hegen mag.

Welcher Art das innere Reden auch sein mag, das im Aspiranten abläuft, sei es negativer oder auch positiver Natur, so muss er die Kraft in sich finden, sich schnell davon frei zu machen. Denn solange dieses innere Reden sich weiter in ihm manifestiert, hält es ihn *in der Zeit gefangen*, ihn daran hindernd, sich zu höheren Ebenen des Bewusstseins in seinem Wesen zu erheben, um seinen URSPRÜNGLICHEN ZUSTAND zu erreichen – einen HEILIGEN ZUSTAND, der unabhängig von Zeit und Raum ist.

Dieses innere Reden ist vergleichbar mit einem Phantom, das, wenn es sich einmal in jemandem eingenistet hat, diesen auf dessen Kosten bewohnt. Das, was einen Menschen ankettet und sein Leben trist und ziellos macht, ist, dass er auf merkwürdige Weise ständig den Fehler macht zu glauben, dass *er selbst* es ist, der damit beschäftigt ist, diese inneren Kommentare zu wälzen.

Diese Phantomstimme, die ununterbrochen in ihm plappert, kann ihn manchmal verleiten, schwere Fehler zu begehen, insbesondere im Bereich seiner freundschaftlichen Beziehungen oder seiner Beziehungen zu denen, die von ihm abhängig geworden sind. Die Erforschung seiner selbst wird tatsächlich ans Licht bringen, dass man in der Regel innerlich beschäftigt ist, sei es damit, die anderen zu *beurteilen* oder zu *kritisieren*, oder damit, *die Bedingungen um sich herum, so wie sie sich präsentieren, nicht zu akzeptieren*. Man erkennt im Allgemeinen nicht, dass man meistens *selbst* die Verantwortung für die Umstände trägt, in denen man sich befindet; nun, eine unbewusste Ablehnung solcher Situationen kann Dramen auf der Ebene der Familie, der Umgebung, ja sogar der ganzen Gesellschaft nach sich ziehen. Denn diese Stimme, die im unerleuchteten Menschen spricht, möchte immer, dass alles seiner Weise zu denken entspricht, sowie dem, was ihm gegenwärtig passt und was er liebt oder nicht liebt, wobei er vergisst, dass das, was er in einem bestimmten Moment für genehm hält, ebenso wie seine Neigungen und seine Abneigungen, sich ständig *ändert* und weder zweckmäßig sein kann noch mit der *Wirklichkeit des Augenblicks* übereinstimmen kann.

Dieses innere Reden kann für andere die Ursache vieler Probleme sein, insbesondere, wenn es einem Gefühl unbewusster Eifersucht entspringt oder darin besteht, über die, mit denen man in ständigem Kontakt steht, innerlich zu urteilen und sie herabzusetzen. Die Beziehung zwischen zwei Personen, die gezwungen sind, zusammen zu bleiben (selbst zwischen denen, die in einem Kloster leben) riskiert, so angespannt zu werden, dass negative Worte nicht mehr unterdrückt werden können. Und wenn einer dem anderen ein verletzendes Wort entgegenschleudert, wird die Verletzung, die Letzterer erhält (und die sich manchmal als schmerzhafter und schwieriger zu vernarben erweisen kann, als eine durch ein Messer verursachte), den bitteren Geschmack anhaltenden Grolls in ihm hinterlassen, der wiederum ein unkontrollierbares inneres Gespräch in ihm in Gang setzen wird.

Außerdem muss der Aspirant weitere Aspekte dieses inneren Redens untersuchen, die subtiler sind und deren Auswirkungen er gewöhnlich nicht kennt. Wenn es ihm nicht gelingt, diesen Prozess in sich anzuhalten, bevor er unkontrollierbar wird, kann dieser für seinen Geist und für sein Wesen unangenehme Folgen haben. Es ist tatsächlich schwer sich vorzustellen, wie weit dieses innere Reden aus *Autosuggestionen* aller Art besteht, die *unaufhörlich* den *konditionieren*, in dem sie ablaufen, und ihn *zu dem schmieden, der er werden wird*. Dazu kommt, dass die Vorstellungen, die seine inneren Gespräche begleiten, sowie die unbewussten Visualisierungen von Personen, mit denen er in Kontakt war oder sein wird, geheimnisvoll auf sein Wesen wirken werden.[47] Er kann sich nämlich in seinem üblichen Seinszustand nicht vorstellen, auf welche rätselhafte Weise er sich durch seine Gedanken mit diesen Personen verbindet und welche insgeheimen Einflüsse er dann von ihnen aufnehmen mag – Einflüsse, die auf seine Gefühle einwirken und sein Wesen auf eine meist ungünstige Weise färben, die er nicht wahrnehmen kann, solange er ihnen unterworfen ist und sich mit ihnen identifiziert.

Wenn ein Sucher sich nicht wachsam genug zeigt, können sogar die günstigen Einflüsse oder die angenehmen Eindrücke, die er in bestimmten Augenblicken empfängt und mit denen er sich unbewusst identifiziert, sein Wesen färben und sich mit ihm verbinden, ihn, ohne dass er den Grund dafür versteht, hindernd, sich seiner spirituellen Praxis mit dem Ernst zu widmen, den diese von ihm verlangt.

Der Aspirant muss schließlich dahin kommen, sich von all den Einflüssen zu befreien, von guten wie von schlechten, die ihn von außen erreichen können, denn sie erschweren seine Versuche, sich in dem HÖHEREN ASPEKT seiner Doppelnatur, der transparent, formlos und unabhängig von äußeren Bedingungen ist, zu etablieren.

Überdies halten die *unbewussten* bildlichen Vorstellungen, die von den inneren Gesprächen herrühren und sich auf Ereignisse beziehen, die schon geschehen sind oder in einer nahen oder fernen Zukunft geschehen werden, den Menschen *in der Zeit gefangen*, in einem Zustand der Vorausschau oder der bewussten oder unbewussten Furcht, meist *ohne Bezug zur Realität*. Nun, da sich diese Tendenzen und Gewohnheiten mit zunehmendem Alter verstärken, verfestigen diese *Autosuggestionen*, die er in seinen inneren Gesprächen im Allgemeinen nicht wahrnimmt, in ihm eine Weise zu denken, zu sein und das Leben zu verstehen, die ihm später viele Probleme oder Not verursachen kann, besonders wenn diese Weise zu denken einen negativen

---

[47] Siehe Kapitel 32 meines Buches *La Voie de la Vigilance Intérieur*.

Charakter aufweist. Das ist einer der Gründe, warum es oft schwierig ist, mit alten Personen in eine Kommunikation zu treten, um ihnen zu helfen.

Es muss noch einmal betont werden, wie wichtig es für jemanden ist, der sich bereits auf einem spirituellen Pfad befindet, zu lernen, sich dessen bewusst zu werden, was die meiste Zeit in ihm abläuft, um sich nicht forttragen und einfangen zu lassen von diesen inneren Gesprächen, die er normalerweise nur schwer wahrnehmen kann, wenn er sich damit identifiziert.

Des Weiteren muss er durch ein unermüdliches Studium seiner selbst zu der Erkenntnis kommen, dass ein Großteil seiner täglichen geistigen Aktivität aus Gedanken besteht, *die beinahe so wirr und unzusammenhängend sind wie die, die während seines nächtlichen Schlafes ablaufen*. Er muss die Notwendigkeit erkennen, sich und die anderen vor den dauernden Suggestionen dieser Phantomstimme, die in ihm wohnt, zu schützen, indem er sich von ihr losreißt, sobald er ihre Gegenwart in sich bemerkt und ihr keine Aufmerksamkeit schenkt. Er ist es sich schuldig, seine Aufmerksamkeit ausschließlich seinen spirituellen Übungen vorzubehalten.

Wenn der Aspirant auf seiner Suche wirklich Aufrichtigkeit beweist, kann er nicht umhin festzustellen, dass dieses innere Reden auf dem Weg zu seiner spirituellen Evolution und zu seiner Befreiung ein ernstes Hindernis darstellt.

Weitere Fallstricke

Es kommt vor, dass Aspiranten, die sich auf einem spirituellen Weg engagieren, vorgeworfen wird, „sich in ihrer kleinen Welt einzuschließen", „nur an sich zu denken", „sich nicht um andere zu kümmern" etc. Diejenigen, die diese Vorwürfe machen, verstehen nicht, dass der Mensch, so wie er für gewöhnlich ist, durch seine wechselnden Gedanken, durch seine Worte, die nicht den Bedürfnissen des Augenblicks entsprechen, und durch sein leichtsinniges

Verhalten bei seinen Mitmenschen in jedem Augenblick Schäden verursacht. Übrigens, ist nicht diese grausame Welt das Resultat aller unüberlegten Handlungen, begangen von einer Menschheit, *die sich nicht kennt?*

Es ist die erste Pflicht eines ernsthaften Suchers, sich unermüdlich selbst zu erforschen, in der Absicht zu erkennen, auf welche Weise er in seinem Umfeld ungewollt Probleme verursachen kann. Der Kampf gegen seine unerwünschten Neigungen erweist sich als das einzig wirksame Mittel, durch das er hoffen kann, seinen Mitmenschen nicht zu schaden. Die Bemühungen, die er machen muss, um den anderen Aspekt seiner Doppelnatur zu entdecken, durch den alleine sich eine echte Transformation in ihm vollziehen kann, sind einem egoistischen Verhalten *entgegengesetzt*. Wenn er den GÖTTLICHEN ASPEKT seiner selbst entdeckt haben wird, wird er, sofern es sein Schicksal ist, und zwar *erst* von diesem entscheidenden Moment an,[48] ohne nach Prestige oder Belohnung zu suchen, denen helfen können, die für dieses so außergewöhnliche Wissen empfänglich sind.

In bestimmten Momenten seiner Meditation kann der Aspirant privilegiert sein, dank der Unterstützung seines Meisters, erhöhte Zustände zu erfahren, die ihn verzücken. Nun, wenn ihm bei seinem Wunsch, sich und seine unerwünschten, noch nicht umgewandelten Tendenzen zu erkennen, der nötige Ernst fehlt, kann es sein, dass, bevor er merkt, was ihm geschieht, sein gewöhnliches Ich *alles für sich beansprucht* und *im Namen des Aspiranten* zu sprechen und zu handeln beginnt. Letzterer, der die Warnungen seines Meisters bezüglich der Probleme, die die Tendenzen seiner niederen Natur ihm bereiten können, vielleicht nicht genügend verstanden hat, wird sich der Gefahr aussetzen, der Vorstellung in die Falle zu gehen, er habe sein WAHRES ICH

---

[48] „Der Weise gehe erst selbst den rechten Weg, dann lehre er andere. So wird er sich nichts vorzuwerfen haben." Dhammapada, 158.

gefunden, das WAHRE SELBST, den SAD-GURU (den inneren Meister), und er wird fortan das gesamte mögliche Wissen behalten…, bis er selbst den Gipfel der Erkenntnis erreicht hat! Es besteht die Gefahr, dass sich heimlich spiritueller Hochmut in ihm einnistet, und er kann beginnen, schlechten Gebrauch von dem Wenigen zu machen, was er weiß – was für ihn und die Anderen schlimmer ist, als wenn er nichts gewusst hätte.

Ist der Sucher nicht umsichtig genug, kann ihn sein gewöhnliches Ich schließlich sogar glauben machen, dass er aufgrund höherer Bewusstseinzustände, die er in bestimmten Momenten erreichen konnte, ein Meister geworden sei. Er erkennt vielleicht nicht, dass alle die Gewohnheiten und unerwünschten Tendenzen, die er in den dunklen Winkeln seines Wesens trägt und die zu integralen Bestandteilen seiner Persönlichkeit geworden sind, in ihm immer gegenwärtig sind, weit davon entfernt, transformiert zu sein. Er riskiert daher, von seinem niederen Ich gedrängt zu werden, sich blind zu verhalten, Prestige und die Bewunderung seiner Mitmenschen suchend, ohne in der Lage zu sein, die Schäden zu ermessen, die er durch sein Verhalten und durch die nicht verifizierbaren Aussagen, die er vorbringt, anrichtet – Aussagen, die andere zu Fehlern verleiten können oder ihnen endgültig die Tür schließen können, die zu ihrer Emanzipation führt.

Er muss verstehen, dass die höheren Zustände, die er während seiner Meditation oder während verschiedener Konzentrationsübungen zeitweise zu erfahren privilegiert war, mit dem lieblichen Duft einer unbekannten Blume verglichen werden können, den er in einem bestimmten Moment riechen durfte. Von dem exquisiten Duft berauscht, kann der Aspirant, ohne sich dessen bewusst zu sein, versucht sein sich einzubilden, die Blume selbst gefunden zu haben. Er macht sich vielleicht nicht klar, dass, das Glück gehabt zu haben, derer Duft einzuatmen, noch nicht bedeutet, die Blume entdeckt zu haben, die das wirkliche Ziel seiner geheimnisvollen spirituellen Reise darstellt.

Es erweist sich somit als lebenswichtig, besonders für einen Sucher, der ein paar Erfahrungen gemacht hat, die sich vom Üblichen etwas abheben, und der noch nicht mit den verschiedenen Fallen vertraut ist, die ihn auf seinem Weg erwarten, hinsichtlich dieses merkwürdigen inneren Redens, das einen großen Teil der Zeit in ihm (wie in jedem Mann und in jeder Frau) abläuft, auf der Hut zu sein und dem zu misstrauen, was diese Stimme, oder vielmehr diese unsichtbare Wesenheit, die er in seinem Wesen trägt, ihm heimlich einsuggeriert – wenn er sich nicht von dem gefangen sehen will, was zu tun oder zu sagen sie ihn verleiten will, ohne dass er vorher über die Konsequenzen seiner Handlungen nachgedacht hat, und zwar für sich selbst wie für die Anderen.

Wenn er den Einflüsterungen dieser geheimen Stimme Gehör schenkt, die, sich aus seinem niederen Wesen erhebend und seine noch nicht umgewandelten Neigungen und Gewohnheiten widerspiegelnd, in ihm schwatzt, wird er sich in einer unbegreiflichen Sackgasse finden und es wird die Gefahr bestehen, dass seine spirituelle Evolution in diesem Stadium zum Stillstand zu kommt.

* * *

Es kann sein, dass sich der Sucher in privilegierten Momenten intensiver motiviert fühlt und einen Zustand der Gegenwart erreichen kann, der für ihn nicht üblich ist, verbunden mit einer Geistesruhe, die ihm wie die ersten Anzeichen einer Befreiung von sich und von der Zeit vorkommen. Sein Interesse ist nun ganz seiner spirituellen Suche zugewendet, die ihm in diesem Augenblick die einzige Sache zu sein scheint, die für ihn zählt. Er fühlt sich *entschlossen*, sich mitten in den Aktivitäten des täglichen Lebens, die auf ihn warten, in einem Zustand der inneren

Gegenwärtigkeit zu halten; er glaubt sich diesmal sicher zu sein, standhaft bleiben und heute ganz bestimmt diese Gegenwärtigkeit bewahren zu können, die ihm mitten in seinen äußeren Beschäftigungen ungewohnt ist. Aber kaum ist er dem Ruf der Welt, die ihn umgibt, gefolgt, als er sich erneut in seinen üblichen Seinszustand *versunken* sieht, und trotz seines Wunsches und seiner Entschlossenheit wird er vielleicht erst viel später wieder „zu sich erwachen".

Der Aspirant wird nun eine Entmutigung erfahren, die umso größer ist, als seine Entschlossenheit groß war. Er muss sich klarmachen, dass es auf diesem Gebiet nicht genügt, zu *wollen*; er muss lernen *durchzuhalten* und zu suchen, die verschiedenen Faktoren zu verstehen, die zum Verlust dieses ungewohnten inneren Zustandes, *den er erreichen muss*, beitragen. Er vergisst am Anfang, dass er immer seine Tendenzen und noch nicht transformierten Gewohnheiten in sich trägt, die ihn beschweren und bei der geringsten Stimulation von außen die Oberhand gewinnen, ihn so daran hindernd, angesichts der Herausforderung, die ihm das phänomenale Dasein stellt, stark genug zu werden.

Er wird dann lernen, dass wahre Demut darin besteht *durchzuhalten*, trotz aller Niederlagen, die er ständig erleiden muss.

Der Sucher muss der Tatsache ins Auge sehen, dass er sich seiner selbst nie zu sicher sein darf, wenn er erhöhte Zustände berührt, die für ihn ungewöhnlich sind, um zu vermeiden, in einem Gefühl der Niederlage zu versinken, wenn diese verschwunden sind, was ihn daran hindern würde, sich wieder zu fangen, jedes Mal wenn er mit seinen Grenzen konfrontiert wird.

Er wird zunehmend entdecken, dass es *die Änderung der Richtung seines Interesses* ist, die einen der wichtigsten Faktoren darstellt, die den Verlust dieser inneren Gegenwart und dieser Geistesruhe verursachen.

Der Aspirant ist ständig aufgerufen, sich den unvorhergesehenen Ereignissen des äußeren Lebens zu stellen. Wenn seine *Aufmerksamkeit* abrupt durch eine unerwartete Schwierigkeit oder durch irgendeinen Wunsch erregt wird, ändert sein *Interesse* sofort seine Richtung und seine Kräfte, immer auf der Suche nach dem Weg mit dem geringsten Widerstand, beginnen, ohne dass er sich dessen bewusst wird, dorthin zu fließen, wohin es ihn zieht. Es genügt eine unverhoffte Begegnung, ein scharfes Wort von jemandem oder ein flüchtiger Gedanke, der einem plötzlich durch den Kopf schießt, und sofort lassen seine *Aufmerksamkeit* sowie sein *Interesse* nach und sind nicht mehr in der Lage, ihn bei seinen Versuchen zu unterstützen, diesen Zustand der Gegenwart und der inneren Ruhe, den er von nun an als so wesentlich für seine Suche ansieht, aufrechtzuerhalten.

In anderen Momenten ist es ein inneres Reden, das unbemerkt in ihm anhebt und das schließlich, indem es sein Interesse absorbiert, Besitz von seinem Wesen ergreift, und zwar auf seine Kosten. Es muss dem Sucher gelingen, die verschiedenen Fallstricke zu erkennen, die seinen Sturz hervorrufen, und er muss lernen, sich, so gut es geht, auf sein *Gefühl* zu stützen, um Hilfe zu bekommen, in welcher Situation er sich auch immer befinden mag.

Sich aus dem Gefängnis von Raum und Zeit befreien

Alles, was zum Sichtbaren gehört, stellt für den Aspiranten ein Hindernis auf dem Weg zu seiner Befreiung von Zeit und Raum dar. Die Mehrheit der Sucher scheint schwer zu verstehen, dass es *nicht genügt zu wollen;* es ist nicht so, dass ihnen die GNADE zusteht, nur weil sie diese wünschen. Die einzige Hoffnung für einen motivierten Aspiranten besteht darin, die unerlässlichen Bemühungen um Konzentration zu machen, was ihm erlauben kann, den HIMMLISCHEN ASPEKT seiner Doppelnatur zu entdecken, auf DEN er seinen Blick mit seinem ganzen Wesen lenken und unablässig fixiert halten sollte.

Aber um zu dieser Entdeckung zu kommen, muss er zunächst über geeignete *Mittel* verfügen.

Die meisten derer, die sich auf einem spirituellen Weg engagieren, wissen anfangs nicht wirklich, was sie erreichen möchten. Sie spüren nur eine unbestimmte Unzufriedenheit mit ihrem Dasein und aufgrund der Tatsache, dass ihr Blick nur nach außen gerichtet ist, vernehmen sie den inneren Ruf nur in Form eines verzerrten Echos.

Selbst wenn sich manche von ihnen eine etwas genauere Vorstellung vom Sinn ihrer Suche machen, kennen sie meistens nicht die *Mittel*, um dorthin zu gelangen. Und wenn ihnen diese Mittel geliefert werden, nämlich die unerlässlichen Anstrengungen, die in die Praxis umzusetzen sie aufgefordert werden, werden sie davon abgestoßen.

Was fehlt heute, um dem Menschen zu erlauben, die Entdeckung des GÖTTLICHEN ASPEKTS seiner Doppelnatur zu machen, eine Entdeckung, die, ohne dass ihm das für gewöhnlich bewusst wird, das *einzige Ziel* darstellt, für das er auf dieser ERDE inkarniert ist? Die Toleranz gegenüber dem anderen, die Liebe zum anderen, die Ehrlichkeit, das Mitgefühl etc., von allen Religionen gelehrt, können leider nicht in die Praxis umgesetzt werden. So, wie er normalerweise ist, verfügt der Mensch nicht über die Fähigkeit, so erhabenen Vorschriften zu folgen. Wie schon gesagt, versteht er nicht, *dass es nicht genügt zu wollen.*

Der Aspirant braucht *spezifische Mittel* oder wenigstens Erklärungen, die ihm Aufschluss darüber geben können, was er benötigt, um sich aus dem Gefängnis des manifestierten Lebens und des Fleisches zu befreien. Er muss verstehen, was die meiste Zeit in ihm abläuft und was, *aufgrund der Tatsache, dass er sich ständig damit identifiziert,* nur schwer in einem ausreichenden Maß von ihm erkannt werden kann, sodass er sich davon lösen kann.

Solange er die verschiedenen Fallen und Hindernisse nicht sieht, die ihm den Zugang zu seinem UNENDLICHEN SEIN versperren, fährt der Sucher fort, in der Zeit zu leben, in seinem kleinen, engen Universum, das aus seinen unvernünftigen Wünschen, seinen meist widersprüchlichen und ziellosen Gedanken, seinen belanglosen Vorstellungen und seinen unaufhörlichen inneren Gesprächen besteht, die manchmal nicht nur einen negativen Charakter haben, sondern sogar einen selbstzerstörerischen Aspekt aufweisen.

Die Gedanken und die inneren Gespräche, die ständig in seinem Geist ablaufen, erlauben ihm nicht, die nötige innere Stille zu finden, um beginnen zu können, jenseits der Zeit zu leben, in einem anderen Universum in ihm. Er wird gegen seinen Willen von verstohlenen Gedanken geheimnisvoll angetrieben, sich rastlos in Tätigkeiten zu engagieren oder auf Personen einzulassen, die ihn in der äußeren Welt und in der Zeit gefangen halten.

Außerdem wird, ohne dass er es merkt, ein Großteil der inneren Gespräche, die unerwartet in ihm auftauchen und denen er passiv unterliegt, von seinen *wechselnden persönlichen Interessen* beeinflusst, die ihn drängen sich vorzustellen, was er gerne zu jemandem sagen würde oder was er von jenem bekommen möchte, ohne imstande zu sein, die langfristigen Wirkungen zu bedenken, sowohl für ihn selbst als auch für die anderen. Die meisten dieser inneren Reden sind nur Unwahrheiten, die ihn heimtückisch an das Vergängliche und an die Zeit ketten.

***

Aufgrund seiner Konditionierung urteilt der Mensch im Allgemeinen nur nach den Erscheinungen. Aber die Erscheinungen sind trügerisch und verführen ihn meistens, Fehler zu begehen, die ihm in der Folge viele Probleme einbringen.

Es ist unmöglich, als einzige existierende Wirklichkeit das zu nehmen, was die Sinnesorgane von einem Objekt, einem Menschen oder dem KOSMOS übermitteln. Denkt man für gewöhnlich daran, dass, jedes Mal, wenn man den Kopf hebt, um die Sterne am Firmament zu betrachten, die in schwindelerregenden Entfernungen glitzern, diese in genau diesem Augenblick nicht da gesehen werden, wo sie sind oder wie sie wirklich sind, sondern da, wo und wie sie *vor Millionen von Jahren* waren? Und sogar die SONNE (der Stern, der der ERDE am nächsten ist und der uns so vertraut ist), ist nie da, wo man glaubt, dass sie sich befindet, wenn man sie betrachtet, denn in Wirklichkeit nimmt man nur den Ort wahr, wo sie *vor etwas mehr als acht Minuten* war.

Diese einfachen und aufgrund etablierter wissenschaftlicher Daten über die Lichtgeschwindigkeit unwiderlegbaren Feststellungen, die im *Gegensatz zu den Sinneswahrnehmungen* stehen, werden jeden Augenblick vergessen. Ebenso kann die Tatsache, dass die Atome, aus denen das sichtbare Universum, einschließlich unseres eigenen Körpers, besteht, ihrem Wesen nach Energieteilchen in Bewegung sind, mit unvorstellbaren Geschwindigkeiten, vom Menschen nicht wirklich erfasst werden, denn diese Wirklichkeit, die ihn übersteigt, steht im *Gegensatz* zu dem, was die Sinne ihm täglich mitteilen.

Außerdem trägt die Person, die man vor sich sieht und die man zu kennen glaubt, in jedem Augenblick, der vergeht, sich verändernde Gedanken und Gefühle, bewusste und unbewusste Unzufriedenheiten, seelische und körperliche Leiden, das Gewicht ihrer Vergangenheit, Zukunftsängste sowie die Summe angenehmer und schmerzhafter Erfahrungen, die sich seit ihrer Geburt oder sogar seit einer unergründlichen Vergangenheit in ihr angesammelt haben, in sich – all das, was sie ausmacht, was ihre kleine Welt formt, deren Realität nur sie alleine kennen kann (wenn sie sich die Mühe macht); denn dieses innere Universum im Menschen bleibt für immer *unsichtbar* für die anderen, die von ihr nur die äußeren und sichtbaren Erscheinungen ihres planetarischen Körpers, ihres Verhaltens und ihrer Worte kennen.

Ebenso kennt der Mensch, wie er gemeinhin ist, vom KOSMOS nur dessen äußeren Aspekt und die Manifestationen, die er mit seinen Sinnesorganen wahrnehmen kann.

Das UNIVERSUM enthält auch einen *unsichtbaren* Aspekt, der viel ausgedehnter und viel bedeutender ist als sein sichtbarer Aspekt, der aber in der Regel für die Wahrnehmungsorgane des Menschen unzugänglich bleibt; dieser kann die hinter dem Sichtbaren verborgene IMMENSE WIRKLICHKEIT nur wahrnehmen, wenn es ihm durch eine regelmäßige Arbeit an sich selbst sowie durch eine beharrliche Meditationspraxis und bestimmte Konzentrationsübungen gelingt, sein Niveau des Seins und des Bewusstseins anzuheben und in sich einen bestimmten Grad der *Stille* herzustellen, durch welche er sich *innerlich verfügbar* macht, um unmittelbare Verständnisblitze aus einer nicht greifbaren Welt und aus nicht raum-zeitlichen Dimensionen zu empfangen, so viel umfassender und realer als das Greifbare.

Nur in dem Maß, wie der Sucher gelernt hat, *sich* zu kennen, wird es ihm möglich sein, eines Tages dahin zu kommen, die Geheimnisse des KOSMOS und der SCHÖPFUNG zu entschlüsseln, die ihm für gewöhnlich unergründliche Rätsel bleiben.

Wenn es ihm, nach einer beharrlichen Meditationspraxis gelingen wird, die LEERE oder den RAUM zu entdecken, der zwischen den Gedanken, Zuständen oder Gefühlen, die in ihm geboren werden und sterben, existiert – eine LEERE oder ein RAUM, der aufgrund der Geschwindigkeit, mit der seine Gedanken und seine Gefühle aufeinander folgen, in seinem üblichen Zustand des Seins nicht wahrgenommen werden kann –, wird er erkennen, dass diese LEERE oder dieser RAUM nicht ein Nichts ist, sondern dass er ganz im Gegenteil aus einem ätherischen Bewusstsein besteht, das aufgrund seiner extremen Subtilität und Feinheit normalerweise seinem Verständnis entgeht.

Ein seltsamer und beunruhigender Gedanke wird nun anfangen, in seinem Geist geheimnisvoll Form anzunehmen und er wird nicht umhin können, sich zu fragen, ob nach dem Passieren der Erdatmosphäre – die noch aus ultrafeiner Materie besteht und von all den Gedanken durchdrungen bleibt, die von den Menschen seit ihrem Erscheinen auf diesem Planeten ausgestrahlt wurden und noch werden –, die *Leere*, die zwischen den Planeten, den Sternen und den Galaxien existiert, im Grunde nicht auch nur ÄTHERISCHES BEWUSSTSEIN ist, ein UNIVERSALES UNENDLICHES BEWUSSTSEIN von extremer Subtilität und Feinheit, das den KOSMOS in seiner Ganzheit durchdringt und umfasst.

Wie bereits gesagt, hat der Mensch, der in der Materie inkarniert ist, seinen Blick ausschließlich auf den sichtbaren Aspekt des UNIVERSUMS und der Manifestation gerichtet, und interessiert sich nur für das Studium der *äußeren* Erscheinungen seiner selbst und all dessen, was ihn umgibt, und das trotz der Tatsache, dass die Erkenntnis dessen, was den physischen Aspekt der SCHÖPFUNG und seiner Person ausmacht, seine geheimnisvolle Fähigkeit zur Reflexion (sofern er sich die Mühe macht) oder sein Bewusstsein (normalerweise so begrenzt) niemals auf materielle Weise erklären kann. Besessen vom Sichtbaren, hat er den Eindruck, dass es ihm eines Tages gelingen wird, die Antwort auf das Rätsel des Daseins zu finden, indem er ausschließlich den berührbaren Aspekt des KOSMOS und seiner selbst studiert. So schneidet er sich, ohne sich dessen bewusst zu sein, von anderen Dimensionen ab, die unendlich reicher sind als diejenigen, die er mit seinen begrenzten Sinnesorganen wahrnimmt.

Es ist dem Sucher möglich, andere Ebenen des Bewusstseins zu erreichen und zu anderen Dimensionen Zugang zu bekommen – Ebenen des Bewusstseins und anderen

Dimensionen, von deren Existenz in sich er ohne eine intensive spirituelle Praxis nichts ahnen kann. Die künstlerischen Schöpfungen gewisser großer Komponisten (wie „Das Martyrium des Heiligen Sebastian" von Debussy und „Die Planeten" von Holst) stellen geheimnisvolle Hinweise auf die Existenz anderer Ebenen des Bewusstseins und anderer Dimensionen im KOSMOS dar, die im Allgemeinen unzugänglich sind.

Wenn der Mensch in seinen nächtlichen Schlaf versunken ist, existieren das gesamte UNIVERSUM sowie alles, was er besitzen mag (einschließlich seiner Familie und seiner selbst, so wie er sich gewöhnlich kennt) nicht mehr. Er ist in seinem Wesen in eine *andere* Dimension (die nicht raum-zeitlich ist) und in eine andere Form *unpersönlichen Bewusstseins* aufgenommen worden, in denen die materielle Welt für ihn nicht nur *nicht-existent* wird, sondern seltsamerweise *völlig ihre Bedeutung verliert*.

Der Mensch verbringt ein Drittel seines Lebens im nächtlichen Schlaf. Welches Indiz ist doch für ihn dieser geheimnisvolle nächtliche Schlaf, in dem er, wenn er einmal von ihm überwältigt worden ist, *nicht einmal mehr weiß, dass er einen Körper besitzt*… ganz zu schweigen vom KOSMOS und allem, was ihm für gewöhnlich am Herzen liegt, die ebenfalls in einem unbegreiflichen Nichts verschwinden.

Vielleicht weist ihn der nächtliche Schlaf auf die Existenz anderer Dimensionen als die der sichtbaren Welt hin (die er im Wachzustand zu kennen glaubt) und er muss beim Aufwachen versuchen, diese mit Hilfe einer beharrlichen Meditationspraxis und verschiedener Konzentrationsübungen, die auch sehr wichtig sind, zu entdecken und zu verstehen.

Kapitel 8

Das profane Ich und das Heilige

Es ist wesentlich für den Aspiranten, mittels einer ernsthaften spirituellen Praxis dahin zu kommen, seinen GÖTTLICHEN URSPRUNG zu *erkennen*, um nicht an einen *passiven und blinden Glauben* gekettet zu bleiben – einen blinden Glauben, der nie aufgehört hat und fortfährt, die Ursache für so viele Missverständnisse und tragische Reibungen zwischen den verschiedenen Religionen dieser Welt zu sein.

Wenn er sich wirklich von seiner Versklavung durch das Sichtbare sowie durch Zeit und Raum befreien möchte, darf er niemals eine Behauptung wie diese akzeptieren: „Glauben Sie an diese oder jene Gottheit und Sie werden gerettet sein." Da der Mensch im Allgemeinen eine Tendenz zur Trägheit in sich trägt und ihn die harten Anstrengungen, die in einer spirituellen Lehre von ihm gefordert werden, abstoßen, findet er es leichter und zieht es vor, einfach einem Glauben an eine ferne Gottheit anzuhängen, die ihn eines Tages retten und ihm die Gnade, das Paradies, die Befreiung (Mukti) und so weiter, gewähren soll, ohne jede Arbeit von seiner Seite und ohne den Preis zu bezahlen, um diese zu erreichen.

Der Mensch wird nicht durch einen passiven Glauben an eine Gottheit außerhalb seiner selbst „errettet", sondern durch eine *direkte Kenntnis* von der LETZTEN WIRKLICHKEIT.[49] In der direkten inneren Kenntnis dieser LETZTEN WIRKLICHKEIT (die er tatsächlich in den Tiefen seines eigenen Wesens trägt) liegt seine Hoffnung und findet sich das Mittel schlechthin, das ihm erlaubt, aus dem Gefängnis seiner Bindung an die sichtbare Welt und an das Fleisch zu entkommen.

---

[49] „(…) und werdet die Wahrheit erkennen, und die Wahrheit wird euch frei machen. Joh 8, 32.

Vor allem ist es für den Sucher notwendig dahin zu kommen, *sich* durch eine beharrliche Arbeit an sich selbst *zu erkennen*, d.h. seine Neigungen sowie andere nicht wünschenswerte Aspekte seiner niederen Natur zu kennen, die ihm den Weg versperren, der zur Entdeckung seines HIMMLISCHEN URSPRUNGS und zur Befreiung von dem Leid, das dem existentiellen Leben innewohnt, führt.

∗ ∗ ∗

Es ist für den Menschen ziemlich schwer zu verstehen, warum die Gebete (besonders die, dass *endlich* Frieden auf der ERDE herrschen möge!), die von frommen Personen an eine liebende Gottheit gerichtet werden, die irgendwo im Sternenhimmel thront, immer ohne Antwort bleiben.

Warum erhört diese mitfühlende Gottheit nicht die flehentlichen Bitten, die von ihren Gläubigen vorgebracht werden?

Muss man, weil diese Gebete stets unerhört bleiben, daraus schließen, dass GOTT nicht existiert? Oder sind nicht diese Gebete an sich *unvernünftig*, solange der Mensch nicht einverstanden ist, zuerst die unerlässlichen Bemühungen für seine Transformation zu machen, die alleine ihm erlauben kann, in Frieden mit Seinesgleichen zu leben? So wie es nämlich so leicht ist zu zerstören, aber derart schwer ist aufzubauen, ist es genauso leicht zu hassen, aber derart schwer zu lieben.[50]

Hängt nicht die Befreiung vom Leiden, das unvermeidlich die Existenz im Fleisch begleitet, von der vorangehenden Loslösung von den Anhaftungen, den Neigungen, den Glaubensüberzeugungen und von der üblichen Weise des

---

[50] „Böses zu tun ist leicht. Es ist leicht, etwas zu tun, was uns schadet. Umgekehrt ist es extrem schwer, etwas zu tun, was für uns nützlich und gut ist." Dhammapada, 163.

Menschen zu sein und zu denken ab – die Ursache so vieler Konflikte und Unglücke in der manifestierten Welt?

In den verschiedenen heiligen Texten Indiens und anderer orientalischer Länder, ja sogar des Abendlandes, gibt es eine beachtliche Anzahl von Erzählungen und symbolischen Geschichten, die dazu bestimmt sind, den Aspiranten ständig daran zu erinnern, dass er, trotz allem, was er an langen Yogaübungen und Meditation ausüben mag, bestimmte heilige Grenzen in seinem Wesen nicht überschreiten können wird, wenn er der bleibt, der er für gewöhnlich ist, gewisse Aspekte seiner Natur in sich tragend, die mit dem LICHT seines HIMMLISCHEN HERRSCHERS, mit dem er sich eines Tages vereinen möchte, unvereinbar sind. Seine nicht wünschenswerten Neigungen, sein Konzept vom Leben sowie seine gewohnheitsmäßige Weise zu denken und zu sein (die ihm zu einer zweiten Natur geworden sind, die er nicht zu erkennen sucht oder vielmehr, die er sich weigert, in sich zu sehen, weil er glaubt, dass sie bedeutungslos und ohne Folgen für eine spirituelle Suche oder gar für sein irdisches Glück sein werden) werden ihn immer beschweren und daran hindern, zu höheren Ebenen in seinem Wesen aufzusteigen, ohne dass er den Grund dafür versteht.

Von wenigen Ausnahmen abgesehen, braucht der Aspirant, wie schon gesagt, die Mitarbeit von jemand, der mehr erwacht ist als er, der ihn anleitet und ihm hilft, die Hindernisse für seine spirituelle Entwicklung zu erkennen, Hindernisse, die von einer Person zur anderen nicht unbedingt die gleichen sein müssen. Für die meisten Sucher ist es schwierig dahin zu kommen, sich ohne die Hilfe eines anderen Blickes so zu sehen, wie sie für gewöhnlich sind, so wie es unmöglich ist, einen Fleck auf dem eigenen Gesicht zu beobachten, ohne einen Spiegel oder ein anderes Objekt zu benutzen, um ihn zu entdecken.

Was für einen Sucher, der sich auf diese geheimnisvolle innere Reise begeben hat, am schwierigsten zu verstehen ist,

ist, dass er akzeptieren muss, und zwar ohne sich entmutigen zu lassen oder sich schuldig zu fühlen, alles zu sehen, was sich in ihm als nicht wünschenswert erweist, *während er gleichzeitig seinen spirituellen Übungen nachgeht*. Tatsächlich gibt es keine Person auf der Welt, die ohne Flecken ist, ob große oder kleine, je nach dem Niveau des Seins und Bewusstseins. Und ein aufrichtiger Sucher muss rigoros ehrlich mit sich selbst sein, wenn er wirklich eines Tages zu einem genügenden Grad der Heiligkeit gelangen möchte, um seinem HIMMLISCHEN HERRSCHER zu erlauben, ihm seine GNADE zu gewähren.

Es muss noch einmal wiederholt werden, dass, selbst wenn es einem Aspiranten gelingt, in bestimmten begünstigten Momenten während seiner Meditationssitzungen erhöhte Bewusstseinszustände zu berühren, dieser erstens, sobald er zu meditieren aufhört, nicht vermeiden kann, wieder zu seinem üblichen Niveau des Seins herabzusteigen, und dass die erhöhten Zustände, deren er sich ein paar Augenblicke vorher noch erfreuen durfte, sich unausweichlich mit seinem gewohnten begrenzten Verständnis vermischen, durch welches er hinterher riskiert, Äußerungen zu machen, die nicht mit der Wahrheit übereinstimmen; und zweitens werden diese Zustände, trotz aller Versuche, sie zu bewahren, nicht lange anhalten, bevor er wieder von diesen heiligen Stätten in seinem Wesen vertrieben wird, zu denen er sich noch keinen permanenten Zugang verdient hat.

Im Gegensatz zu dem, was ein Anfänger zu denken geneigt ist, handelt es sich am Anfang nicht darum, der „Glückseligkeit" nachzulaufen, sondern er muss vielmehr zu verstehen suchen, *was den Weg versperrt, der dorthin führt*. Die erste und wichtigste Arbeit des Suchers besteht daher darin zu akzeptieren, sich in Umstände versetzt zu finden, die die Feinde in ihm provozieren können, damit sie an die Oberfläche seiner selbst steigen und sich zu erkennen geben. Die Reinigung von dem Staub, der ihm das Licht seines UNENDLICHEN WESENS verhüllt (und ihn folglich blind macht für die GÖTTLICHE WIRKLICHKEIT, die er in sich trägt) ist eine Aufgabe, die er sein Leben lang fortführen muss. Einem Gepard gleich, der, seinen Blick erbarmungslos auf seine Beute fixiert, mit aller Kraft über sie herfällt, bis er es schafft, sie niederzureißen, muss der Aspirant seinen Geist eindringlich auf sein Ziel fixiert halten und mit allen seinen Kräften gegen seine Neigungen und nutzlosen Begierden ankämpfen, bis er es schafft, sie zu beherrschen und ihre Wurzeln auszureißen, selbst wenn der Kampf eine Ewigkeit für ihn dauern sollte.[51]

Symbolische Erzählungen

Das Alte Testament enthält eine symbolische Geschichte, die in frappanter Weise veranschaulicht, was eben gesagt wurde. Es handelt sich um ein entscheidendes Ereignis, das sich im Leben Moses zugetragen hatte. Eines Tages, als er in der Wüste war, sah er, nicht weit von sich, einen Dornbusch, der auf eine sonderbare Weise brannte, umgeben von einem geheimnisvollen Lichtschein. Und was ihn noch mehr überraschte, war, dass der Busch, trotz der Intensität der Flammen, nicht verzehrt wurde. Verdutzt begann Moses, sich dem brennenden Dornbusch zu nähern, um zu versuchen, dieses Rätsel zu verstehen, als er plötzlich eine Stimme hörte, die sagte:

> – „Mose, Mose! Tritt nicht herzu, zieh deine Schuhe von den Füßen; denn der Ort, darauf zu stehst, ist heiliges Land!"[52] (Zweites Buch Mose, 3, 5)

---

[51] „Möge der Weise seine Unreinheiten entfernen, eine nach der anderen, Tag für Tag, so wie der Goldschmied die Unreinheiten des Goldes entfernt." Dhammapada, 239.
[52] Altes Testament, Zweites Buch Mose, 5,3. Übersetzung nach Martin Luther, Württembergische Bibelanstalt, Stuttgart. Alle weiteren Bibelzitate stammen aus dieser Übersetzung.

Was bedeutet nun diese Warnung an Mose? Deutet sie nicht an, dass es ihm untersagt ist, in HEILIGE TERRITORIEN in sich selbst vorzudringen, *indem er sein gewöhnliches Ich mit sich nimmt?*

Die geheimnisvolle Stimme sprach weiter und befahl Moses:

– „Geh nach Ägypten und befreie mein Volk von dem Pharao."

Muss sich der Aspirant nicht fragen, was der „Pharao" in dieser merkwürdigen Geschichte wirklich bedeutet? Ist er nicht das Symbol für das *alte profane Ich* im Menschen, das, indem es sich an die Welt der Sinne heftet, ihm die Tür zu seinem HIMMLISCHEN HEIM schließt.

Die Bhagavad-Gîtâ enthält ein analoges Symbol, wobei GOTT KRISHNA Arjuna anweist zu kämpfen, um die Pandavas von der Tyrannei Duryodhanas zu befreien, der diese durch seine List seinem Willen unterworfen hat.

Steht nicht Duryodhana, wie der „Pharao", *für das profane Ich, das den Menschen unter seinen Willen versklavt hält und ihn dadurch hindert, sich mit seinem GÖTTLICHEN URSPRUNG zu vereinen?*

In der gleichen Erzählung, die aus dem Mahâbhârata stammt, wird dieser erstaunliche Dialog berichtet, in dessen Verlauf ihn Dharma, die Personifizierung von Pflicht und Tugend, der sich in Form eines Kranichs Yudhishthira zeigt, Folgendes fragt:

– „Welcher PFAD führt zum HIMMEL?"

– „Die WAHRHEIT."

– „Wie findet man die Glückseligkeit?"

– „Durch richtiges Verhalten."

– „Was muss man fesseln, um Kummer zu entgehen?"

– „Den Intellekt."

– „Wann wird jemand geliebt?"

– „Wenn er ohne Eitelkeit ist."

– „Und welches von allen Wundern der Welt ist das erstaunlichste?"

– „Dass kein Mensch, obwohl er die anderen um sich herum sterben sieht, glaubt, dass er selbst sterben wird."
(Yudhishthira Gîta, Mahâbhârata)

Dieser so beunruhigende Dialog enthält zwei Hinweise von großer Bedeutung für die Arbeit eines Aspiranten. Der erste unterstreicht in größter Deutlichkeit die Notwendigkeit für ihn, seinen Intellekt[53] (das Instrument des weltlichen Ich) zu zügeln, eine Beherrschung, die alleine ihm erlauben kann, sich wieder mit seinem GÖTTLICHEN URSPRUNG zu vereinen und sich so von dem Kummer zu befreien, der die phänomenale Welt begleitet. Der zweite erinnert ihn an ein seltsames psychologisches Phänomen, das in jedem Menschen existiert und das darin besteht, unbewusst zu glauben, dass der Tod ihn persönlich nicht berühren wird, *was ihn die spirituellen Übungen immer auf morgen verschieben lässt, die er in der Gegenwart durchführen sollte.*

Er nimmt anscheinend nie die wiederholte Warnung wahr, die für ihn bestimmt ist (der Zerfall all dessen, was geboren worden ist), um sich nicht an sinnlose Zerstreuungen zu heften, denn, wie jedem lebenden Geschöpf, wird auch ihm nur eine *begrenzte Zeit* zu leben gewährt, bevor der Tod ihn erbarmungslos zu sich ruft. In was wird er in diesem unerbittlichen Augenblick wieder aufgenommen werden? Muss er sich nicht auf diese gewaltige Stunde von dem Moment an vorbereiten, da ihm die Zerbrechlichkeit und die Unbeständigkeit all dessen bewusst wird, was seinem Blick begegnet?

Wie vorher gesagt wurde, ist der Mensch jedes Mal, wenn er in seinen nächtlichen Schlaf versinkt, für sich und die Welt

---

[53] Jedes Mal, wenn der unruhige und bewegte Intellekt ausbricht, soll er gebändigt und zur Unterwerfung unter das ICH zurückgeführt werden." Bhagavad-Gîtâ, sechster Gesang, 26.

sozusagen *gestorben*. Das gesamte UNIVERSUM, mit allem, was es enthält, existiert nicht nur nicht mehr für ihn, sondern es ist, *als ob es nie existiert hätte!* In seinem Zustand am Tage hingegen weiß der Mensch, dass der Zustand, in den er sich während seines nächtlichen Schlafes getaucht fand, kein Nichts war. Als er schlief, blieb er sich geheimnisvoll einer Sache bewusst, *aber er weiß nicht, welcher*. Die Arbeit des Aspiranten besteht genau darin, im Laufe seiner Meditationssitzungen das zu erfassen zu suchen, wessen er sich während seines nächtlichen Schlafes bewusst war und was sich bei seinem Erwachen seinem Verständnis entzieht.

* * *

Der Dhammapada (ein heiliger buddhistischer Text) hört nicht auf, die Notwendigkeit zu betonen, sich von Unwissenheit, von jeder mentalen Unreinheit (klesha), vom Durst nach der phänomenalen Existenz und von Begierden (alle mit dem niederen Ich des Menschen verbunden) zu befreien, um von dem Leid erlöst zu werden, das mit jedem manifestierten Leben einhergeht, und schließlich im Frieden des Nirvâna zu bleiben.

Wenn man diese heiligen Schriften mit einem objektiven Geist studiert, kann man nicht umhin festzustellen, dass sie, trotz der Unterschiede in den Herangehensweisen, die es zwischen ihnen gibt, alle das gleiche Problem behandeln, mit dem sich der Sucher messen muss, bevor er seine Reise ohne Wiederkehr zu heiligen und unsichtbaren Dimensionen antreten kann, die ihm in seinem üblichen Zustand des Seins unzugänglich bleiben – das Problem, den vorherrschenden Tendenzen und Wünschen in ihm, die sich von einer Person zur anderen unterscheiden und die ihm den Weg zum UNENDLICHEN versperren, entgegenzutreten.

Um noch weiter zu veranschaulichen, was vom Aspiranten bei diesem rätselhaften Eintauchen in sein Wesen verlangt wird, kann man die berühmten Worte Johannes des Täufers zitieren: „ER *muss wachsen, ich aber muss abnehmen*" (Joh, 3,30); oder auch die des Hl. Paulus, der sagte: „*Ich (das alte weltliche Ich) lebe; doch nun nicht ich, sondern* CHRISTUS *(das* HIMMLISCHE ICH*) lebt in mir" (Gal, 2,20).* Es ist für den Sucher wichtig zu verstehen, dass er, je größer die *Intensität* seiner Konzentration während seiner Meditation ist, desto mehr *abnimmt*; und je mehr er *abnimmt*, desto mehr *wächst* der HÖHERE ASPEKT seiner Natur in ihm. Alle die strikten Regeln der buddhistischen Meditation zielen darauf ab, den niederen Aspekt des Aspiranten *abnehmen* zu lassen, um dem HÖHEREN ASPEKT seiner Doppelnatur schließlich zu erlauben, ihn zu *ersetzen*.

Im Johannesevangelium steht geschrieben: „Und das LICHT scheint in der Finsternis, aber die Finsternis hat's nicht ergriffen" (Joh, 1,5*). Das* LICHT (oder dieses GÖTTLICHE BEWUSSTSEIN) *scheint immer in der Finsternis* (dem Menschen, der er für gewöhnlich ist), *aber die Finsternis erkennt* ES *nicht.*

Das Thomasevangelium zitiert fast analoge Worte: „Vielmehr erstreckt sich das KÖNIGREICH des VATERS über die ERDE und die Menschen sehen es nicht" (log 113,7-8).

* * *

Im Alten Testament gibt es eine merkwürdige Geschichte, nämlich die von Jakobs Kampf mit dem Engel, eine Konfrontation, die die ganze Nacht dauert und aus der Jakob am Morgen als Sieger hervorgeht, aber nicht ohne eine Wunde an der Hüfte davongetragen zu haben. Ist es nicht verwunderlich, mit einem Engel kämpfen zu müssen? Es sei denn, der Engel symbolisiert in dieser Geschichte die nicht wünschenswerten Aspekte des Menschen – wie Hochmut, Eitelkeit, Geringschätzung, Hartherzigkeit, den Wunsch, andere zu beherrschen etc. – die er im Allgemeinen als gute Eigenschaften betrachtet und die zu besitzen er sich stolz zeigt. Im Übrigen, was kann die Wunde bedeuten, die Jakob an seiner Hüfte davongetragen hat – und die im Vergleich zum Kopf (der den HÖHEREN ASPEKT der menschlichen Natur symbolisiert) den unteren Teil des Körpers darstellt –, wenn nicht, dass der niedere Aspekt seiner Doppelnatur getroffen und besiegt worden ist.

Der Kampf gegen das niedere Ich in einem selbst wird nicht in einer einzigen Schlacht gewonnen. Wenn man sich jedoch für das Leben der Heiligen interessiert, merkt man sich das, was sie geworden sind (oder vielmehr *zieht man es vor*, sich das zu merken, was sie geworden sind), wobei man vergisst, durch welche Prüfungen sie gegangen sind. Selbst wenn ein Aspirant während seiner Meditation bestimmte erhöhte Erfahrungen gemacht hat, muss er sich immer vor Augen halten, dass noch eine große Zahl seiner unerwünschten Neigungen in ihm lebendig und aktiv ist; und trotz allem, was er momentan an erhöhten Zuständen berühren konnte, muss er seinen Kampf, um sich zu transformieren, immer weiterverfolgen. Der Heilige Paulus, bekannt dafür, einen hohen Grad an Erleuchtung erlangt zu haben, schrieb in seinem Brief an die Römer: „*Denn das Gute, das ich will, das tue ich nicht; sondern das Böse, das ich nicht will, das tue ich.*" (Röm 7,19)

Die oben zitierten Erzählungen und Texte aus dem Alten und dem Neuen Testament sowie aus dem Mahabharata betonen alle die Notwendigkeit für den Menschen, sich vor allem anderen *selbst zu erkennen* und mit allen ihm zur Verfügung stehenden Mitteln danach zu streben, den niederen Aspekt seiner Doppelnatur zu überschreiten – ein Überschreiten, das sich als Voraussetzung gebietet, um ihm später zu erlauben, sich zu den höheren Ebenen seines Bewusstseins und seines Seins zu erheben.

Am Anfang dieses in sich selbst Hinabtauchens ist es für den Sucher schwer zu verstehen, dass er sich von sich selbst *distanziert*, wenn er beginnt, sich *wirklich* zu wünschen zu sehen, was sich in ihm abspielt (aber alles hängt von davon ab, wie er diesen Akt vollzieht). Bereits die Tatsache zu akzeptieren, all das zu sehen, was sich als nicht wünschenswert in ihm erweist, ohne sich schuldig oder entmutigt zu fühlen, schafft geheimnisvoll die spezifischen Bedingungen, die ihm erlauben, sich von sich selbst zu *entfernen*. Und je mehr Distanz er zwischen sich und das, was er in sich sieht, legt, desto mehr beginnt er auf die subtilste Weise, sich mit einem Zustand des Seins und des Bewusstseins von größter Transparenz zu verbinden – ein Zustand des Seins und des Bewusstseins, den er nach und nach als einen UNVERÄNDERLICHEN und ÄTHERISCHEN BEOBACHTER erkennen wird, den er schon immer in sich getragen hat und der, alleine durch das Fordernde SEINES BLICKS, insgeheim beginnen wird, die unerwünschten Aspekte des Suchers zu verbrennen.

Ohne die wiederholte Zustimmung des Aspiranten, sich als *den* zu sehen, *der er für gewöhnlich ist*, wird ihm der HÖHERE ASPEKT seiner Doppelnatur für immer verborgen und unzugänglich bleiben.

Eine andere erstaunliche und anscheinend unverständliche Geschichte im Alten Testament berichtet von dem schrecklichen Opfer, das GOTT von Abraham verlangte, nämlich, seinen einzigen Sohn zu opfern. Es scheint schwer zu akzeptieren zu sein, dass ein liebender GOTT einem Menschen die Opferung seines einzigen Kindes vorschreiben kann, es sei denn, dieses Opfer stellt den Verzicht auf das dar, was ihm das Liebste ist, damit der HIMMLISCHE KÖNIG in ihm seinen LEGITIMEN THRON wiederfinden und erneut in seinem Wesen regieren kann.

Wenn der Aspirant wirklich akzeptieren wird, auf alles zu verzichten, was ihm lieb ist, wird er schließlich entdecken, dass sein *innerstes Wesen* von einem solchen Opfer nie berührt wurde.

* * *

Eine der außergewöhnlichsten Erzählungen des Alten Testaments ist die von Samson und Dalila. Sie veranschaulicht auf einzigartige Weise die *Änderung der Richtung der Aufmerksamkeit*, also des *Interesses* des Menschen, was zum *Vergessen seines GÖTTLICHEN WESENS* führt und zu dessen *Verlust*.

Samson besaß eine ganz verblüffende Kraft. Diejenigen, die mit ihm in Kontakt kamen, konnten nicht verstehen, woher dieses prädestinierte Wesen eine so phänomenale Stärke bezog, die ihnen große Angst einflößte. Die ungeheure Kraft, über die Samson verfügte, symbolisiert seine Vereinigung mit dem GÖTTLICHEN ASPEKT seiner Natur, eine (bewusste oder unbewusste) Vereinigung, durch die allein ein Mensch so bemerkenswerte Werke oder Taten vollbringen kann, dass sie für die Menschheit ein Gegenstand der Verwunderung bleiben.[54] Eines Tages begegnete er Dalila, einer Frau von äußerster Schönheit. Samson wurde von ihrer Schönheit (welche die geschaffene Welt symbolisiert) derart verführt und von ihrem betörenden Gesang derart eingelullt (eingelullt durch all die anziehenden Dinge, die uns das äußere Leben bietet), dass er einschlief; mit anderen Worten, *er versank in einen geheimnisvollen Wachschlaf.* Und obwohl er schon dreimal die Folgen seiner Schwäche ermessen hatte, konnte er diesem geheimnisvollen Schlaf nicht widerstehen, *in welchem er die Erinnerung an sich, an seine GÖTTLICHE IDENTITÄT, verlor,* und das wurde sein Absturz. Er fand sich nicht nur der kolossalen Kraft, die er besessen hatte, beraubt, sondern auch des Sehvermögens – das will heißen, dass er sich ins dunkle Grab der *Unwissenheit* versenkt fand und nicht mehr in der Lage war, die WIRKLICHKEIT zu sehen. Die Philister, die ihm die Augen ausstachen, repräsentieren die verschiedenen Begierden, die sich in ihm eingenistet haben und die ihn,

---

[54] Die gigantischen Werke mancher großer Komponisten oder Maler (wie Beethoven oder Leonardo da Vinci) konnten nur vollbracht werden, wenn diese großen Wesen, ohne es zu wissen, ihre Kraft aus dem HÖHEREN ASPEKT ihrer Natur schöpften.

nachdem sie seine Aufmerksamkeit von seinem HÖCHSTEN WESEN abgezogen hatten, blind gemacht haben. Danach wurde er an den Mahlstein einer Mühle gekettet, um gezwungen zu sein, sich pausenlos zu drehen, was sein *Unterworfensein unter die Runde des Samsara (die existentielle Welt) und unter die Runde von Geburt und Tod symbolisiert*. Nach langen Jahren des Leidens begann er seine Kräfte wiederzufinden, anders gesagt, von Neuem mit seiner GÖTTLICHEN NATUR *verbunden* zu sein. Daher konnte er die zwei Pfeiler (die Dualität) zerbrechen, die den Tempel der Philister (den Tempel seines alten profanen Ich) trugen, wo ein großes Fest stattfand. Die vollständige Zerstörung des Tempels bedeutet die Vernichtung des niederen Ich des Menschen, der, auf der Suche nach vergänglichen Vergnügungen und sinnlosen Zerstreuungen, seinen Blick stets auf das Äußere gerichtet hält.

Diese einzigartige Geschichte ist in Wirklichkeit die eines jeden Mannes und einer jeden Frau, die auf der ERDE inkarnieren. Im Augenblick seiner Geburt in die phänomenale Welt ist das Neugeborene noch auf eine ganz besondere Weise mit seiner URSPRÜNGLICHEN QUELLE verbunden – für gewöhnlich unbegreiflich.[55] Mit dem Heranwachsen beginnt der Mensch, wie in der Geschichte von Samson, vom äußeren Leben verführt zu werden, das ihn durch die Objekte des Vergnügens und durch die Zerstreuungen, die es bietet, unaufhörlich aus sich herauszieht – Objekte des Vergnügens und Zerstreuungen, die ihn faszinieren und pausenlos konditionieren. Von diesem Zeitpunkt an, wird alles Äußerliche für ihn wichtig und beschäftigt seinen Geist sozusagen auf eine Weise, die ihn blind und unfähig macht, das Wirkliche vom Unwirklichen zu unterscheiden. So findet sich das wirkliche Ziel seiner Inkarnation auf diesem Planeten völlig vergessen.

---

[55] „Jesus sprach: Eine Person, alt an Tagen, wird nicht zögern, ein kleines Kind von sieben Tagen über den Platz des Lebens zu befragen." Thomasevanglium, Vers 4.

Und dieser dramatische Prozess läuft bei jeder Geburt erneut ab, was stets den Fall des Menschen in das Vergessen seiner wahren GÖTTLICHEN IDENTITÄT zur Folge hat.

Die Leere, die er dann in sich erlebt, drängt ihn unweigerlich, sich mit wachsender Besessenheit an eine unsichere und prekäre Existenz zu klammern. Sein Durst nach Sicherheit bleibt immer unbefriedigt unter den sich ständig verändernden Bedingungen einer *vergänglichen* Welt, die er mit seinen begrenzten menschlichen Kräften nicht beherrschen kann – eine vergängliche Welt, die ganz und gar der Auflösung geweiht ist, wie er übrigens auch, trotz aller Mittel, die er einsetzen mag, um sein Leben ein bisschen zu verlängern, jedoch nie für ewig.

Er verbringt sein Leben, indem er auf die existentielle Welt starrt, auf der Jagd nach einem äußeren Glück, das ihm unaufhörlich entgleitet. Schließlich kommt er, verbraucht und enttäuscht, am Ende seiner irdischen Existenz an und hat mit dem Geschenk seines Lebens nichts anderes gemacht, als ums Überleben zu kämpfen und herauszufinden, wie er einige Vergnügungen genießen kann, die ihm die Welt als Ausgleich für die Härte einer unsicheren Existenz bietet, der er ohnmächtig unterworfen ist. Und so *spielt sich die seltsame Geschichte Samsons geheimnisvoll im Leben jedes Lebewesens ab, das in der Welt der Sinne inkarniert.*

Wenn er nicht eine spirituelle Lehre findet, die ihm helfen kann, den wahren Sinn des Lebens zu entdecken, wird er für immer für den HIMMLISCHEN ASPEKT seiner Doppelnatur blind bleiben, den er bereits in sich trägt, jedoch ohne sich in seinem üblichen Zustand des Seins und des Sich-Fühlens dessen bewusst zu sein. Angekettet an den Mühlstein des Lebens, wird er fortfahren, seine Runden zu drehen, vergeblich im Dunkeln die Pforte suchend, die zum Ausgang des Gefängnisses führt.

* * *

Eine andere interessante Erzählung im Alten Testament, die es verdient, dass ihr ein ernsthafter Aspirant Beachtung schenkt, ist die von der Zerstörung von Sodom und Gomorra. Als GOTT Abraham offenbarte, dass ER wegen der Dekadenz und des Bösen, die dort herrschten, die beiden Städte (die niedrigen Neigungen und den niedrigen Geist im Menschen symbolisierend) zerstören werde, feilschte Abraham wiederholte Male mit GOTT, damit ER diese verschone. Repräsentiert nicht dieses Feilschen mit GOTT das *Anhaften* des menschlichen Wesens an seinen Tendenzen und den vielfältigen Freuden, die ihm seine Sinnesorgane liefern?

Zwei Engel (die das höhere Bewusstsein und den höheren Geist im Menschen repräsentieren) wurden nun zu Lot geschickt, Abrahams Neffen, um ihn aufzufordern, Sodom zu verlassen, damit er und seine ganze Familie verschont würden. Die beiden Schwiegersöhne von Lot, die sich weigerten, ihm zu folgen, stehen sie nicht für diejenigen, die gerufen sind, einer spirituellen Lehre zu folgen, aber nicht darauf antworten wollen? Oder symbolisieren sie nicht auch einen ziemlich merkwürdigen Aspekt der Psyche der Menschen, der sich, trotz des Verschwindens aller, die er um sich herum sterben sieht, vorstellt, dass ihn ein solches Ereignis nicht persönlich treffen kann und dass er daher weiter ruhig in sich schlafen kann?

Als die beiden Engel Lot aufforderten, seine ganze Familie zu versammeln (mit anderen Worten, *sich mit seinem ganzen Selbst zu sammeln*) und aufzubrechen, warnten sie ihn, nicht zurück zu schauen – anders gesagt, zu akzeptieren, innerlich und äußerlich alles aufzugeben, ohne Vorbehalt und ohne Bedauern. Lots Frau (ein Aspekt seiner selbst) konnte aus Schwäche der Versuchung nicht widerstehen, den Kopf nach dem umzudrehen, was sie im Begriff waren zurücklassen (das heißt, in die Richtung all ihrer vergangenen Erfahrungen, die ihr so lieb geworden waren), *und sie wurde sofort in eine Salzsäule verwandelt*.

Jeder Mensch trägt in sich sowohl *Lot* als auch *Sodom und Gomorra*, und wiederholt in sich die Erfahrung von *Lots Frau*. Eingeschlossen in seinen Intellekt, verbringt er seine Existenz damit, voller Nostalgie rückwärts zu schauen (auf seine Vergangenheit) und bekommt Angst, wenn von ihm verlangt wird, seinen Blick *nach vorne* zu wenden, dem Unbekannten zu (auf das ihn zu richten er aufgerufen ist, und zwar um seiner spirituellen Evolution willen). Er bleibt daher, ohne es zu wissen, seltsam *versteinert* (wie die Frau Lots), in den Bedingungen, die ihm vertraut sind und an denen er festhängt; er bleibt sogar versteinert und an all die *schmerzhaften* Erfahrungen gefesselt, durch die er im Laufe seines Lebens gehen musste. Daher bleibt ihm die *Gegenwart* (das Portal, das zum UNENDLICHEN hinausführt) für immer unzugänglich.

Ohne diesen Verzicht auf sich selbst und auf die Erfahrungen (angenehme wie unangenehme), die er bei seinen irdischen Wanderungen gemacht hat, ist es dem Aspiranten unmöglich, den Geist frei genug zu haben, um das HIMMLISCHE UNIVERSUM und andere Dimensionen in sich wiederzuerkennen – ein nicht raumzeitliches UNIVERSUM sowie nicht raumzeitliche Dimensionen, die das unschätzbare Erbe der *ewigen Gegenwart* darstellen.[56]

Spirituelle Symbole in der Musik

Die Kunst, besonders die Musik bestimmter großer Komponisten, kann dem Menschen erlauben, intuitiv die Existenz einer anderen Welt und anderer Dimensionen in sich zu ahnen, die sich wesentlich von dem unterscheiden, was er außen mit seinen Sinnesorganen wahrnimmt. Und im Gegensatz zu anderen Kunstformen (Malerei, Bildhauerei, Architektur etc., die im Allgemeinen *greifbare* Objekte

---

[56] Wenn er seine Fesseln gesprengt hat, zieht sich der unerschütterliche Weise aus der Welt zurück und blickt, alle Traurigkeit hinter sich lassend, nicht zurück. Dhammapada, 347.

darstellen), beschwört die Musik ein Universum ohne Entsprechung und Äquivalenz in der sichtbaren Welt.

Des Weiteren ist die Musik reich an Symbolen, die sich auf eine spirituelle Suche beziehen. Zeichnet man die Ziffer 8, die als das Zeichen des Unendlichen angesehen wird, scheint diese aus zwei übereinander gestellten Kreisen zu bestehen, was symbolisch darauf hindeutet, dass das, was *oben* ist, auch *unten* ist. Der obere Kreis kann das höhere Bewusstsein des Menschen oder seinen HIMMLISCHEN URSPRUNG darstellen (von dessen Existenz in sich er für gewöhnlich nichts weiß) und der untere Kreis sein niedrigeres Bewusstsein oder sein weltliches Ich (sein üblicher Zustand des Seins). Im Übrigen, wenn man die C-Tonleiter in zwei Tetrachorde teilt (von C bis F und von G bis C) und diese jeweils in einen der Kreise stellt, erhält man folgendes Schema:

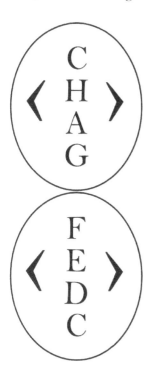

Man kann nicht umhin festzustellen, dass sich in jedem der beiden Kreise die gleiche Progression der Noten findet und dass es zwischen E und F im unteren Kreis und zwischen H und C im oberen Kreis gleichermaßen ein kurzes Intervall gibt – was erneut das oben genannte Prinzip veranschaulicht, nämlich *dass das, was sich oben befindet, auch unten ist.*

Außerdem ist es wichtig für den Aspiranten zu verstehen, dass es, symbolisch gesehen, mehr oder weniger leicht ist, von C nach F anzusteigen (so wie es für ihn relativ leicht ist, am Anfang seines Engagements auf einem spirituellen Pfad voranzukommen), aber, bei F angekommen, findet man sich in den Grenzen des unteren Kreises gefangen. Um die Schwelle des höheren Kreises überschreiten zu können, bedarf es einer Modulation mit Hilfe des Leittons, um zur G-Skala zu kommen. Mit anderen Worten, es geht darum, dass die Note F (die die höchste Note im unteren Kreis ist), um zu *sein*, ihre Individualität als F verlieren muss, um sich in ein F mit Kreuz (Fis) zu verwandeln, eine Transformation, die alleine ihr erlauben kann, zum Leitton der neuen G-Skala zu werden. Aber, einmal im Inneren des oberen Kreises angekommen, läuft der gleiche Prozess ab, erneut Opfer verlangend, um zu immer höheren Stufen (des Bewusstseins) zu gelangen.

Wenn der Aspirant es schaffen möchte, die Grenze eines anderen UNIVERSUMS in seinem Wesen, das die grobe Welt der Sinne transzendiert, zu überqueren, muss er eines Tages dahin kommen, während seiner Meditation innerlich so konzentriert und absorbiert zu bleiben, dass, so wie die Note F, die ihre Individualität als F verliert, um zum Leitton einer neuen Skala zu werden, auch er, ohne davon erschreckt zu werden, vollkommen seine Individualität und die Empfindung von seinem Körper verliert, so wie er sie für gewöhnlich kennt, um in ein geheimnisvolles ätherisches Bewusstsein von höchster Subtilität und äußerster Feinheit verwandelt zu werden – ein rätselhaftes ätherisches Bewusstsein, das er sich in seinem üblichen Zustand des Seins unmöglich vorstellen kann.

Innerhalb des Abstandes, der sich über eine gesamte Tonleiter von acht Noten erstreckt, d.h. von C bis C einschließlich, nimmt das G einen besonderen Platz in Bezug auf den Goldenen Schnitt ein, was vielleicht einer der Gründe für seine Bezeichnung als „Dominante" ist. Dieses Prinzip gilt für die fünfte Note jeder Tonleiter.

Des Weiteren ist es in einem musikalischen Werk der Dominantakkord, der der Melodie und der Harmonie (nachdem diese durch mehrere verschiedene Tonarten gereist sind) die Orientierung gibt, indem er ihnen hilft, ihre ursprüngliche Heimat zu finden, so wie der inkarnierte Mensch in der Welt der Sinne umherwandert, bis es ihm gelingt, sich durch beharrliche Meditationspraktiken am Ende seiner Wanderungen wieder in sein URSPRÜNGLICHES HEIM zu integrieren.

* * *

Die orientalische Musik besteht nur aus Rhythmen und Melodien. Nur die abendländische Musik enthält drei Elemente, Rhythmus, Melodie und Harmonie bilden eine Dreiheit oder ein Dreieck:

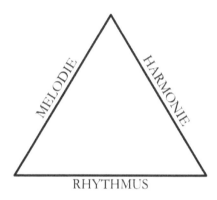

Auch der Mensch besteht aus drei Elementen: Körper, Gefühl und Geist, die gleichermaßen eine Dreiheit oder ein Dreieck bilden:

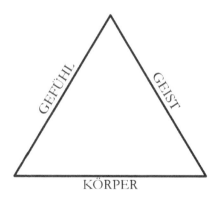

Es ist selten, dass in einem musikalischen Werk ein perfektes Gleichgewicht zwischen Rhythmus, Melodie und Harmonie besteht, um ein gleichseitiges Dreieck zu bilden. Das Werk von Gustav Holst mit dem Titel „Die Planeten", und praktisch die gesamte Musik von Manuel de Falla stellen die vollkommensten Versuche auf diesem Gebiet dar.

Und erst wenn, wie in der Musik, diese drei Bestandteile des Aspiranten (für gewöhnlich voneinander getrennt und nicht als Einheit arbeitend) infolge von hartnäckigen spirituellen Übungen in ihm zu einer Einung kommen und als Einheit funktionieren, wenigstens zu einem bestimmten Grad, wird er anfangen können *zu sein, voller zu leben* und Werke zu vollbringen, die außerhalb der Reichweite der gewöhnlichen Sterblichen liegen.

Der Rhythmus ist zweifellos das wichtigste Element in der Musik und in der SCHÖPFUNG; er bildet die Basis, auf der nicht nur die Musik, sondern auch die gesamte SCHÖPFUNG gegründet ist. Das Dasein des Menschen wäre ein Chaos, wenn es nicht von einer gewissen rhythmischen Bewegung regiert würde. Und es sind die *wiederholten rhythmischen Bewegungen*, die die Empfindung der *„Zeit"* im UNIVERSUM und in der manifestierten Welt schaffen. Der Rhythmus kontrolliert das Dasein aller Pflanzen und aller Tiere, um die Kontinuität des Lebens auf diesem Globus sicherzustellen. Die rhythmische Rotation des Mondes um die Erde hält ein bestimmtes, für diesen Planeten unerlässliches Gleichgewicht aufrecht; und die rhythmische Drehung der Erde sowohl um sich selbst als auch um die Sonne – die regelmäßige Aufeinanderfolge von Tag und Nacht sowie der vier Jahreszeiten schaffend – sind wesentlich, um dem Leben zu erlauben, das für seine Manifestation nötige Gleichgewicht zu finden. Ebenso kann der menschliche Organismus nicht funktionieren und am Leben bleiben, wenn nicht eine rhythmische Aktivität in seinem Herzen und bestimmten anderen inneren Organen existiert.

Man kann daher (wie schon in einem früheren Kapitel beschrieben) eine Parallele zwischen dem menschlichen Körper und dem Rhythmus in der Musik ziehen, zwischen seiner Empfindung und der Melodie und zwischen seinem Geist und dem architektonischen Aufbau der Harmonie. Und, auf einer viel höheren Ebene in seinem Wesen gibt es eine geheimnisvolle TRINITÄT, die ihm normalerweise immer verschleiert bleibt, nämlich die des WISSENDEN, des GEWUSSTEN und des WISSENS (die in ihm eine HEILIGE EINHEIT bilden), wie im Christentum, wo gesagt wird, das der VATER, der SOHN und der HEILIGE GEIST eins sind, oder im Hinduismus, der behauptet, das BRAHMA, SHIVA und VISHNU nur die drei Aspekte derselben GÖTTLICHKEIT sind, oder auch im Buddhismus, der deutlich auf die Einheit verweist, die den drei Körpern zugrundliegt: dem DHARMAKAYA, dem NIRMANAKAYA und dem SAMBOGHAKAYA.

DER SAMBOGHAKAYA
DIE KENNTNIS
DER HEILIGE GEIST
VISHNU

Die Zahl Sieben (wie auch die Zahl Drei) ist in zahlreichen orientalischen und abendländischen heiligen Texten mit einer wichtigen symbolischen Bedeutung versehen.

Die sieben Noten der vollständigen, nicht chromatischen Tonleiter sowie die sieben Farben des Regenbogens deuten an, dass die Zahl Sieben ein wichtiger Regulator von

Schwingungen ist – Schwingungen, von denen die aktuelle Wissenschaft weiß, dass sie das Wesen schlechthin der Materie ausmachen. Die Woche, die sieben Tage zählt, basiert auf einer Siebener-Periode des Mondes, die sich selbst im Inneren eines ganzen Zyklus von 28 Tagen befindet (anders gesagt, vier mal sieben). Es ist ebenfalls interessant festzustellen, dass im Tibetanischen Totenbuch (dem „Bardo Thödol") der Verstorbene 49 Tage, das heißt, sieben mal sieben Tage, im Bardo verbringen soll.

Übrigens, die Zahl *Vier*, welche die ERDE symbolisiert, und die Zahl *Drei*, welche den HIMMEL symbolisiert, verbinden sich geheimnisvoll, um sowohl die Zahl *Sieben* zu bilden (4 + 3) als auch die Zahl *Zwölf* (4 x 3). Es ist daher möglich zu ahnen, dass die Zwölf, auf die gleiche Weise wie die Sieben, eine hoch bedeutsame Zahl ist.

Zwölf ist das Produkt von vier (die Zahl der Kardinalpunkte) mal drei (die Zahl der räumlichen Dimensionen der manifestierten Welt); sie teilt daher gleichzeitig den Raum des Himmels durch die zwölf Zeichen des Zodiaks und die irdische Zeit durch die zwölf Monate des Jahres. Übrigens, wurde nicht die Menschheit in zwölf Typen eingeteilt, repräsentiert durch die zwölf Apostel CHRISTI? Die Musik veranschaulicht ebenfalls die Bedeutung der Zahl Zwölf. Die chromatische Tonleiter enthält zwölf Noten, was erlaubt, komplizierte Modulationen auszuführen, wodurch ein Musikwerk verschiedene Tonarten benutzen kann. Außerdem, bestand nicht eine geheime Verbindung zwischen jeder der zwölf Noten der chromatischen Tonleiter und den zwölf Monaten des Jahres, sowie zwischen jeder der sieben Noten der diatonischen Tonleiter und den sieben Farben des Regenbogens oder den sieben Wochentagen?

Die oben beschriebenen Symbole sind weit entfernt, das Thema der geheimnisvollen Entsprechungen zu erschöpfen, die zwischen der Musik und dem UNIVERSUM bestehen. So könnte die große Terz (Dur) für den männlichen Aspekt der

SCHÖPFUNG stehen und die kleine Terz (Moll) für den weiblichen Aspekt. Symbolisiert nicht die Überlagerung mancher dieser Akkorde, „Polytonalität" genannt, eine rätselhafte Heirat zwischen den maskulinen und den femininen Elementen des KOSMOS?

Von alters her war die Musik immer ein besonderer Ausdruck des HEILIGEN, besonders in Indien, wo die Tanpura (ein indisches Instrument), auf der man unaufhörlich die Quint, die Quart und die Oktave der Tonleiter (im antiken Indien und Griechenland als heilige Intervalle angesehen) erklingen lässt, eine geheimnisvolle stete Schwingung der Silbe „Aum" erzeugt, welche an die HÖCHSTE WIRKLICHKEIT erinnert und das *Zentrum* darstellt, um welches herum ein anderer Musiker improvisiert. Ein großer chinesischer Gong lässt dieselbe Silbe „Aum" lange erklingen, wenn er mit Hilfe eines Filzschlägels angeschlagen wird, während er in dem, der ihn hört, das seltsame Echo anderer rätselhafter Dimensionen heraufbeschwört, die er, ohne es für gewöhnlich zu wissen, in seinem Wesen trägt.

※ ※ ※

Der Mensch ist psychisch gefangen, nicht nur von seiner üblichen Weise zu denken und zu sein, sondern vor allem von der Weise, in der er „*sich*" *denkt*.[57] Unwissentlich trägt er in seinem Wesen die fest eingewurzelten Spuren all dessen, was er von seinen Vorfahren geerbt hat, von Einflüssen, die er von außen empfängt, von seiner Konditionierung und von dem, was er seit einer fernen und unergründlichen Vergangenheit aus sich gemacht hat. Ohne eine regelmäßige Meditationspraxis wird er weder von der Existenz anderer Bewusstseinsebenen als derer, die ihm gewohnt sind, wissen, noch von anderen Dimensionen als denen, in denen er normalerweise gefangen ist – andere Dimensionen, die ihm

---

[57] Siehe Kapitel 35 meines Buches „*Der Weg der inneren Wachsamkeit*".

aus seinem gewöhnlichen Zustand des Seins heraus für immer unbegreiflich bleiben werden. Ganz wie bei einem musikalischen Werk, in dem die Melodie in einer einzigen Tonart eingeschlossen bleibt, wenn es ihr nicht gelingt, das Mittel zu finden, in andere Tonarten zu modulieren, hat auch der Aspirant es nötig, präzise Mittel zu finden, die ihm erlauben, die Ketten zu sprengen, die ihn an sein niederes Wesen binden, und die hypnotische Faszination zu unterbrechen, die das Sichtbare auf sein Wesen ausübt, das es schleichend und zu seinem Schaden färbt.

Wenn es dem Sucher, infolge einer hartnäckigen spirituellen Praxis, gelingt, innerlich etwas zu erwachen, wird er beginnen, in allem, was seine Augen sehen und was seine Ohren hören werden, Symbole zu sehen; Symbole, die ihm helfen können, seinen Platz in der mystischen Welt besser zu verstehen, sowie was sein SCHÖPFER von ihm erwartet.

Die Faszination des Sichtbaren

Jede sichtbare Schönheit bezieht ihren Ursprung aus einer unsichtbaren und rätselhaften Dimension, die sie bereits enthält. Wie auch immer die manifestierte Herrlichkeit eines Kunstwerkes, eines Berges oder einer Blume ist, ist diese unendlich schöner und vollkommener in dem Unsichtbaren, aus dem sie hervorgegangen ist. Sie verliert unausweichlich von ihrer Größe und ihrer Vollkommenheit, wenn sie in die greifbare Welt inkarniert. Es ist schwer für das weltliche Ich des Menschen zu verstehen, dass, so wie die Objekte, die er erfindet, oder die Projekte, die er sich vornimmt, in seiner Vorstellung viel vollkommener und anziehender sind, bevor sie das Tageslicht erblicken, und sofort ihre Vollkommenheit verlieren, sobald sie manifestiert werden, in gleicher Weise die äußerlich sichtbar gemachte Schönheit all dessen, worauf sein Blick fällt, die aus einer unsichtbaren Welt stammt, die ihn für gewöhnlich übersteigt, etwas von ihrer Perfektion verlieren muss, wenn sie einmal in der Materie konkrete Form angenommen hat. Dazu kommt, dass, so wie sich alle menschlichen Ausführungen, die, sobald sie abgeschlossen sind, dem unerbittlichen Gesetz der Abnutzung und des Zerfalls unterworfen sehen, jede Schönheit, sobald sie manifestiert ist, vergänglich wird und dazu bestimmt ist, früher oder später zu verschwinden.

Eine spirituelle Lehre oder eine Religion entgeht dieser Regel nicht. Dies ist der Grund, warum sich ein Sucher äußerst klug zeigen muss bei der Wahl einer Lehre, der er sich anvertrauen möchte.

Weil er seine GÖTTLICHE QUELLE vergessen hat, die allein ihm die Sättigung gewähren kann, nach der er strebt, ist der Mensch Sklave seines niederen Wesens geworden, ständig auf der Suche nach angenehmen äußeren Bedingungen, und nach allem, was ihm physische oder andere Freuden verschaffen kann. Besessen von der Erinnerung an seine vergangenen Erfahrungen, bleibt er gekettet an die *Vorausschau*, sie wieder zu erleben; und, merkwürdigerweise, obwohl er (auf seine Weise) die Unbeständigkeit all dessen bemerkt, was seine Sinnesorgane ihm von der manifestierten Welt übermitteln (den Verlust seiner Freunde, seiner Güter, seiner Jugend, seiner physischen Schönheit und des Körpers selbst, der ihn früher oder später erwartet), fährt er mit einem seltsamen und blinden Eigensinn fort, dem Angenehmen hinterher zu laufen und verzweifelt zu versuchen, es zu „*fixieren*" oder *dauerhaft* zu machen, ohne danach zu streben, die GEHEIMNISVOLLE QUELLE zu erkennen, aus der das, was ihn äußerlich anzieht und seine Aufmerksamkeit fesselt, hervorgegangen ist.

Das fantastische Panorama des Sichtbaren, mit seinen Bewegungen und seinen ständigen Metamorphosen (die Evolution fliegender Vögel, die Strömung eines Flusses, der Galopp eines Pferdes, die Veränderungen der Wolken am Himmel, die Aufeinanderfolge der Jahreszeiten, die Turbulenzen eines Sturms oder auch das Wüten eines Waldbrandes) hält den Menschen in einem seltsamen Zustand bewusster oder unbewusster Faszination, die ihn, solange er nicht eine andere Welt in sich entdeckt, *an das Sichtbare bindet*. Ohne dass ihm das klar wird, ist vielleicht die äußere Welt weit weniger wichtig als die rätselhafte Welt, in die er jede Nacht eintritt, wenn er in seinen nächtlichen Schlummer versinkt, eine unsichtbare Welt, die nicht raumzeitlich ist und die zu verstehen er sich bemühen muss.

Alle die Meditationspraktiken, die vom Aspiranten unternommen werden, stellen in Wirklichkeit Versuche dar, die darauf abzielen, *das* zu erkennen, *was er wird*, wenn er die Empfindung und das Bewusstsein von seinem materiellen Körper und der manifestierten Welt verliert – sei es im nächtlichen Schlaf oder, in einer anderen Größenordnung, im Schlaf des Todes, der ihn unerbittlich erwartet.

Solange der Mensch den Blick ausschließlich auf das Äußere gerichtet hat, das er für die einzig existierende Realität hält, leidet er an einem unbewussten und unrealistischen Streben, das Angenehme *fixieren* und *permanent* machen zu wollen. Das Unmögliche wollend, bleibt er daher im Zustand einer undefinierbaren Nostalgie, ohne den Ursprung seines Unwohlseins verstehen zu können. Das alte weltliche und eigensinnige Ich muss dahin kommen, die Tatsache zu begreifen und zu akzeptieren, dass, die äußeren Bedingungen *fix* und *statisch* zu machen, den *Tod* bedeuten würde. Denn alles, was sich nicht bewegt, hat unausweichlich *das Leben verloren*.

Normalerweise weiß er in seiner Unwissenheit nichts anderes, als dem Angenehmen oder dem nachzulaufen, was ihm einen Moment des Vergnügens gibt (ihn aber einschläfert), und das Unangenehme (das wahrscheinlich das einzige Mittel ist, um ihn aufzuwecken) zu fliehen, weshalb er immer nur *zur Hälfte* lebt.[58] Er verliert daher ein bestimmtes inneres Gleichgewicht und kann daher die Realität des manifestierten Lebens nicht

---

[58] „Klammert euch weder an das Angenehme, noch an das Unangenehme. Das Angenehme nicht zu kennen sowie das Unangenehme zu sehen, ist beides schmerzhaft." Dhammapada, 210.

mehr in der richtigen Weise sehen, die ihn spirituell bereichern könnte.

Impulsiv suchend, alles, was ihm unangenehm ist, zurückzustoßen, kann er nur unüberlegte Handlungen begehen, die riskieren, ihn später in schwierige Situationen zu bringen.

Was gerade gesagt wurde, darf jedoch keinesfalls vom Aspiranten als Anregung aufgefasst werden, absichtlich das Unangenehme zu suchen, noch als Vorschlag, die äußeren Bedingungen seines Lebens nicht in der richtigen Weise zu verbessern, wenn sich ihm die Gelegenheit dazu bietet, umso mehr, wenn diese ihm dann erlauben können, sich besser seinen spirituellen Übungen zu widmen. Es handelt sich vielmehr darum zu helfen, die Notwendigkeit zu verstehen, im Rahmen des Möglichen aufzuhören, *parteiisch* zu sein oder „dafür" oder „dagegen" zu sein, und so in sich den Weg des Gleichgewichts zu finden. Er wird folglich in der Lage sein, das Leben mit ein bisschen mehr Unterscheidungsvermögen zu betrachten und sich vor sich selbst geschützt zu finden, damit vermeidend, Handlungen zu begehen, die ihm Ärger einbringen und seine spirituellen Übungen stören würden.

Gedächtnis und Karma

Das Erinnerungsvermögen im Menschen ist ein merkwürdiges Phänomen, das die Physik und die Chemie nicht ausreichend erklären können. Die Wissenschaft hat gezeigt, dass die menschlichen Zellen, die den Körper bilden, sich ständig erneuern. Nun, trotz der unaufhörlichen Geburt und des Todes, die sich in unserem Körper abspielen, wird das Gedächtnis des Menschen deswegen nicht verändert, sondern ganz im Gegenteil, es fährt fort, bis zum Ende seines Daseins die Erinnerungen von Ereignissen, Aktivitäten, Gefühlen und Gedanken, die sein Leben ausmachen, anzusammeln.

Man muss beunruhigt sein angesichts der Feststellung, dass, selbst wenn jemand ein fortgeschrittenes Alter erreicht hat, Erinnerungen, die mit geschehenen Ereignissen verbunden sind, mit Beschäftigungen, denen er sich gewidmet hat, sowie mit Gedanken oder Gefühlen, die ihn im Laufe seines Daseins seit einer fernen Vergangenheit beherrschten, auf höchst geheimnisvolle Weise fortfahren, *insgeheim in seinem Wesen zu leben*. Und manchmal braucht es nur wenig, damit die Erinnerung an sehr frühe Ereignisse (oder auch Gedanken, die auf seine Kindheit zurückgehen), die er völlig vergessen zu haben glaubte, plötzlich wieder auftaucht und das so unerwartet, dass er, wenn er sensibel genug ist, nicht umhin kann, sich voller Ehrfurcht darüber zu wundern.

In welchen unsichtbaren Träger schreibt sich das menschliche Gedächtnis ein? Hängt es wirklich von einfachen Zellen ab, die unaufhörlich *in seinem Körper* geboren werden und sterben oder hängt es von einem im Allgemeinen unbegreiflichen Phänomen ab, das zu einer anderen Dimension in ihm gehört und das er ohne lange und ausdauernde Praxis der Meditation und verschiedener Konzentrationsübungen unmöglich verstehen kann?

Er erkennt nicht, dass er auf *verschiedenen Ebenen des Seins* gleichzeitig lebt, die er von seinem üblichen Zustand des Denkens und Fühlens aus nicht erfassen kann. Er lebt *in anderen Dimensionen* – die nicht raumzeitlich sind und die ihm für gewöhnlich unzugänglich bleiben – *zur gleichen Zeit wie in der materiellen Welt*, die er gewohnheitsmäßig (so unvollkommen) durch seine begrenzten Sinnesorgane kennt. Folglich *spielt sich alles*, was er in der manifestierten Welt macht, auch *auf anderen unsichtbaren Ebenen ab*, die er gemeinhin unmöglich erfassen kann. Und folglich kann er nicht ahnen, auf welche geheimnisvolle Weise *seine Vergangenheit in der Zukunft auf ihn wartet*.

Die Elemente der manifestierten Welt werden vom Menschen in einem Raum mit drei Dimensionen wahrgenommen: Breite, Länge und Höhe, die *sichtbar* sind. Diese drei Dimensionen hängen von einer vierten ab: der Zeit, in der sie existieren. Diese vierte Dimension wird von jedem Menschen als vollkommen *real* erlebt, obwohl *unsichtbar*. Analog existieren andere Dimensionen, ebenfalls unsichtbar, deren Realität nur in einem Zustand tiefer Versunkenheit während der Meditation oder unter ganz besonderen Umständen erfasst werden kann.

Alles, was ein Mensch während seines Lebens denkt, tut oder sagt, wird geheimnisvoll auf rätselhaften Ebenen seines Wesens angesammelt, auf günstige Bedingungen wartend, um sich von Neuem im Äußeren manifestieren zu können.[59] Außerdem kann er sich, von seinem üblichen Zustand des Seins aus, nicht vorstellen, auf welche Weise seine Vergangenheit und seine Zukunft *an einem Punkt* in der *Gegenwart* zusammenlaufen, noch die Weise, in der die Ereignisse seiner Vergangenheit dabei sind, sich *auf unbestimmte Zeit immer wieder* auf anderen Ebenen *abzuspielen*, die ihm unverständlich bleiben, solange er der bleibt, der er für gewöhnlich ist. Und genau darin besteht für ihn die Möglichkeit, *seine Vergangenheit zu verändern* – wenn es ihm gelingt, durch eine beharrliche spirituelle Praxis *zu erwachen*.

Wenn der Aspirant wirklich den Ernst dessen verstanden hat, was oben dargelegt wurde, muss er sich da nicht *umso aufmerksamer und umsichtiger* in Bezug auf das zeigen, was er in jedem Sekundenbruchteil in sein Wesen einschreiben lässt, und zwar durch die Art der Gedanken, die er in sich einlässt, und durch die Handlungen, die er *in der Gegenwart* ausführt – aus Angst, sie schließlich in Form von Tendenzen oder permanenten „Wesenheiten" wiederzufinden, die von seinem Wesen Besitz ergriffen haben und zu seinem Schaden in ihm wohnen?

---

[59] Basieren nicht die Verfahren des Wahrsagens, die seit weit zurückliegenden Zeiten universell angewendet werden, gerade auf der Tatsache, dass der Mensch, so wie er für gewöhnlich ist, nur das nach außen projizieren kann, was er bereits in sich trägt?

Die tragischen Fehler, die die Menschheit in einer nahen oder fernen Vergangenheit begangen hat, sind nicht verschwunden, wie man es gerne glauben möchte. Alle die Dramen, die auf der ERDE seit ihrem Ursprung stattgefunden haben, sind ständig dabei, auf eine gemeinhin unerklärliche Weise, sich auf *anderen Ebenen wieder abzuspielen,* wo sie auf die Bedingungen warten, die ihnen erlauben können, sich erneut in der sichtbaren Welt zu manifestieren.

Der Aspirant darf nicht vergessen, dass, aufgrund dieser seltsamen, der Natur jedes Mannes und jeder Frau innewohnenden Tendenz, gegen ihren Willen zu streben, das zu wiederholen, was sie gedacht oder getan haben, diese dadurch die Bedingungen schaffen, welche die Manifestation dessen erlauben, was geheimnisvoll in den dunklen Winkeln dieses Gedächtnisses vergraben ist, das, trotz seiner Unsichtbarkeit, in für gewöhnlich unverständlichen Dimensionen für immer lebendig und aktiv bleibt.

Es besteht daher eine permanente Interaktion zwischen einerseits dieser unwiderstehlichen Tendenz im Menschen, stets das wiederholen zu wollen, was er in der Vergangenheit gedacht und getan hat, und andererseits diesem lebendigen Gedächtnis – für immer auf anderen Ebenen aktiv –, das darauf wartet, wieder damit anfangen zu können, sich in der materiellen Welt zu manifestieren, wenn sich die Bedingungen, die das begünstigen, präsentieren.

Wie muss man im Lichte dessen, was gesagt wurde, das Konzept des Karma sowie die Gesetze, die die Manifestation regieren, verstehen?

Vielleicht kann der Aspirant besser die Ursache der dramatischen Probleme verstehen, die unaufhörlich die Welt bedrücken und sein Schicksal vorzeichnen, ein Schicksal, das nicht anders sein kann, als es ist, denn alle äußeren Versuche, es zu ändern, können zu nichts führen. Diese Veränderung muss *zuerst* mit einer inneren Transformation des *Menschen* in der „*Gegenwart*" anfangen.

Jedoch soll sich der Sucher davor hüten, angesichts tragischer Situationen, mit denen sich bestimmte Personen konfrontiert finden, Gleichgültigkeit an den Tag zu legen, indem er argumentiert, „dass es ihr Schicksal sei, da es sich um karmische Folgen handle..."[60] Es liegt nicht in seiner Macht, das Leid der anderen zu beurteilen oder zu verstehen. Im Gegenteil, er kann sich sicher sein, dass er, wenn er nicht versucht, den Schmerz derer zu lindern, die das Leben auf seinen Weg stellt, aufgrund der oben erläuterten Prinzipien Kräfte in Bewegung setzen wird, die sich auf seinem Weg zur HIMMLISCHEN Welt, die er zu erreichen strebt, früher oder später als Hindernisse erweisen werden.

Gewisse Personen, die ein Individuum, eine Gruppe oder ein Volk Grausamkeiten erleiden sehen, manchmal unvorstellbare, zugefügt durch andere Individuen, Gruppen oder Völker, sind in ihrer Unwissenheit versucht, leichtfertig zu behaupten, „das sei ihr Karma". Sollten diese sich nicht vergegenwärtigen, *dass vielmehr diejenigen, die diese Leiden zufügen, dabei sind, für sich selbst ein Karma zu schaffen, das sie unerbittlich in einer unbestimmten Zeit erwarten wird?*[61]

Wenn jemand in Bedingungen versetzt wird, wo es ihm möglich ist, ungestraft einen anderen leiden zu lassen, findet er sich mit gewissen Tendenzen in sich konfrontiert, die bisher vielleicht nie die Gelegenheit hatten, sich zu manifestieren. Die Art, wie er unter solchen Umständen handelt, enthüllt ihm nicht nur, *wer er in sich ist*, sondern bestimmt auch, *was die Zukunft für ihn sein wird*. Man erkennt für gewöhnlich nicht, dass der Andere ein *Spiegel* ist, in dem es

---

[60] Für weitere Ausführungen über diese sensible und komplexe Frage des Karma siehe Kapitel 11 des letzten Buches des Autors: *Dans le silence de l'Insondable* (Anmerkung des Herausgebers).

[61] Als der Autor sich in Indien aufhielt, war er bestürzt, Brahmanen (die höchste Kaste des Hindusystems) im Hinblick auf die Unberührbaren ruhig versichern zu hören: „Oh, es ist ihr Karma, als Kastenlose geboren zu sein"; eine solche Einstellung kann nur eine grausame Gleichgültigkeit gegenüber dem Los dieser armen Leute nähren.

möglich ist, sich so zu sehen, wie man wirklich ist; die Feststellungen, die sich daraus ergeben, erweisen sich oft als weit entfernt von dem schmeichelhaften Bild, das man von sich selbst gemacht hat.

***

Alles, was zum Thema Kraft der Wiederholung und Gedächtnis dargelegt wurde, gilt auch für die spirituellen Übungen des Suchers. Jedes Mal, wenn er die Anstrengung macht, zu meditieren oder eine spirituelle Konzentrationsübung auszuführen, schafft er auf anderen Ebenen die Bedingungen, die für ihn ihre *Erneuerung* oder ihre *Wiederholung* in der Zukunft begünstigen. Er bereitet daher *in der Gegenwart* sein zukünftiges Sein für sich vor und legt den Grund für eine andere Haltung gegenüber dem phänomenalen *Dasein, eine heilige Haltung, die darauf wartet, ihn zu einem späteren Zeitpunkt wiederzufinden.*

Wenn es dem Aspiranten gelingen wird, durch eine hartnäckige Praxis der Meditation und verschiedener Konzentrationsübungen (die im täglichen Leben auszuführen er sich bemühen muss, trotz der Widerstände, sie ausführen, auf die er in sich stoßen wird) einen gewissen Grad der Gegenwärtigkeit in sich herzustellen, der für ihn ungewohnt ist, wird er beginnen (ohne es notwendigerweise anfangs zu erkennen), sich mit einem anderen Aspekt seiner Doppelnatur verbunden zu finden, einem höheren Aspekt von äußerster Feinheit und Transparenz, dank dessen er, auf eine emotional unbeteiligte Weise, die Unterscheidung treffen können wird, was gut und was schlecht für ihn ist; und er wird daher, im Rahmen des Möglichen, vermeiden, bedauerliche Handlungen zu begehen, die nicht nur riskieren würden, seine spirituelle Entfaltung zu verzögern, sondern die (aufgrund der Kraft der Wiederholung, die der menschlichen Natur innewohnt) in einer unbestimmten Zukunft auf ihn warten würden, um sich erneut zu *wiederholen*.

Außerdem, wenn diese innere Gegenwärtigkeit, die der Aspirant in sich lebendig zu erhalten sucht, real ist und nicht vermischt mit Vorstellungen zu diesem Thema, kann der Aspirant nicht umhin festzustellen, dass er, jedes Mal, wenn er sich bemüht, sie wieder in sich zu finden, die Empfindung hat, aus einem seltsamen Tagtraum und einer Geistesverwirrung zu erwachen, in die er einen Augenblick zuvor gehüllt und in denen er verloren war. Dieses besondere innere *Erwachen* kann, wenn der Sucher dahin kommt, dessen Bedeutung genügend zu schätzen, ihn schrittweise dazu führen, sich von seinem Haften an der manifestierten Welt zu befreien und ihm zu erlauben zu beginnen, auf anderen, immer feineren und immer ätherischeren Ebenen des Seins und des Bewusstseins zu existieren, die ihm sonst unbekannt geblieben wären.

Aber im Allgemeinen zieht es der Mensch vor, in sich zu schlafen. Er möchte nicht aufwachen, denn in seinem tiefsten Inneren ahnt er, dass er sich dann vor eine Verantwortung gestellt sähe, die ihm unbequem wäre – die Verantwortung, eine Wahl treffen zu müssen zwischen dem, was für seine spirituelle Entwicklung zuträglich und was nicht zuträglich oder schädlich wäre –, sowie vor die Notwendigkeit, den kontinuierlichen Opfern zuzustimmen, die folglich von ihm gefordert würden. Er fühlt in seinem Innersten, dass dieses Erwachen von ihm den *unaufhörlichen Verzicht* auf die meisten Wünsche verlangen würde, an denen er so sehr hängt.

Solange er in sich schläft, kann er seine verschiedenen Wünsche des Augenblicks befriedigen, ohne sich um die Schäden Gedanken zu machen, die er im Leben seiner Mitmenschen anrichten kann. Er fühlt, dass ihn dieses Erwachen einer gewissen Einschränkung unterwerfen würde, eine Einschränkung, die ihm nicht länger erlauben würde, nach Gutdünken zur alleinigen Befriedigung seiner augenblicklichen Impulse zu handeln. Nun, es ist genau die Opferung dessen, was ihm für gewöhnlich gefällt und nicht gefällt (ihn der Art Vergnügen beraubend, die ihm die

Erfüllung seiner gewöhnlichen Wünsche gewährt), die ihn abstößt.

Daher scheint ihm, dass, in sich zu schlafen, den harten Anstrengungen vorzuziehen ist, die dieser dauernde Verzicht seinen mannigfachen Impulsen und Tendenzen auferlegt, an die er so dramatisch gefesselt worden ist.

Der Aspirant muss eines Tages dahin kommen, dass der *Wunsch* zu erwachen und in diesem Zustand der Wachheit zu *bleiben*, der für ihn nicht üblich ist (und der sich ohne wiederholte Bemühungen von seiner Seite nicht in ihm einstellen kann) *stärker* wird als die Widerstände, auf die er stößt, diese Anstrengungen zu machen.

* * *

In seinem üblichen Zustand der Abwesenheit zu sich selbst, sucht der Mensch, sich ausschließlich vor der Welt, die ihn umgibt, zu schützen, während er sich in Wirklichkeit vor *sich selbst* und *vor den nicht wiedergutzumachenden Fehlern, die er unaufhörlich begeht*, schützen muss. Und er kann vor sich selbst nur in dem Maß geschützt werden, wie er beginnt, mithilfe freiwilliger und beharrlicher Bemühungen, innerlich aufzuwachen und sich seiner selbst auf eine Weise bewusst zu werden, die ihm ungewohnt war – der Anfang eines Erwachens, das außerdem das einzige Mittel darstellt, um ihn mit dem anderen Aspekt seiner Doppelnatur zu verbinden, der Zeit und Raum überschreitet, und den er in seinem üblichen Zustand unmöglich kennen kann.

Es ist für einen Anfänger (und sogar für jemanden, der bereits eine gewisse Zeit der spirituellen Praxis hinter sich hat) wichtig, die Notwendigkeit zu verstehen, sich *vor sich selbst* statt vor der äußeren Welt zu schützen. Denn sein altes, weltliches Ich hört nicht auf, geheimnisvoll in ihm wiedergeboren zu werden und ihn zu verführen (durch seine Gier und seine alten Gewohnheiten, an die er sich mit erstaunlichem Eigensinn klammert), in seinem Interesse des Augenblicks zu handeln, trotz allem, was der Aspirant zu einem bestimmten Zeitpunkt verstanden zu haben glauben mag. Während seines ganzen Lebens muss sich dieser bemühen, gut zu überlegen, welche die äußersten Konsequenzen seiner Handlungen sein können, sowohl für sich selbst als auch für die anderen, bevor er sie ausführt, denn jede Aktion ruft eine *Reaktion* herbei und lässt unvermeidlich eine Spur im Wesen dessen, der sie ausführt, zurück.

Der Aspirant darf folglich nie vergessen, dass alles, was er während seines vorübergehenden Lebens auf dieser ERDE denkt, sagt oder tut, ihn unausweichlich zu dem schmiedet, *was er werden wird*, und seine *Stufen des Seins und des Bewusstseins* in diesem schwindelerregenden Moment bestimmen wird, da der Tod ihn zu sich rufen wird und er sich mit sich selbst konfrontiert sehen wird, *so wie er geworden sein wird*.

Daher wird ihn alles, was er in sich eingeschweißt haben wird, selbst wenn er sich dessen nicht bewusst war, während seiner vorübergehenden Reise auf diesem Globus durch unkontrollierte *Wiederholung* seiner Gedanken und Taten tief beeinflusst haben, zum Besseren oder zum Schlechteren – eine geheimnisvolle Reise, die ihm hinterher wie das Ablaufen eines seltsamen, vergänglichen Traumes, durch den er gegangen ist, erscheinen wird.

KAPITEL 9

Erwachen: Rückkehr zu sich, Rückkehr zum Unendlichen

Trotz der wiederholten Warnungen des Autors in seinen Büchern in Bezug auf das, was sich ein Sucher vorzubringen erlauben darf, ist es ihm widerfahren, zusammenphantasierte Briefe von Personen zu erhalten, die behaupteten, in einer früheren Inkarnation berühmte Persönlichkeiten gewesen zu sein, oder auch Besuch von einem jungen Mann zu bekommen, der ihm allen Ernstes erklärte, dass ihm ein Hellseher verkündet habe, dass er sich zur Zeit in der „sechsten Sphäre" befinde und dass er, sobald er die „siebte Sphäre" erreicht habe, ein spiritueller Meister werden würde. Und der Unglückselige glaubte fest an die Worte dieses „Hellsehers"!

Sollte nicht jeder sensible Sucher auf seiner Suche nach der WAHRHEIT gründlich darüber nachdenken, was er, auf seine Kosten, an Gedanken und Vorstellungen über die Spiritualität und über das Jenseits mitzunehmen riskiert, wenn er die Welt der Sinne verlassen muss? – Vorstellungen, die, so anziehend sie erscheinen mögen, für ihn ohne jeden Nutzen sein werden, um den dunklen Korridor des Todes zu überqueren, wenn plötzlich diese unerbittliche Stunde für ihn kommen wird.

Die Hauptschwierigkeit für jeden Mann und jede Frau, die sich auf einem spirituellen Pfad befinden, besteht darin, *ehrlich* zu sich selbst zu sein. Es ist sicher nicht so, dass man, weil man eine Praxis der Meditation, des Zen, des Hatha-Yoga oder eines ganz anderen Weges angefangen hat, gegenüber denen, die keinem spirituellen Weg folgen, anders oder überlegen ist.

Jemand, dem man auf der Straße begegnet, kann manchmal einen Mut und eine Integrität des Seins besitzen, die derjenige, der einem spirituellen Weg folgt, vielleicht nicht besitzt.

Jeder in die Welt der Phänomene inkarnierte Mann und jede inkarnierte Frau tragen geheimnisvoll eine Art zu denken, zu sein und sich zu verhalten in sich, sowie Neigungen aller Art, die ihnen eigen sind und die sie nicht sehen, auskristallisiert in ihrem Wesen durch ihre Konditionierung und durch lange bestehende Gewohnheiten. Infolgedessen sind, ohne dass sie es merken, ihre Auffassung vom Leben, ihre Weise zu denken und ihre *nicht infrage gestellten* Tendenzen ernste Hindernisse geworden auf ihrem Weg zu einer HIMMLISCHEN WELT jenseits von Zeit und Raum, zu der sie sich eines Tages wieder begeben möchten.

Es sei denn, man ist mit einer großen Geisteskraft und größter Sensibilität begabt, ist es für gewöhnlich sehr schwierig, sich einen Weg gegen den Strom der Masse zu bahnen und nicht den Einflüssen und der Konditionierung der Umgebung sowie der Art Erziehung, die man in der Kindheit erhalten hat, nachzugeben. Während es unter Männern und Frauen heranwächst, die von ihrer GÖTTLICHEN QUELLE abgeschnitten sind, wird das Kind schließlich werden wie sie, den Blick ausschließlich auf die äußere Welt gerichtet, auf der Suche nach dem, was es glücklich machen könnte – was ihm jedoch unaufhörlich entgleitet. Den Personen gleich, die es umgeben, wird es schließlich auch misstrauisch, ängstlich und immer in einer Verteidigungshaltung sein, sei es bewusst oder unbewusst. Angesteckt von ihrer Weise zu denken und zu leben, kämpft es nur noch gegen seine Umgebung, um seinen Lebensunterhalt zu bestreiten, um seine sexuellen oder andere Bedürfnisse zu befriedigen und um immer mehr materielle Güter zu erwerben, in denen es sein einziges Glück und seine Sicherheit zu finden glaubt – meistens ohne sich Gedanken über die Folgen (für andere oder für sein eigenes

Wesen) der Mittel zu machen, die es einsetzt, um sich diese anzueignen.

Die erste Etappe auf dem PFAD besteht für den Aspiranten darin, die Tatsache zu akzeptieren, dass er sich, sein spirituelles Streben ausgenommen, von den anderen Männern und Frauen, die ihn umgeben, nicht unterscheidet, und dass auch er seit langem bestehende, eingeschweißte Tendenzen und Gewohnheiten in sich trägt, die mit dem HEILIGEN ASPEKT seiner Doppelnatur, den er erkennen möchte, nicht vereinbar sind. Seine Neigungen und nicht wünschenswerten Gewohnheiten müssen erst umgewandelt werden, bevor ihm erlaubt wird, auch nur einen Schritt in die heiligen Territorien zu machen, die ihm andernfalls für immer unzugänglich bleiben werden.

* * *

Die spirituellen Nachforschungen, denen sich der Autor in Indien gewidmet hat (die ihn dahin geführt haben, mit berühmten Hatha-Yogis zu praktizieren), haben in gezwungen zu erkennen, dass jemand, nur weil es ihm gelungen ist, komplizierte Hatha-Yoga-Stellungen zu meistern, oder weil er gelernt hat, Mantras zu rezitieren, oder sich sogar einige Kräfte angeeignet hat, noch lange nicht ein verklärtes Wesen und ein MEISTER im wahrsten Sinne des Wortes geworden ist.

Die spektakuläre Akrobatik, die von manchen Hatha-Yogis ausgeführt wird, oder die beeindruckende Rezitation von heiligen Texten aus dem Gedächtnis, zu der es manche Gelehrte bringen, können ein Resultat erreichen, dass dem entgegengesetzt ist, was sie sich eigentlich erhoffen sollten, und zwar verstärken sie ihr gewöhnliches Ich, statt es zu vermindern.

Zudem kann man sich nur wundern, zuweilen Personen (im Orient oder im Westen) mit einem erstaunlichen Mangel an

Überlegung erklären zu hören, dass „letztendlich jedermann eines Tages zu einem BUDDHA werde". Diese Leute machen sich nicht klar, welch erbitterte Schlacht ein Aspirant dem gewöhnlichen Aspekt seiner selbst liefern muss, um seine Trägheit zu überwinden, die Widerstände in sich zu besiegen, die zerstörerischen Tendenzen, die er unwissentlich in sich trägt, zu transformieren, und so weiter, um innerlich wahrhaftiger zu werden, bevor er auch nur hoffen kann, ein Niveau des Seins und des Bewusstseins zu erreichen, das dem eines BUDDHAS[62] nahekommt!

Zahlreiche Erzählungen, orientalische wie abendländische, hören nicht auf, die Betonung auf die Schwierigkeiten, die Fallen und die Gefahren zu legen, denen der nach der Blume der Unsterblichkeit Suchende die Stirne bieten muss, bevor er am Ende seines gefährlichen Abenteuers ankommt.

Ganz abgesehen von zukünftigen Leben, ist der Mensch innerhalb seines aktuellen Lebens *in jedem Augenblick* dabei, auf *seine* Zukunft zuzureisen, die Zukunft, die er sich *selbst* unwissentlich durch die Weise, in der er seine Vergangenheit gelebt hat, *bereitet* hat, zum Besseren oder zum Schlechteren.

Daher wird ein ernsthafter Aspirant nicht umhin können zu verstehen, dass die Weise, in der er den gegenwärtigen Moment lebt, geheimnisvoll in zwei Richtungen gleichzeitig wirkt; das heißt, dass er durch die fleißige und aufrichtige Arbeit, die er in der Gegenwart an sich selbst ausführt, gleichzeitig die *Zukunft* ändern kann, die unerbittlich auf ihn wartet und auf die er, freiwillig oder unfreiwillig, zugeht, sowie auch seine *Vergangenheit*. Man muss indessen auf der Tatsache bestehen, dass alleine eine *intensive* spirituelle Arbeit einem Aspiranten erlaubt, seine Vergangenheit abzuwandeln,

---

[62] Hier sei ein weiteres Mal an die Worte aus der Bhagavad-Gîtâ (siebter Gesang, 3) erinnert: „„Unter Tausenden bemüht sich ein Einziger hier und da um Vollkommenheit, und unter denen, die sich um Vollkommenheit bemühen und *sie erreichen*, erkennt ein Einziger hier und da MICH in all den Prinzipien MEINER EXISTENZ."

die ihn später erwartet, und somit seinem „Karma" – ein Wort, dessen Bedeutung dem Verständnis der meisten Leute zu entgehen scheint – *eine andere Richtung zu geben.*

Angesichts dieser Perspektive, wie ist es da mit dem Karma, welches sich die Menschheit als Ganzes gerade für sich selbst erschafft, in der Gegenwart, mit jedem Tag, der vergeht? Ist es realistisch zu hoffen, wie man manchmal sagen hört, dass „Erlöser", die aus einem anderen Universum gekommen sind, die Welt gratis von ihrem düsteren Schicksal errettet werden, das sie sich selbst bereitet hat?

Wenn ein Sucher wirklich von der beunruhigenden Frage der phänomenalen Existenz berührt wird und von ganzem Herzen wünscht, die Antwort auf das Rätsel seines Lebens kennenzulernen, das heißt herauszufinden, woraus er aufgetaucht ist und in welchen Zustand er wieder absorbiert werden wird, wenn er ans Ende seiner irdischen Wanderungen gelangen wird – eine schwindelerregende Frage in Bezug auf das UNIVERSUM und die SCHÖPFUNG, die seit einer Zeit, die sich in den Nebeln des Unergründlichen verliert, unaufhörlich den Geist so vieler Männer und Frauen gequält hat – dann wird er vielleicht genügend angespornt sein, um sich, auf der Suche nach seinem URSPRUNG, auf diese geheimnisvolle Reise ins Innere seines Wesens zu begeben.[63]

Nachdem er im Laufe seiner Meditationen durch so manche Schwierigkeiten gegangen ist, wird der Aspirant langsam feststellen, dass ein seltsames Phänomen in ihm auftritt, das ihm die kurzen Augenblicke inneren Erwachens stiehlt, die zu erreichen ihm manchmal gelingt.

---

[63] „Es gibt kein anderes Ziel, als die WIRKLICHKEIT zu erreichen." Khwaja Abd Al-Khaliq.

Er wird bemerken, dass jedes Mal, wenn in seinem Geist eine ganz besondere *Leere* entsteht – eine geheimnisvolle Leere, die er in dem Maß, wie er spirituell voranschreitet, als ein seltsames *inneres Erwachen* erahnen wird, welches ein Zeichen von größter Bedeutung für seine Suche ist –, sich fast sofort eine Art Hypnose von äußerster Subtilität heimlich seiner bemächtigt und er alsbald diesen ungewohnten Zustand der Wachheit verliert. Vage Bilder und zusammenhanglose Gedanken, mit denen er sich unfreiwillig wieder identifiziert und von denen er sich von Neuem verschlungen sieht, beginnen wieder an seinem Geist vorüberzuziehen.

Das Problem, welches sich von da an dem Aspiranten stellen wird, und zwar nicht nur während seiner Meditation, sondern für den Rest seines Aufenthaltes auf dieser ERDE, wird darin bestehen, die Kraft zu finden, dieser subtilen Hypnose zu *widerstehen*, die ihn erfüllt und so heimlich davonträgt, dass er es erst im Nachhinein bemerkt. Er wird beginnen sich darüber klar zu werden, was für ihn wirklich auf dem Spiel steht, und zu verstehen, dass, sich von diesem seltsamen Zustand zu befreien, in dem er versinkt und so geheimnisvoll verschwindet, für ihn den Kampf eines ganzen Lebens darstellt, und dass die gleiche schwierige Prüfung jeden anderen Sucher erwartet, der sich ernsthaft auf einem spirituellen Pfad engagiert.

Die ersten Anzeichen des Erwachens

Ein verständiger Aspirant kann sich nicht mit attraktiven Doktrinen und nicht-verifizierbaren Glaubensüberzeugungen über das Jenseits und über seinen URSPRUNG zufrieden geben. Er muss zu dem Verständnis gelangen, dass er, ohne hartnäckige persönliche Bemühungen zur Konzentration, niemals dahin kommen wird, seine gewöhnliche Individualität zu überschreiten, um den anderen Aspekt seiner Doppelnatur zu entdecken, der seinen Existenzgrund schlechthin darstellt, aber leider durch das unaufhörliche Geschrei seines niedrigeren Ich erstickt wird. Er wird erkennen, dass ein bloßer Glaube an BUDDHA, an GOTT oder an irgendeine Gottheit sein Problem nicht lösen wird. Übrigens, hat nicht BUDDHA selbst stets auf der Notwendigkeit der persönlichen Anstrengung bestanden, um die BEFREIUNG zu erreichen?[64]

Wenn der Aspirant während seiner Meditationssitzungen (oder bei verschiedenen Konzentrationsübungen) dahin kommt, klar wahrzunehmen, dass dieser besondere Zustand des Bewusstseins und des inneren Erwachens, der ihm ungewohnt ist, *nur einen kurzen Augenblick währt, bevor er sich zum Schlechteren verändert* und sich erneut mit seinem gewohnten Zustand des Seins vermischt, wird er sich ein wertvolles Wissen darüber erworben haben, worin eine echte spirituelle Praxis bestehen könnte, was sich als von größter Bedeutung für ihn erweisen wird, um ihm den Weg zu seiner Befreiung zu zeigen – die Befreiung von seiner üblichen Weise zu sein und sich zu empfinden, um sich eines Tages im HIMMLISCHEN ASPEKT seiner Doppelnatur zu etablieren.

Aufgrund seiner außerordentlichen Feinheit und seiner äußersten Subtilität entgeht dieses besondere Bewusstsein, das ihm ungewohnt ist, dem Verständnis des Suchers, und wenn er nicht eine ernsthafte Praxis der Meditation beginnt, *wird es seiner inneren Sicht für immer verhüllt und unerkennbar bleiben.* Und gerade wegen dieser Schwierigkeit, dahin zu kommen, es zu erkennen, müssen, soweit möglich, ergänzende Erklärungen gegeben werden, die geeignet sind, einem motivierten Sucher zu helfen, der begierig ist, den HIMMLISCHEN ASPEKT seiner Natur zu finden, der ihm das Geschenk seines Lebens gewährt hat.

Die Unterscheidung zu machen, und sei es nur ein bisschen, zwischen dem üblichen Zustand des Seins und diesem Bewusstseinszustand, der ihm ungewohnt ist, ist eine Voraussetzung für jede echte spirituelle Praxis.

---

[64] „Es ist an euch, die Anstrengung zu machen. Die BUDDHAS zeigen nur den Weg. Dhammapada, 276.

Während sich der Aspirant seinen Meditationspraktiken oder seinen Konzentrationsübungen widmet, erfährt er jedes Mal, wenn nach einem mehr oder weniger langen Moment der Abwesenheit ein Wiederaufnehmen des Bewusstseins in ihm geschieht, und er sich von Neuem seiner selbst auf eine Weise bewusst wird, die für ihn ungewohnt ist, am Anfang, *ganz am Anfang dieses „Zu-sich-Erwachens"* für einen kurzen Augenblick *eine Transparenz des Seins und des Bewusstseins von äußerster Feinheit und Klarheit*. Dann, obwohl er zu einem bestimmten Grad immer noch gegenwärtig und seiner selbst bewusst ist, hat dieser ganz besondere Zustand des Seins und des Bewusstseins bereits etwas von seiner Reinheit verloren und begonnen, sich mit seinem üblichen Zustand des Seins und des Fühlens zu vermischen, bis zu dem Moment, wo der Sucher ihn vollständig verliert und wieder der wird, der er für gewöhnlich ist.

Erst wenn dieses reine Bewusstsein, das nur für eine kurze Zeitspanne anhält und ihm normalerweise nicht zugänglich ist, im Laufe seiner Meditationsübungen ständig verloren und wiedergewonnen wird, kann der Aspirant anfangen zu erkennen, nicht nur, was diese seltsame Schlacht ums SEIN für ihn wirklich beinhaltet, sondern auch deren entscheidende Bedeutung für die Umwandlung aller seiner unerwünschten Neigungen und Gewohnheiten, die ihm den Zugang zum PALAST seines FÜRSTLICHEN ICH versperren.

Paradoxerweise haben der ständige Absturz und der Verlust dieser Augenblicke klaren Bewusstseins in ihm ihre Daseinsberechtigung und ihre Notwendigkeit in den Meditationsübungen des Suchers. Denn aufgrund der Konditionierung und all der Tendenzen, die er in sich trägt und die ihn schwer machen, muss er fallen, dann sich unermüdlich und ohne entmutigt zu werden wieder erheben, bevor er dahin kommen kann, ein wenig die wirkliche Bedeutung dieser geheimnisvollen *Transparenz des Seins und des Bewusstseins* zu erkennen, die während kurzer Augenblicke jedes Mal in ihm aufscheint, wenn er sich daran macht, seine

Meditationspraktiken oder eine Konzentrationsübung auszuführen.

Die wiederholte Selbstentsagung – notwendig, um diesen Zustand zu finden – stellt den ersten Schritt zu dem dar, was man „zu sich selbst sterben" nennen könnte, damit der Aspirant zunehmend seine niedere Natur transzendieren und immer höhere Ebenen in seinem Wesen erklimmen kann, Ebenen, die nicht der räumlich-zeitlichen Welt angehören, sondern einem äußerst subtilen und ätherischen UNIVERSUM, das er für gewöhnlich nicht in sich erfassen kann.

Aufgrund der Schwierigkeit, besonders ohne äußere Hilfe, es dahin zu bringen, diesen derart ätherischen, klaren und subtilen Zustand des Seins und des Bewusstseins zu erkennen, erweist es sich als notwendig, ein weiteres Mal auf dieses wichtige Problem zurückzukommen, damit der Aspirant, so gut es geht, eine bessere Chance bekommt, erfassen zu können, was der entscheidende Punkt seiner ganzen zukünftigen Arbeit sein wird. Denn, ohne diese Augenblicke der Reinheit des Bewusstseins klar erkannt zu haben, wird er nicht wissen, was er im Laufe seines Tages in sich festzuhalten versuchen muss, um dieses *besondere innere „Erwachen"* zu einem gewissen Grad in sich festigen zu können – ehe er hoffen kann, eines Tages das befreiende finale Erwachen zu erreichen, welches das letzte Ziel der Lehre Buddhas ist.

Wenn er einmal seine Sitzposition zum Meditieren eingenommen hat, wird, da er noch nicht angefangen hat, überdrüssig zu werden, seine Konzentrationsbemühungen aufrechtzuerhalten, und da sich die Widerstände in ihm noch nicht mit voller Kraft manifestiert haben, *ganz am Anfang* seiner Meditation *ein Flash von Bewusstseinsklarheit* in ihm auftreten, *eine rätselhafte Klarheit des Bewusstseins*, die einer Leere ähnelt oder ihm vielmehr einen Eindruck von Leerheit geben kann. Indessen, aufgrund seines Mangels an Erfahrung und aufgrund der Schnelligkeit, mit der sich diese Reinheit des

Bewusstseins in ihm ändert, entgeht diese seinem Auffassungsvermögen. Es ist genau während dieses kurzen Augenblicks geheimnisvoller Leere, die tatsächlich aus der höchsten Reinheit des Bewusstseins besteht, dass der Sucher die ersten Anzeichen seiner wahren GÖTTLICHEN IDENTITÄT flüchtig wahrnehmen kann, bevor sich ein Bild oder ein Gedanke erneut in seinem Geist erhebt und deren durchscheinende Gegenwart ausfüllt, sie somit unerkennbar machend.

Wenn es dem Aspiranten gelingt, diese Klarheit des Bewusstseins in ihrer ganzen Reinheit für vierzig oder fünfzig Sekunden aufrechtzuerhalten, ohne sich insgeheim von Gedanken, Bildern oder innerem Geschwätz invadiert zu finden, dann wird er *eine gewisse Schwelle überschreiten können*, die ihm erlauben wird, auf eine viel effektivere und befriedigendere Weise weitermeditieren zu können. Es sind *diese ersten vierzig oder fünfzig Sekunden* am Anfang seiner Meditation, die entscheidend sind.

Wenn der Sucher sich bei seiner Meditation zu konzentrieren versucht, muss er darauf achten, dass seine Atmung nicht blockiert – obwohl sich diese in dem Maß beträchtlich verlangsamt, wie er eine gewisse Schwelle in seinem Wesen überschreitet und beginnt, einen Zustand tiefer innerer Versenkung zu erreichen. Wenn er sich aber an bestimmten Tagen aufgrund unerwarteter, mit dem äußeren Leben verbundener Probleme, der Gesundheit oder anderer, in einem gestörten Geisteszustand findet, riskiert seine Atmung nach und nach zu blockieren, bis er sich schließlich in einem Zustand *quasi permanenter Ausatmung* befindet, begleitet von einer starken Verkrampfung im Bauch, was einen nebulösen mentalen Zustand in ihm erzeugen und seine Meditation noch mühsamer machen wird. Die so erzeugte Spannung wird in ihm sogar den Wunsch hervorrufen können, seine Meditation zu unterbrechen und aufzustehen. Welche auch immer seine äußeren (oder seine Gesundheits-)[65] Probleme sein mögen, muss er, von Anfang seiner Meditationssitzung an und während der ganzen Zeit, in der er versucht sich zu konzentrieren, aufmerksam bleiben, dass seine Einatmung und seine Ausatmung sowie die Bewegung seines Bauches *mit großer Sanftheit und einem Maximum an Entspannung* durchgeführt werden, ohne einen einzigen Moment zu erlauben, dass sich in seiner Atmung und seinem Bauch eine Blockade einstellt, was ihn in einen Zustand einer quasi permanenten Ausatmung bringen würde.

Da in jedem Mann und in jeder Frau eine starke Tendenz besteht, das Unangenehme fliehen zu wollen und dem nachzulaufen, was ihnen Vergnügen verschafft, wird ein kluger Aspirant entdecken, dass er, sobald er sich in einer unerfreulichen Situation oder Personen gegenüber findet, die ihn irritieren, unwillkürlich anfängt, in einen Zustand *quasi kontinuierlicher Ausatmung* einzutreten, als ob er glaubte, dass er, wenn er in diesem Zustand der Ausatmung bleibe, das von sich fernhalten werde, was ihm unangenehm ist. Er wird sich aber paradoxerweise in kurzer Zeit entleert finden und wird beim Bleiben in diesem Zustand der verlängerten Ausatmung und der Spannung vielleicht so viel Energie verloren haben, dass er für die unerwünschten Einflüsse, die ihn umgeben, durchlässiger denn je wird. Es ist vielleicht besser möglich, dieses Phänomen bei jemandem zu verstehen, der Schmerz ausgesetzt ist; er stöhnt manchmal ununterbrochen, mit dem unbewussten Wunsch, sich von diesem Schmerz zu befreien, und zwar genau durch dauerndes Ausatmen.

Es ist unmöglich, dem unangenehmen Aspekt der phänomenalen Existenz auszuweichen. In der SCHÖPFUNG gibt es eine ständige Konfrontation von *Gegensätzen:* von dem Guten mit dem Schlechten, der Vollkommenheit mit der

---

[65] Der Autor, der aus persönlicher Erfahrung spricht, kennt gut das schreckliche Problem, das eine schwache Gesundheit für eine spirituelle Praxis darstellen kann.

Unvollkommenheit, der Schönheit mit der Hässlichkeit, der Stärke mit der Schwäche, der Liebe mit dem Hass, dem Überfluss mit dem Elend und so weiter. Außerdem ist im manifestierten Leben alles vergänglich. Das Angenehme wie das Unangenehme sind nicht von Dauer, sie haben beide ihren Anfang und ihr Ende. Der Widerstand gegen das Unvermeidliche steigert nur die seelische Not des Menschen und macht ihn, ohne dass er es merkt, unruhig, einschließlich wenn er dabei ist, das Angenehme zu genießen. Denn er fürchtet, dass das, was ihm in der Gegenwart Freude verschafft, nicht anhält oder ihm plötzlich entgleitet. Er wünscht und akzeptiert nur die Hälfte des Lebens, ohne sich klar zu machen, dass in einem ganz speziellen Sinne das Unangenehme sein Lehrer ist und dass das Angenehme *ihn einschläfert*.

Der Mensch zeigt erst angesichts der widrigen Umstände und der Ungewissheit des manifestierten Lebens, wozu er fähig ist. Dauerhafte angenehme Bedingungen und immerwährende Sicherheit würden ihn für immer in sich schlafen lassen und jede Möglichkeit eines spirituellen Erwachens für ihn undurchführbar machen. Anders gesagt, ein permanent angenehmes Dasein könnte nur darin enden, dass es für ihn zum Instrument für *eine sichere und tragische Involution* würde.

Der Impuls, der den Menschen veranlasst, das Unbehagliche (das eine unvermeidliche Bedingung des manifestierten Daseins ist) zu fliehen, um sich in das Behagliche zu stürzen, hält ihn *an die Dualität und an die Zeit gekettet*. Und ohne es zu merken, kann der Sucher nicht vermeiden, diese Tendenz mit sich zu nehmen, wenn er an eine spirituelle Übung herangeht. Auf die gleiche Weise, wie er die unerfreulichen Seiten des Lebens vermeiden will, möchte er die unerfreulichen Aspekte seiner Natur fliehen oder weigert sich vielmehr, ihre Existenz in sich zu erkennen, indem er sie als bedeutungslos ansieht. Er läuft nur der Glückseligkeit nach, ohne zu verstehen, dass, wenn er nicht wenigstens den nötigen Kampf aufnimmt, um sich von ihnen zu befreien, seine Gewohnheiten, seine nicht wünschenswerten Neigungen sowie seine gewohnte Weise zu denken und das phänomenale Leben zu begreifen alle seinen Weg blockieren werden, während sie ihn daran hindern, diese Glückseligkeit zu erreichen, die nicht aufhört, ihn zu faszinieren.

Trotz allem, was ein Aspirant glauben mag, existiert in ihm noch etwas Unerwünschtes, das er früher oder später bekämpfen muss. Indessen ist es vorzuziehen, dass er diesen Kampf (so unerfreulich dieser sein mag) eher früher als später eröffnet, denn jeder Tag, der vergeht, macht seine Aufgabe schwieriger.

Er muss verstehen, dass auf die gleiche Weise, wie es unmöglich ist, eine Flamme ohne die Reibung zweier Element zu erzeugen, er nur durch die ständige Reibung, die er durch den Kampf gegen seine unerwünschten Tendenzen in sich unterhält, ein Feuer entzünden kann, das in der Lage ist, alles zu verzehren, was mit seinem spirituellen Streben unvereinbar ist.

In Wirklichkeit muss er die unangenehmen und zufälligen Lebensumstände (Müdigkeit, physische Schmerzen, schlechte Nachrichten, materielle Verluste etc.) als Mittel ansehen, die dazu bestimmt sind, ihn zu erinnern, *zu sich selbst zurückzukehren* – ihn zu erinnern, *wieder Herr über sich zu werden* und *aufzuwachen*, jedes Mal, wenn er sich in seinen üblichen Zustand der Abwesenheit versunken sieht.

Die Schwierigkeit, diesen besonderen Zustand der Wachheit beizubehalten

Ein ernsthafter Aspirant kann nicht umhin zu bemerken, dass, wie erhöht seine Bewusstseinszustände auch sein mögen, die er während der Meditation erfahren darf, diese nicht gefestigt sein können, wenn sie nicht der Prüfung des existentiellen Lebens unterworfen werden. Er muss ständig versuchen, sie in der Betriebsamkeit der äußeren Welt wiederzufinden, und muss mit aller Kraft versuchen, sich in ihnen zu halten. Er wird bemerken, wie fragil diese ihm ungewohnten Zustände des Bewusstseins und des inneren Erwachens sind und wie schwer sie in der Bewegung des täglichen Lebens am Leben zu halten sind. Sobald er sein Zimmer verlässt, wirkt alles, was sich seinem Blick präsentiert, in einer Weise, dass es ihn sein Ziel vergessen lässt und ihn dessen beraubt, was er in einem gegebenen Moment an Zuständen des Bewusstseins und des inneren Erwachens erreichen konnte – so wertvoll für seine Emanzipation.

Außerdem gewinnen seine gewohnte Weise, mit anderen umzugehen, sowie seine üblichen Interessen im Leben, allmählich wieder die Oberhand und bevor ihm bewusst wird, was ihm widerfahren ist, findet er sich erneut mit der Welt da draußen identifiziert und abwesend zu sich selbst.

Er muss dahin kommen, dass seine spirituelle Arbeit den ersten Platz in seinem Leben einnimmt und *er nur noch für sein Streben lebt, sich wieder dem GÖTTLICHEN ASPEKT seines Wesens anzuschließen und sich mit ihm zu vereinen.*[66]

Es ist sicher, dass ein aufrichtiger Sucher, der außergewöhnliche spirituelle Erfahrungen gemacht hat, am Anfang unter seiner Unfähigkeit leiden wird, mit diesen außergewöhnlichen Zuständen verbunden zu bleiben, die er bis dahin nur während seiner Meditation im Sitzen hatte erfahren können. Und wenn er versuchen wird, diese Zustände in der Bewegung des aktiven Lebens erneut zu erleben, wird er anfangs nicht vermeiden können, sie abgeschwächt wiederzufinden und sie immer wieder zu verlieren – sofern er nicht vor den Schwierigkeiten zurückschrecken wird, die er in sich finden wird, diese Arbeit in den Turbulenzen der äußeren Welt durchzuführen, und sofern er sich nicht zuletzt damit zufrieden geben wird, diese

---

[66] „Halte das Ziel im Geiste gegenwärtig, das du bei jedem deiner Schritte abgesteckt hast." Khwaja Abd Al-Khaliq.

außergewöhnlichen Zustände ausschließlich in den Zeiten zu erleben, da er in der Stille seines Zimmers meditiert.

Nur durch diesen ständigen Wechsel *der Entfernung von sich selbst und der Rückkehr zu sich selbst* wird es dem Aspiranten gelingen zu erfassen, was diese außergewöhnliche spirituelle Arbeit wirklich für ihn beinhaltet.

Dieses seltsame Erwachen des Bewusstseins, das sich zu bestimmten Zeiten in ihm vollzieht, sowie diese rätselhafte Abwesenheit zu sich selbst, in der er kaum einige Momente später versinkt, werden ihm mehr denn je die tragische Bedeutung der Botschaft enthüllen, die bemerkenswerte Wesen wie CHRISTUS oder BUDDHA der Welt zu übermitteln versucht haben, als der erste erklärte: „…*lass die Toten die Toten begraben.*" (Matth 8,22) und der zweite: „Die WACHSAMKEIT ist der Pfad, der zum EWIGEN LEBEN führt, die Unaufmerksamkeit ist der Pfad, der zum Tod führt. (Dhammapada, 21.

So wie er normalerweise ist, kann der Mensch absolut nicht erkennen, welche dramatische Auswirkung die Tatsache für ihn hat, dass er sein Dasein in diesem Zustand der Abwesenheit zu sich selbst begraben verbringt – es sei denn, es gelingt ihm aufgrund außergewöhnlicher Umstände, geheimnisvoll ein wenig zu erwachen oder auf eine Lehre zu treffen, die ihm die nötigen Mittel zu seinem Erwachen liefern kann.

Es gibt in der Welt nicht zwei Personen, die ein identisches Niveau des Seins, des Bewusstseins und der Intelligenz besitzen. Jeder wird den Ernst dessen, was oben dargelegt wurde, verstehen (oder gar nicht verstehen), je nach seiner Konditionierung und seiner Stufe des Seins. Ein Sucher, dessen drei Aspekte seiner Natur sich auf einem genügend hohen Niveau befinden, kann nicht umhin zu erkennen, dass der *Verlust* und das *Wiederfinden* seiner selbst ihren Platz und auch ihre Bedeutung innerhalb dieser spirituellen Arbeit haben. Denn jedes Mal, wenn sich nach einem langen oder kurzen Moment der Abwesenheit diese *Rückkehr zu ihm selbst* im Aspiranten vollzieht, versteht dieser und eignet sich auf subtile Weise etwas mehr an, was ihm andernfalls nicht möglich gewesen wäre.

Dieser *Verlust* und dieses *Wiederaufnehmen* der Bewusstheit seiner selbst, das sich im Laufe der spirituellen Übungen des Aspiranten vollzieht, stellt wahrscheinlich das schnellste Mittel dar, um ihm zu erlauben, eines Tages durch direktes inneres Sehen den HIMMLISCHEN ASPEKT seiner Doppelnatur wiederzuerkennen. Das ist der Grund, warum er sich keinen Moment aufregen oder sich schuldig fühlen soll, wenn plötzlich die Wiederaufnahme dieses ganz besonderen Bewusstseins in ihm geschieht und er feststellt, dass er *einen Augenblick zuvor wieder einmal abwesend zu sich selbst war*. Im Gegenteil muss er ihm mit *intensivem ehrfürchtigem Respekt* begegnen; denn ihm ist am Anfang vielleicht nicht klar, dass diese Wiederaufnahmen des Bewusstseins, die so geheimnisvoll in ihm eintreten, in Wirklichkeit *Rufe* sind, die aus dem HÖHEREN ASPEKT seines Wesens stammen.

Ein ernsthafter Aspirant kann nicht umhin zu erkennen, dass so, wie eine Tätigkeit, die ihm am Herzen liegt, und die er in seinem Zustand am Tage ausführen muss, *nicht verrichtet werden kann, wenn er einmal von seinem nächtlichen Schlaf fortgetragen wurde*, die Arbeit, dieses *rätselhafte innere Erwachen* in ihm *zu festigen*, das sich für ihn als von höchster Wichtigkeit erweist, ebenso *nicht mehr durchgeführt werden kann, wenn er einmal vom Tod fortgetragen sein wird*. Diese so besondere innere Arbeit muss zu seinen Lebzeiten erfolgen; nach dem Tod wird es zu spät sein, denn die notwendigen Bedingungen für die Durchführung dieser immensen Aufgabe werden für ihn nicht mehr existieren.

Um ein Minimum an Präsenz in der Bewegung des aktiven Lebens bewahren zu können (was die erste Voraussetzung ist, um eines Tages diesen erwünschten Zustand der WACHHEIT in sich konsolidieren zu können), ist es nötig, dass der Sucher auf das *verzichtet*, was er für gewöhnlich ist, dass er auf das gesamte Agglomerat belangloser Träume, uninteressanter innerer Gespräche, nutzloser Vorstellungen, negativer Gedanken (die paradoxerweise am schwierigsten aufzugeben sind) und so weiter verzichtet. Indessen, wenn er diesen Verzicht nicht während seiner Meditation geübt hat, wird es ihm praktisch unmöglich sein, ihn im täglichen Leben umzusetzen.

Die Energie in der Schöpfung und die Schwerkraft

Sobald eine Energie *in Zeit und Raum* Form angenommen hat, wird sie sofort ein Opfer des *gnadenlosen Gesetzes der Schwerkraft*. Wenn der Mensch seinen Energien nicht eine aufsteigende Richtung einflößt, was von ihm unausweichlich *anhaltende bewusste Bemühungen* erfordert, werden diese Energien daher nicht anders können, als dem Gesetz der Anziehung und der Schwerkraft zu gehorchen und den Weg zu nehmen, der ihnen den geringsten Widerstand bietet, d.h., den Abstieg. Man kann nicht umhin, dieses Phänomen in jedem geschaffenen Ding festzustellen, Pflanzen, Tiere und Menschen inbegriffen. Nichts von dem, was manifestiert ist, kann diesem unerbittlichen Gesetz entgehen. Kaum ist der Bau eines Hauses beendet, ist dieses der Abnutzung preisgegeben; es beginnt nach und nach zu altern, bis der unausweichliche Moment seines Verfalls kommt.

Es ist einem Aspiranten jedoch möglich, diesem Gesetz zu entgehen, und, mithilfe einer hartnäckigen spirituellen Arbeit, eine andere Ebene des Seins in sich zu erreichen, wo diese absteigende Kraft, die in der gesamten SCHÖPFUNG herrscht, keine Macht mehr über ihn ausüben kann.

Es ist für jeden Mann und jede Frau von größter Wichtigkeit, danach zu streben, das wiederzufinden, was sie zum Zeitpunkt ihrer Geburt in sich trugen, und was sie aufgrund der Schwerkraft während ihres Heranwachsens verloren haben. In den allerersten Augenblicken seines Lebens ist das

Neugeborene noch ganz nah an der QUELLE, aus der es aufgetaucht ist.[67] Der besondere Zustand, indem es sich in der Morgendämmerung seiner Inkarnation befindet und der nur inadäquat als ein *klarer Bewusstseinsschirm* beschrieben kann, frei von Gedanken und von dem inneren Lärm, die den Erwachsenen heimsuchen, degradiert nach und nach und wird getrübt unter dem Einfluss der Zerstreuungen und der vorwiegenden Beschäftigungen der Personen, die ihn umgeben. Schließlich kann das Kind der Anziehung dieser absteigenden Kraft nicht widerstehen und endet wie die Älteren um sich herum damit, dass es sich nur noch für das Sichtbare interessiert und nur noch diesem Glauben schenkt.

Wenn ein Kind gerade geboren wurde, ist es noch nicht Träger von Ambitionen, Wünschen, Böswilligkeit, Unredlichkeit etc. Es bleibt entspannt, vertrauensvoll und empfänglich, in welcher Umgebung es sich auch befinden mag, ohne etwas zu erwarten oder zu antizipieren.

Hat der Aspirant nicht etwas zu lernen von einem Neugeborenen? Das heißt zu lernen, während seiner Meditation und während seiner verschiedenen spirituellen Übungen Bemühungen der Konzentration zu machen, und zwar mit viel Geduld und *aus reiner Freude, sie zu machen, ohne* etwas zu wünschen, *ohne* etwas zu erwarten und *ohne* etwas vorwegzunehmen, um nicht mit dem Wirken einer GÖTTLICHEN KRAFT in sich zu interferieren – die ihm ihre MAJESTÄTISCHE GEGENWART auf IHRE Weise offenbaren wird, wie SIE es will, zu IHRER Zeit und wenn SIE fühlt, dass der Boden für IHRE Manifestation in ihm günstig geworden ist.

Der Sucher wird entdecken, dass er, trotz allem was er sich wünschen mag, aufgrund der Schwerkraft, die unaufhörlich Oberhand gewinnt, diesen ungewohnten Zustand der

---

[67] Jesus sagte zu seinen Schülern: Diese Kleinen, die gesäugt werden, sind wie jene, die in das Königreich eintreten." Thomasevangelium, 22, 2-4.

Bewusstheit von sich, der dermaßen fragil und so schwer in ihm zu festigen ist, immer wieder zurückgewinnen muss.

Wenn er wirklich verstanden haben wird, welches Drama sich mit diesem *Verschwinden* und *Wiedererscheinen* seiner selbst (sei es während seiner Meditationsübungen oder im Lauf des Tages) für ihn abspielt, und wenn er deren entscheidende Bedeutung bei dieser geheimnisvollen Suche nach seiner GÖTTLICHEN IDENTITÄT ermessen haben wird, dann wird er einerseits lernen, nur noch für sein spirituelles Ziel[68] zu leben, und andererseits stets danach streben, immer wieder den Wunsch in sich neu zu beleben, sowohl die *Dauer* als auch die *Intensität* dieser INNEREN WACHHEIT zu steigern, die für ihn fundamental ist, jedes Mal wenn sich ihre RÄTSELHAFTE GEGENWART in seinem Wesen bemerkbar macht.

Damit der Aspirant von einer Hilfe profitiert, um besser die Momente zu erkennen, wo er gegenwärtig und *seiner selbst auf die Weise bewusst ist, wie er es wirklich sein soll*, und im Gegensatz dazu, was es für ihn beinhaltet, *abwesend zu sich zu sein*, muss es ihm gelingen, diese Gegenwärtigkeit in seinem Empfinden zu erfahren, indem er eine ganz besondere INNERE WACHHEIT erzeugt und sich nicht einfach damit begnügt, *daran zu denken*. Für eine größere Genauigkeit erweist es sich als notwendig, drei grundlegende Punkte zu betonen, ohne die ein unerfahrener Sucher sich immer einbilden kann, ein echtes Empfinden für diese „Selbstgegenwärtigkeit" zu haben, während er in Wirklichkeit bloß dabei ist, diese Gegenwärtigkeit mit seinem Intellekt zu denken – was nichts mit einer echten Praktik der Selbstgegenwärtigkeit zu tun hat.

Als Erstes wird er feststellen, *dass er die Momente, wo er abwesend zu sich selbst ist, gar nicht erkennen kann;* denn erst wenn sich diese *Wiederaufnahme des Bewusstseins* plötzlich in ihm vollzieht, merkt er überrascht, dass er im vorhergehenden Augenblick

---

[68] „Wer MICH überall sieht und wer alles in MIR sieht, für den werde ICH nie verloren sein, so wie er nie für MICH verloren sein wird." Bhagavad Gîtâ, sechster Gesang, 30.

auf eine ganz besondere Weise *seiner selbst unbewusst* war, überflutet von Gedanken, die unaufhörlich in ihm auftauchen und wieder verschwinden, ohne Ziel und ohne Kontrolle von seiner Seite.

Zweitens, wenn er wirklich gegenwärtig und seiner selbst auf eine Weise bewusst ist, wie er es für gewöhnlich nie ist, kann er es *nicht nichtwissen*, selbst wenn diese Selbstgegenwärtigkeit am Anfang seiner Übungen nur kurze Zeit anhält, bevor er sie von Neuem verliert.

Und endlich wird er durch das kontinuierliche Verlieren und Wiederfinden dieser Bewusstheit seiner selbst entdecken, *dass er nie den Augenblick wahrnimmt, in dem er in diesen seltsamen Zustand der Abwesenheit zu sich fällt, noch wie sich das in ihm vollzieht* – genauso wie er nie den Moment bemerkt, wo er in seinen nächtlichen Schlaf gleitet, noch wie das in ihm geschieht. Erst wenn er am Morgen wieder aufwacht, merkt er, dass er *geschlafen* hat.

Der Aspirant kann das Drama des Zustandes der Abwesenheit zu sich selbst oder des Wachschlafes (in dem die Leute ihr ganzes Leben verbringen und der die Ursache von so vielen Unglücken, Konflikten und Leiden in der Welt darstellt) nur erfassen, indem er mit all seinen Kräften versucht, sich *dem entgegenzustellen*. Um das zu tun, kann er versuchen, auf den *Nada* zu hören (einen geheimnisvollen Ton, der im Inneren der Ohren und des Kopfes zu hören ist) und ihn als Stütze zu verwenden, um bei allem, was er denkt, sagt und tut, den ganzen Tag selbstgegenwärtig zu bleiben (zumindest zu einem gewissen Grad), *ohne einen Augenblick der Unterbrechung*. Er wird dann nicht umhin können festzustellen (vorausgesetzt, dass er es geschafft hat, eine solche Konzentrationsbemühung aufrechtzuerhalten, was vor zahlreichen Versuchen kaum wahrscheinlich ist), dass alles, was er gedacht, gesagt und getan hat, nur eine Folge von *Reaktionen* auf das war, was er für gewöhnlich liebt oder nicht liebt, auf das, was seine persönlichen Interessen des

Augenblicks befriedigt, und auf seine gewöhnlichen, für immer wechselnden Wünsche – die meiste Zeit, ohne in der Lage zu sein, die Langzeitwirkungen seiner Verhaltensweisen auf sein Wesen und auf das der anderen zu berücksichtigen.

Die beiden englischen Worte „*self-recollectedness*" (ein Ausdruck, der schwer ins Französische[69] zu übersetzen ist) werden häufig von Buddhisten benutzt, und das Konzept, das sie umfassen, stellt die Grundlage der Lehre Buddhas dar. Das Wort „*self*" bedeutet „*selbst*" und das Wort „recollect" „sich erinnern". Es ist offensichtlich, dass es in einem Zustand *intensiver Gegenwärtigkeit und Bewusstheit von sich selbst* nicht mehr möglich ist, die phänomenale Existenz zu erfassen, noch sich im Leben auf dieselbe Weise zu verhalten, wie wenn man in einen Zustand des Vergessens und der Abwesenheit zu sich selbst gehüllt ist.

Ein sensibler Aspirant kann nicht umhin festzustellen, dass, wenn er die Anstrengung macht, selbstgegenwärtig zu sein, und wenn es ihm gelingt, einen höheren Bewusstseinszustand in sich zu erreichen, seine Gedankenketten und die Aufeinanderfolge seiner wertlosen inneren Gespräche ihre Kraft verlieren oder, im Verhältnis zu seiner Gegenwärtigkeit, sogar aufhören werden; dann werden sich, sobald er von Neuem in seinen üblichen Zustand des Seins und der Abwesenheit versinkt, die wirren und ungeordneten Gedanken sowie die inneren Gespräche wieder in seinem Geist manifestieren.

Physischer Schlaf oder Abwesenheit zu sich selbst?

Das Ausmaß der Verheerungen in sich entdeckend, die dieser Wachschlaf in ihm und in der Welt anrichtet, wird der Aspirant nicht anders können, als besser zu verstehen, warum BUDDHA und CHRISTUS so sehr auf der Notwendigkeit für den Menschen bestanden haben, innerlich zu *erwachen*.

---

[69] Und ins Deutsche.

Was das anbelangt, erweist sich einer der beeindruckendsten Berichte der Evangelien als eine echte spirituelle Unterweisung, deren tiefer Sinn der Welt zu entgehen scheint. Am Abend seiner Festnahme nahm CHRISTUS drei seiner Schüler mit sich und führte sie zum Ölberg. Er sprach dann diese erschütternden Worte aus: *„Meine Seele ist betrübt bis an den Tod."* Dann forderte er sie auf: *„Bleibet hier und wachet mit mir."* Er entfernte sich einige Schritte und sprach folgendes herzzerreißende Gebet: *„Mein Vater, ist's möglich, so gehe dieser Kelch an mir vorüber; doch nicht, wie ich will, sondern wie du willst!"* Und während er betete, fiel der Schweiß wie Blutstropfen nieder. Er erhob sich und ging zu seinen Jüngern, die er schlafend vorfand. Er hielt ihnen ihren Schlaf vor, indem er zu ihnen sagte: *„Könnet ihr denn nicht eine Stunde mit mir wachen?"* Wonach er wieder von ihnen ging, sich niederkniete und das gleiche dramatische Gebet begann. Als er wieder zu seinen Jüngern kam, entdeckte er sie abermals schlafend; er tadelte sie und sie wussten nicht, was sie antworten sollten. Schließlich entfernte er sich ein letztes Mal, um dieses schmerzliche Gebet zu wiederholen. Als er zu ihnen zurückkehrte, waren alle drei ein weiteres Mal eingeschlafen. Er sprach nun zu ihnen: *„Ach, wollt ihr nun schlafen und ruhen? Es ist genug;..."*[70] Bedeutet der Ausdruck „es ist genug" nicht, dass es Zeit für sie ist, *innerlich aufzuwachen?*

Man nimmt diesen Bericht im Allgemeinen auf eine buchstäbliche Weise hin, ohne zu versuchen, dessen wirkliche Bedeutung zu ergründen. Der symbolische Sinn dieser beunruhigenden Geschichte wird offensichtlich nicht verstanden. In Kirchen, oder anderswo, zeigen die verschiedenen Darstellungen der drei Jünger diese stets kläglich in einen tiefen physischen Schlaf versunken.

Es ist unvorstellbar, dass diese drei Männer, die die Schüler eines so großen MEISTERS waren, tatsächlich physisch

---

[70] Im Lukasevangelium stehen auch die folgenden Worte: *„Was schlafet ihr?"*

geschlafen haben, während ER dabei war, ein so erschütterndes Gebet zu sprechen. Waren sie in diesem tragischen Augenblick nicht vielmehr *abwesend zu sich selbst* und unfähig, die Bemühung aufrechtzuerhalten, selbstgegenwärtig und sich ihrer selbst auf die Weise bewusst zu bleiben, die CHRISTUS von ihnen erwartete? Wenn diese drei Jünger tatsächlich physisch eingeschlafen waren (so wie sie für gewöhnlich dargestellt werden), wie waren sie dann imstande, sich an die Worte dieses schmerzvollen Gebetes CHRISTI zu erinnern, das sich praktisch Wort für Wort in den drei verschiedenen Evangelien wiedergegeben findet?

Außerdem scheint es schwer akzeptabel zu glauben, dass *drei Männer, und zwar* alle *gleichzeitig,* an *drei aufeinanderfolgenden Malen von einem tiefen physischen Schlaf* übermannt waren und das unmittelbar, nachdem ihr Meister sie streng ermahnt hatte. Selbst Kinder würden sich nicht von einem physischen Schlaf forttragen lassen, wenn sie *dreimal* zurechtgewiesen worden wären; um wieviel unwahrscheinlicher erscheint dieser legendäre Schlaf von drei Erwachsenen angesichts der Forderung eines so außergewöhnlichen MEISTERS.

Dieser seltsame und anscheinend unwiderstehliche Wachschlaf, in den die drei Jünger CHRISTI fielen, ist es nicht genau der, in den der Mensch während seines Lebens versunken ist, ohne es zu wissen? Nachdem er sie zum ersten Mal getadelt hatte, sagte CHRISTUS zu ihnen: „*Wacht und betet, damit ihr nicht in Anfechtung fallet!*"[71] Diese Worte, die er an sie richtete, enthalten sie nicht einen tiefen und besonders bedeutungsvollen Sinn in Bezug auf ein *Inneres Erwachen?*

Der Akt des Betens selbst fordert, wenn er authentisch ist, unweigerlich eine gewisse *Anstrengung*, um während seiner

---

[71] Dieses selbe innere ERWACHEN, welches auch das Ziel des Buddhismus ist, wird durch das folgende berühmte Mantra veranschaulicht: Gaté, gaté, paramgaté, parasamgaté, Bodhi, swâha!", das übersetzt heißt: „Gegangen, gegangen, darüber hinausgegangen, gänzlich darüber hinaus gegangen, oh welch ein *Erwachen!*"

ganzen Dauer in einem Zustand des *Wachens* zu bleiben. Dieses Gebet, das zu sprechen CHRISTUS von seinen Jüngern verlangt, hat es nicht zum Ziel, sie *zu einem anderen Zustand des Seins und des Bewusstseins zu erwecken*, den sie ohne eine anhaltende Bemühung weder in sich erreichen noch aufrechterhalten können? Ohne diese Bemühung werden sie nur der „*Versuchung*" unterliegen können, das heißt, der *nach unten gerichteten Anziehungskraft der Schwere* unterliegen, und sich in diesen merkwürdigen *Zustand der Abwesenheit und der Unbewusstheit ihrer selbst* ziehen lassen können – ein Zustand der Unbewusstheit oder des *Wachschlafes*, in dem die Menschheit so traurig versunken ist und der sich als der Grund für so viele Unverständnisse und Nöte auf diesem Globus erweist.

Die Zahl drei kehrt in dieser seltsamen Geschichte mehrere Male wieder, wie ein Ruf des HEILIGEN. CHRISTUS hat *drei* seiner Jünger zum Ölberg mitgenommen. Er hat *drei* Mal dieses herzzerreißende Gebet gesprochen; dazu sind seine Jünger *drei* Mal eingeschlafen. Im Hinduismus repräsentieren Brahma, Vishnu und Shiva die *drei* Gesichter derselben Gottheit. Der Buddhismus beschreibt ebenso diese geheimnisvolle Einheit unter *drei* Aspekten: dem Dharmakaya, dem Nirmanakaya und dem Sambogakaya. Genauso im Christentum: Der VATER, der SOHN und der HEILIGE GEIST sind EINS.

* * *

Zu erwachen aus diesem *Wachschlaf bzw. der Abwesenheit zu sich selbst* – die zu einem Zustand geworden sind, der so sehr im Menschen verankert ist, dass dieser sich für gewöhnlich als unfähig erweist, ihn infrage zu stellen –, erfordert von seiner Seite eine unermüdliche Anstrengung sowie einen wiederholten Verzicht auf alles, was sein übliches inneres Universum darstellt.

Dieser Kampf gegen sich selbst wird nachdrücklich durch die folgenden Worte CHRISTI betont: „*Will mir jemand nachfolgen, der verleugne sich selbst und nehme sein Kreuz auf sich und folge mir.*" (Matth 16,24). Er hat auch erklärt: „*Und die Pforte ist eng und der Weg ist schmal, der zum Leben führt, und wenige sind ihrer, die ihn finden.*" (Matth 7,14). Wie können solche Worte mit der versichernden Idee vereinbar sein, es genüge zu glauben, um gerettet zu werden?

Übrigens, gibt es im Neuen Testament nicht auch die Worte: „Weil du aber lau bist, …, werde ich dich ausspeien aus meinem Munde."? (Offb). Sind sie nicht dazu bestimmt, die Sucher aufzurütteln, um sie anzuregen, die unerlässlichen Bemühungen zu diesem *Inneren Erwachen* zu machen? Und endlich, findet man nicht auch diesen Satz: „Wer GOTT nicht zu Lebzeiten *gekannt* hat, hat umsonst gelebt."?

Was bei diesen letzten Worten so auffallend ist und was sich für die spirituelle Arbeit des Aspiranten als von grundlegender Bedeutung erweist, ist, dass es hier um die Frage geht, GOTT zu *kennen* und nicht, an GOTT zu glauben – ganz wie in Indien, wo die verschiedenen spirituellen Wege, gleich welche, immer darauf abzielen, dem Sucher zu helfen, das SELBST oder sein WAHRES SEIN *in* sich zu erkennen, durch eine direkte Erfahrung, und nicht, an das SELBST oder an GOTT zu „glauben". Die WAHRHEIT bringt die Menschen einander näher, die Unwissenheit trennt sie.

Wie es wiederholte Male gesagt wurde, kann ein blinder Glaube an irgendeine Gottheit den Menschen nur von seinem Nächsten *trennen*, denn jeder glaubt unweigerlich an *seine Art und Weise*, je *nach seiner Konditionierung*, und vor allem, gemäß *der Weise, in der er (oder sie) erzogen wurde.*

Zudem, zu glauben, dass GOTT eine lebendige Person irgendwo „da oben" im Himmel ist, begrenzt IHN nicht nur auf eine physische Form – was bedeuten würde, dass ER, wie alles Berührbare, unbeständig wäre! – sondern kann den

Menschen außerdem nur für immer von seinem SCHÖPFER[72] *trennen!*

Durch eine regelmäßige Meditationspraxis wird der Aspirant zu der Erkenntnis kommen, dass es im UNIVERSUM weder oben noch unten, weder rechts noch links, weder hier noch dort, noch ein Ende für den unermesslichen Raum des KOSMOS gibt, was ohne eine tiefe innere Versenkung während der Meditation dem begrenzten Intellekt des Menschen für immer unbegreiflich bleiben wird. Daher wird die Erde, wenn man sich auf dem Planeten Venus oder auf dem Mond befindet, unausweichlich *oben* am Himmel erscheinen und *nicht unten* – in gleicher Weise, wie man den Mond von der Erde aus *oben* sieht, wenn man den Blick auf ihn gerichtet hat, und „nicht unten"!

* * *

Aufgrund der vielfältigen Glaubensrichtungen, die die verschiedenen Religionen ihren Anhängern seit Generationen eingeimpft haben, ist es schwer für sie, sich freizumachen von der (bewussten oder unbewussten) Idee, der zufolge das Paradies und die Hölle geheimnisvolle geographische Orte sind, die irgendwo im Sternenhimmel liegen und zu denen sie sich begeben werden, nachdem sie ihren planetarischen Körper verlassen haben. Sie können nicht die Tatsache begreifen, dass das Paradies und die Hölle beide *Zustände des Seins* sind.

Kein Mensch kann sich selbst entgehen, sei es zu seinen Lebzeiten oder nach dem Tod. Keine Gottheit wird ihre Zeit damit verlieren, ein Urteil über ihn zu fällen. Er wird *alleine durch sich selbst* beurteilt werden. Wie zuvor gesagt wurde, wird er, was er auch immer machen könnte, durch das

---

[72] Eine Vorstellung, die den Worten CHRISTI widerspricht: „Ich und der VATER sind EINS." Joh 10, 30. „... dass ich im VATER und der VATER in mir ist." Joh 14, 10. Seid EINS mit dem VATER, bleibt in der EINHEIT. Joh 17, 21-22.

unerbittliche Gesetz der Anziehung durch die Schwerkraft nicht anders können, als *in sich* zu einer anderen Ebene zu gravitieren, die dem Niveau seines Seins und seines Bewusstseins entspricht, sei sie höllisch, gewöhnlich oder paradiesisch. Selbst zu Lebzeiten kann niemand vermeiden, Zustände des Unglücks oder des Glücks zu erleben, die seinen Ebenen des Seins oder des Bewusstseins entsprechen. Nach dem Tod kann der Mensch nicht mehr ändern, was er in sich ist. Eine spirituelle Praxis ist für ihn nicht mehr möglich, denn die Bedingungen, die das phänomenale Leben ihm bietet, sowie sein Kontakt mit den anderen (durch die er sich selbst kennenlernen kann), die für sein *spirituelles Wachstum* notwendig sind, werden von jetzt an außer seiner Reichweite liegen. Er benötigt eine ernsthafte Meditationspraxis zu seinen *Lebzeiten*, sowohl um sich von allen *kollektiven Gedanken* zu befreien, die seit undenklichen Zeiten von Seinesgleichen ausgegangen sind und die schwer auf der Welt und auf ihm lasten, als auch um sein Niveau des Seins und des Bewusstseins zu anzuheben.

* * *

Alles Vorangehende kann einem aufrichtigen Aspiranten helfen, das Ziel einer spirituellen Lehre (sofern sie authentisch ist), das, was bei diesem geheimnisvollen Kampf um das *Erwachen* zu seiner GÖTTLICHEN QUELLE wirklich auf dem Spiel steht, besser zu erfassen, sowie den Grund, warum große Wesen wie CHRISTUS die Opferung ihrer selbst akzeptiert haben, wenn sie versuchen, das LICHT ihres kostbaren SPIRITUELLEN WISSENS einer traurigen Menschheit zu bringen, verloren in den Nebeln ihrer Unwissenheit um ihre WAHRE GÖTTLICHE IDENTITÄT.[73]

---

[73] In den Oxyrhynchus papyri findet man folgende Worte CHRISTI: „Wer Ohren über seine Ohren hinaus hat, der höre! Ich spreche zu denen, die erwacht sind."

Erst wenn der Aspirant durch eine *direkte innere Wahrnehmung* seine URSPRÜNGLICHE QUELLE erkannt hat (und nicht bloß passiv an sie glaubt), und wenn es ihm infolge einer regelmäßigen Arbeit an sich selbst gelungen ist, *zu erwachen* und zu diesem Aspekt seiner Doppelnatur *erwacht zu bleiben, ohne ihn jemals wieder zu verlieren*, kann man von AUFERSTEHUNG[74] sprechen – die nichts zu tun hat mit einer hypothetischen Auferstehung im Fleisch. Wenn die Auferstehung tatsächlich im Fleisch geschehen würde, würde sie nicht zwangsläufig die Rückkehr in eine weitere *begrenzte* und *prekäre* Existenz beinhalten? Außerdem, angesichts der Notwendigkeit, unaufhörlich andere lebende Elemente zu zerstören, um das Fleisch zu ernähren und es am Leben zu erhalten, könnte eine Auferstehung dieser Art auf keinen Fall vollkommen oder wünschenswert sein. Und nachdem das Sonnensystem selbst, mit allem, was es an gigantischer Materie enthält, eines Tages aufhören wird zu existieren und verschwinden wird, wie könnte da der im Fleisch auferweckte Mensch hoffen, dem unerbittlichen Gesetz zu entgehen, welches die Materie regiert, und nicht von Neuem der Unsicherheit, der Krankheit, dem Altern und dem Tod unterworfen werden? Reflektiert dieser Glaube nicht im Grunde seine Angst, seinen Körper für immer zu verlieren und sich dann ohne etwas wiederzufinden, an das er sich klammern kann – wenn er nicht durch eine *direkte Erfahrung* seinen GÖTTLICHEN URSPRUNG *gekannt* hat, der im Hintergrund aller sichtbaren Manifestation anwesend ist?

* * *

Wenn der Sucher die WIRKLICHKEIT kennen möchte, die er in sich trägt und die die gesamte Schöpfung belebt, muss er einen Zustand finden, der dem eines Neugeborenen gleicht, und das verlieren, was er über sich und das Leben zu wissen

---

[74] „So jemand mein Wort wird halten, der wird den Tod nicht sehen ewiglich. Joh 8, 51.

glaubt, sowie seine Bindung an das Vergängliche, seine gewöhnlichen Wünsche, seinen Namen, seine Form, seine Individualität etc. – welche genau die Dinge sind, auf die er am schwierigsten verzichten kann. Um zur Entdeckung des HIMMLISCHEN ASPEKTES seiner Doppelnatur zu gelangen, muss er eine *Leere* in sich schaffen, was nur geschehen kann, wenn es ihm gelingt, sich während seiner Meditation in einem Zustand intensiver Konzentration und innerer Versunkenheit zu etablieren.

Es ist notwendig, dass er während seiner Meditation dahin kommt, seine Individualität, so wie er sie gemeinhin kennt, vollständig zu verlieren, und das, ohne von Panik ergriffen zu werden, um in seine URSPRÜNGLICHE QUELLE eintauchen zu können – so wie eine Raupe akzeptiert, freiwillig ihre Individualität als Raupe zu verlieren, um in einen schönen Schmetterling verwandelt zu werden, der fähig ist, in den Lüften zu fliegen, statt mühsam über den Boden zu kriechen, oder auch wie eine Samenzelle, die, wenn sie sich mit dem Ei vereinigt, zustimmt, vollständig ihre Individualität als Samenzelle zu verlieren, um eine Lebensform zu erreichen, die unendlich höher und reicher ist.

Der Mensch ist durch seine gewöhnliche Individualität an das Sichtbare sowie an Zeit und Raum gekettet. Nun, die ewige Gegenwart kann nicht in der Bewegung der Zeit existieren; innerhalb der Zeit kann es nur ein immerwährendes Werden geben. Wenn der Sucher es schafft, durch eine tiefe innere Versenkung während der Meditation eine *Leere* in sich zu schaffen und dem zu sterben, der er normalerweise ist, lässt er gerade dadurch den Platz in seinem Wesen frei, damit sein HIMMLISCHER SOUVERÄN die so geschaffene Leere in ihm einnehmen kann.[75] Luft kann nicht in ein Gefäß dringen, das bereits voll Wasser ist. Es muss zuvor *geleert* werden.

---

[75] „Wenn der Schüler leer [öde] ist, wird er von Licht erfüllt sein; aber wenn er geteilt ist, wird er von Finsternis erfüllt sein." Thomasevangelium, 61, 15-18.

Erst an dem Tag, wo der Aspirant von dem intensiven Wunsch erfüllt sein wird, die WIRKLICHKEIT zu kennen (die er, ohne es gemeinhin zu wissen, in sich trägt), wird er bereit sein, *sich mit seinem ganzen Wesen der Suche nach seiner WAHREN IDENTITÄT zu widmen und zu sich selbst zu sterben, um zum WAHREN LEBEN in sich wiedergeboren zu werden, welches Zeit und Raum übersteigt.*

KAPITEL 10

Im Freien auszuübende Konzentrationsübungen

Für einen Sucher ist es am Anfang seines Engagements in einer Praxis der Meditation, des Yoga oder jedes anderen spirituellen Weges schwer zu verstehen, dass, wenn es ihm wirklich ernst ist mit seinem Wunsch, den HÖHEREN ASPEKT seiner Doppelnatur zu erfahren und die Befreiung von den der phänomenalen Existenz innewohnenden Leiden zu erreichen, es nicht genügt, nur in der Stille seines Zimmers zu meditieren, sondern es bedarf als unerlässliche Ergänzung zu seiner Meditation der Ausübung anderer Konzentrationspraktiken mitten in den Turbulenzen des äußeren Lebens; andernfalls wird er jedes Mal, wenn er seine Meditation unterbricht, um seine üblichen Tätigkeiten wieder aufzunehmen, in kurzer Zeit den Gewinn dessen verlieren, was er an höheren Zuständen des Bewusstseins und des Seins wenige Augenblicke früher berühren konnte, und er wird sich durch die Macht der Gewohnheit getrieben finden, gegen seinen Willen erneut zu dem abzusteigen, der er für gewöhnlich ist, mit seinen ungeordneten Gedanken, die unkontrolliert in seinem Geist ablaufen, mit seinen Tendenzen und seiner Weise, im täglichen Leben zu sein und sich zu verhalten, die mit der WAHRHEIT des SEINS, die er eines Tages in sich zu festigen sucht, nicht kompatibel sind. Und wenn er sich später wieder zum Meditieren hinsetzen möchte, wird er sich gezwungen sehen, mühselig wieder anzufangen, die Bemühungen zur Konzentration *„von unten an"* zu machen.

Ein ernsthafter Aspirant kann nicht umhin festzustellen, dass, aufgrund der gnadenlosen Schwerkraft, die die gesamte Schöpfung manipuliert, kaum dass ein inneres Verständnis der außergewöhnlichen Wahrheit als Ergebnis seiner Konzentrationsbemühungen in ihm erwacht ist, dieses im nächsten Augenblick von den Wirkungen, die die Einflüsse der äußeren Welt auf seine Psyche ausüben, weggeschnappt wird. Und er findet sich von Neuem in seine kleine Welt und in seine gewohnte Abwesenheit versunken, passiv allem ausgeliefert, was seine Aufmerksamkeit von außen wie von innen anzieht.

Er wird vor die zwingende Notwendigkeit gestellt werden, eine Weise des Seins zu finden, die ihm erlaubt, in der Bewegung des äußeren Lebens so selbstgegenwärtig und seiner selbst so bewusst wie möglich zu bleiben, ohne in seinen Zustand der Identifizierung mit dem Panorama der phänomenalen Welt zu versinken, die, aufgrund ihrer unaufhörlichen Veränderungen, auf seine Psyche eine gewaltige Kraft ausübt, von der er sich normalerweise quasi unmöglich befreien kann. Das ist der Grund, warum er sich einer strengen Disziplin unterwerfen und akzeptieren muss, jedes Mal, wenn er seine Wohnung verlässt, um sich irgendwohin zu begeben, *während der gesamten Weglänge* bestimmte Konzentrationsübungen zu machen. Wenn er von zuhause weggeht, darf er sich nie mehr erlauben, wertvolle Zeit mit nichtigen Träumereien zu verlieren.

Sein Blick muss aufhören, passiv nach außen gezogen zu werden, und seine Aufmerksamkeit, die immer intensiver auf das Ziel seiner Suche gerichtet bleiben muss, darf ihm nicht mehr unwissentlich gestohlen werden. Je mehr sein Blick nach außen gerichtet ist, desto mehr gerät der Aspirant unter den Einfluss der Notwendigkeit und wird folglich versklavt; im Gegensatz, je mehr sein Blick auf das Innere seiner selbst gerichtet ist, desto mehr löst er sich vom Einfluss der Notwendigkeit und befreit sich innerlich, sich so verfügbar machend, um auf einen höheren Ruf in sich zu antworten.

Damit der Aspirant die Richtung, die seine spirituellen Übungen nehmen müssen, besser versteht, muss er es schaffen, sich dank verschiedener Konzentrationsübungen von der Macht zu befreien, die das „Werden" auf ihn ausübt, und muss die Erfahrung machen, und sei es anfangs nur für einen kurzen Augenblick, *außerhalb der Zeit* zu leben. Er wird dann, im Gegensatz zum üblichen Glauben, sehen, dass die EWIGKEIT in keiner Weise etwas sein kann, das sich im Ablauf der Zeit für immer verlängert; und selbst wenn diese außergewöhnliche Erfahrung nicht lange anhält, bevor er sie verliert, wird sie doch einen unzerstörbaren Eindruck in ihm hinterlassen, sowie das Verständnis (in der gängigen Sprache nicht ausdrückbar), dass die EWIGKEIT nicht zu trennen ist von der Empfindung des SEINS und eines *kontinuierlichen Jetzt*.

Er wird geheimnisvoll beginnen, sich darüber klar zu werden, dass nach dem Tod ein ewiges Leben in der Zeit unvorstellbar ist, denn die Zeit ist direkt mit dem manifestierten Leben verbunden, das heißt, mit Geburt, Wachstum, Abnutzung und Verfall.

Alles, was in Zeit und Raum eine Form angenommen hat, ist dem Prozess des „Werdens" ausgeliefert und kann daher eine echte Empfindung des SEINS nicht erleben. Die Empfindung des SEINS existiert in der Bewegung der Zeit und des „Werdens" nicht. Solange der Sucher keine Ruhe im Fluss seines Geistes findet, kann er die Empfindung des SEINS nicht in sich erfahren. Er wird stets in einer inneren Bewegung und in einem Zustand unaufhörlichen „Werdens" sein. Daher wird die EWIGKEIT nicht aufhören, ihm zu entgehen. Er wird sich im Dahinströmen der Zeit verlieren, indem sich sein Geist, in einem Zustand immerwährender Vorwegnahme, ständig auf die Zukunft projiziert.

Während seiner Meditation oder bei der Ausführung von Konzentrationsübungen (wie die weiter unten ausgeführten) muss der Aspirant zu einem Punkt kommen, wo es für ihn kein Morgen oder Gestern mehr gibt, sondern nur ein *kontinuierliches Jetzt*.

Nur die intensive und anhaltende Meditation kann das Niveau des Bewusstseins des Suchers anheben und ihn dem ABSOLUTEN näherbringen. Aber er darf diese Form der Konzentration (die die meisten Leute abschreckt) nicht mit der gewöhnlichen Konzentration verwechseln, die man täglich zu gebrauchen gezwungen ist, um den Anforderungen des phänomenalen Lebens zu genügen, und die nur *nach außen* gerichtet ist. Die Art Konzentration, die vom Aspiranten bei einer spirituellen Übung gefordert wird, ist in die entgegengesetzte Richtung orientiert, das heißt, *zu ihm hin*. Des Weiteren verlangt sie von seiner Seite einen kontinuierlichen Kampf, um Augenblick für Augenblick den pausenlosen Gedanken, Wünschen und Vorstellungen zu entsagen, die nicht aufhören, sich in seinem Geist zu erheben.

Das Problem, das sich jedem stellt, der sich auf einem spirituellen Weg befindet, besteht darin, ein Stadium zu erreichen, wo er kein anderes Vergnügen mehr kennt, als zu streben, konzentriert und innerlich mit dem HÖHEREN ASPEKT seines Wesens und Bewusstseins verbunden zu bleiben, den er während der Meditationssitzung erkennen durfte, ganz während er seine Pflichten gegenüber seinen Nächsten und der äußeren Welt erfüllt.[76]

Im Allgemeinen vergisst der Mensch, wenn er den Boden unter seinen Füßen betrachtet, den Himmel über seinem Kopf, und wenn er den Himmel über seinem Kopf betrachtet, vergisst er die Erde, die unter seinen Füßen ist. Er besitzt nicht diese Fähigkeit der *Teilung der Aufmerksamkeit*, die für eine spirituelle Praktik unerlässlich ist (und die wiederholt in früheren Kapiteln beschrieben wurde). Um sich der beiden Aspekte seiner Doppelnatur bewusst zu bleiben, anders gesagt, um sich *gleichzeitig* der Erde und des Himmels in sich bewusst zu bleiben – was das einzige Mittel ist, das ihm erlaubt, *sich zu erkennen* –, ist es für den Sucher notwendig, in sich einen *zentralen Punkt* zu finden, der ihm die Möglichkeit gibt, *sich nicht in der einen oder anderen Richtung zu verlieren*, wenn sein Interesse sich durch etwas außerhalb seiner selbst oder in ihm angeregt sieht.

---

[76] „Lerne, dich mit nichts zu identifizieren, was es auch sei, das heißt, sei außen bei den Leuten, innen bei GOTT." Kwaja Abd Al-Khali.

Um zu erreichen, diesen zentralen Punkt in sich zu finden, wird der Aspirant mit Gewinn die folgende Übung durchführen können, die beim Gehen im Freien gemacht werden soll.

Er muss, wie bereits gesagt, stets mit der Durchführung einer Konzentrationsübung beschäftigt sein, wenn er von zu Hause weggeht, und darf die freie Zeit, über die er verfügt und die wertvoll für ihn ist, nicht damit verlieren, sie in bedeutungslosen Gedanken und Vorstellungen zu vergeuden. Wenn er einmal die Art der Konzentrationsübung, die er ausführen wird, bestimmt hat, darf er sie auf keinen Fall wegen eines Widerstandes, auf den er in sich stoßen könnte, anhalten oder unterbrechen, um eine andere zu machen, die ihm leichter vorkommt; denn er würde sich in kurzer Zeit vor neuen Widerständen in sich finden. Er muss sich nicht nur sehr strikt sich selbst gegenüber zeigen und sich an die anfänglich gewählte Übung halten, sondern er muss sie obendrein bis zum Ende der Zeitspanne verfolgen, die er bestimmt hat, um sich ihr zu widmen.[77]

Er muss im Voraus die verschiedenen Bedingungen akzeptieren, die ihm auf seinem Weg begegnen werden, und muss trotz des Lärms und der unaufhörlichen Betriebsamkeit, die ihn umgeben können, mit all seinem Ernst versuchen, den *Nada* zu hören, diesen geheimnisvollen Ton im Inneren der Ohren und des Kopfes, und muss sich zwingen, ihn ununterbrochen zu „halten", wobei er ihn als Stütze benutzt, um so gegenwärtig und seiner selbst bewusst zu bleiben, wie er kann. Außerdem muss er sich kontinuierlich des Himmels über seinem Kopf sowie des Bodens unter seinen Füßen bewusst bleiben. Anders gesagt, er muss, *während er mit dem Gehen fortfährt, ohne einen Moment der Pause*, auf die gleichzeitige Mahnung des *Tones* (des *Nada*) im Inneren seiner Ohren, auf

---

[77] Alle Konzentrationsübungen in diesem Buch sowie in mehreren anderen Werken des Autors hat sich dieser für seine persönliche Arbeit ausgedacht.

den Himmel über seinem Kopf, auf den Boden unter seinen Füßen und *auf sich selbst* zwischen Himmel und Erde achten. Er muss in diesem Bemühen durchhalten, bis es ihm gelingt, eine erste Schwelle in sich zu überschreiten, die in ihm den Anfang eines inneren *Erwachens* erzeugen wird, ein besonderes *Erwachen*, das ihm erlauben wird, die Welt *mit Abstand* in sich zu betrachten, so als ob er sie zum *ersten Mal* in seinem Leben wahrnehmen würde.

Jedoch, wenn der Aspirant in seiner Arbeit und in seinem Wunsch, sich zu kennen und zu verstehen, was ihn von seinem GÖTTLICHEN URSPRUNG trennt, wirklich ernsthaft ist, wird er nicht umhin können zu bemerken, dass, sobald dieses ungewohnte Erwachen begonnen hat, in seinem Wesen spürbar zu werden, sich im nächsten Moment die Schwere wieder einmal seiner bemächtigt, um ihn zu seinem gewöhnlichen Zustand des Seins und der Abwesenheit zu ziehen, aus dem heraus er wieder anfängt, die Welt zu sehen, wie er es aus Gewohnheit tut, auf eine vage Weise.

Er wird feststellen müssen, dass der Kampf ums Erwachen und Erwacht-Bleiben nicht leicht ist, und dass er sich auf die merkwürdigste Weise sogar darin *gefällt*, in sich zu schlafen, um vor sich hin träumen zu können. Obendrein wird er entdecken, dass *er selbst* es ist, der sich von diesem geheimnisvollen Wachschlaf mitnehmen lässt, *mit seiner eigenen Zustimmung*.

Wenn der Sucher nicht die Anstrengung macht, aufzuwachen, und sei es am Anfang nur ein bisschen, wird er niemals wissen können, auf welche Weise er innerlich schläft, noch was er verliert, wenn er in diesem unerwünschten Zustand bleibt.

Welches seltsame Phänomen, dieser Wachschlaf, in dem der Mensch sein Leben gewöhnlich verbringt! Bedrängt von seinen täglichen Sorgen, verschwendet er seine Zeit in nichtigen Zerstreuungen und es bereitet ihm sogar eine merkwürdige emotionale Freude, ständig gegen andere zu kämpfen, das Ganze in diesem *seltsamen Zustand der Abwesenheit zu sich selbst*, ohne je daran zu denken, sich auf die schwindelerregende innere Reise vorzubereiten, die ihn am Ende seiner irdischen Wanderungen erwartet.

Der Kampf mit den Konzentrationsübungen, wie er oben beschrieben wurde, erweist sich daher als unerlässlich, um aus seinem tiefen Wachschlaf zu erwachen.

Wenn der Aspirant nicht nachlässt mit seinen Versuchen, innerlich wach zu bleiben, während er diese Übung ausführt, wird er beginnen, die Notwendigkeit zu ahnen dahin zu kommen, sich *gleichzeitig* des Himmels und der Erde in sich bewusst zu bleiben, um eines Tages ein Kanal zwischen der oberen Welt und der unteren Welt zu werden, sowohl in sich als auch außerhalb seiner selbst.

Während der gesamten Dauer dieser Übung muss sich der Aspirant bemühen, sich gleichzeitig des Himmels über seinem Kopf, der Erde unter seinen Füßen, *seiner selbst, zwischen Himmel und Erde stehend*, sowie des *Nada* im Inneren seiner Ohren bewusst zu bleiben. Er muss seine Bemühung unablässig fortsetzen, bis es ihm gelingt, eine seltsame Stille und eine innere Bewegungslosigkeit zu erfahren, trotz des Lärms und des lebhaften Treibens, die ihn umgeben. Er muss die Bemühung halten, muss *sie unablässig aufrechterhalten*, um konzentriert zu bleiben (ohne auf ein Resultat zu lauern), bis er dahin kommt, sich *außerhalb* der phänomenalen Welt und der Zeit zu fühlen.

Er wird dann die Beweglichkeit und die Flüchtigkeit des existentiellen Lebens in ihrer ganzen Wirklichkeit sehen, eines ewig wechselnden existentiellen Lebens, das er *als von sich getrennt seiend wahrnehmen wird*. Und durch die Ausdehnung des Bewusstseins, die sich in diesem Moment in ihm vollziehen wird, wird sich die Bewegung der Zeit ebenfalls *verändern*. Alles wird vor ihm wie in einem flüchtigen Traum abzulaufen scheinen – ein flüchtiger Traum, aus dem er erwacht sein wird und den er durch den rätselhaften Blick eines

SCHWEIGENDEN und UNBEWEGLICHEN ZEUGEN betrachten wird, der ihm auf eine für gewöhnlich unerklärliche Weise *er selbst* zu sein scheinen wird.[78]

Der Sucher darf sich nicht mit der bloßen Lektüre über das Ergebnis der Bemühungen eines anderen zufriedengeben und es passiv akzeptieren. Er muss *selbst* experimentieren, durch eine *direkte innere Wahrnehmung*, die das Resultat seiner eigenen Bemühungen sein wird.

Die oben erwähnten Erklärungen haben kein anderes Ziel, als zu helfen, die Wichtigkeit zu erkennen, sich von sich selbst zu lösen, von seiner kleinen Welt vergänglicher Träume, in der er aus Gewohnheit so tragisch eingeschlossen ist.

Nur dank einer Konzentrationspraxis dieser Art kann sich ein aufrichtiger Aspirant, und sei es nur für einen kurzen Augenblick, von seiner *Identifikation mit dem Sichtbaren* befreien, um eine andere Sicht auf das Universum, das Geheimnis seines Lebens sowie seine Beziehung zu der Welt, die ihn umgibt, zu haben – eine andere Sicht und andere Kenntnisse als die, die ihm normalerweise durch seine begrenzten Sinnesorgane übermittelt werden.

Eben deswegen, damit der Sucher die Wirkungen des Flusses der Eindrücke auf sein Wesen sieht, die ihm von seinen Sinnesorganen übermittelt werden, wird sich die folgende Übung als sehr wertvoll erweisen. Sie wird ihm helfen, sich besser zu kennen, sowie die Hindernisse zu identifizieren, die die Enthüllung seiner GÖTTLICHEN IDENTITÄT verhindern – Hindernisse *in* ihm, hervorgerufen durch die unzähligen Eindrücke, die aus der Außenwelt stammen und die ihn, aufgrund dieser eigenartigen Abwesenheit zu sich selbst, unaufhörlich infiltrieren und in denen er sich, ohne es zu wissen, passiv verliert.

---

[78] „Der Blick, durch den ich GOTT kenne, ist der Blick, durch den GOTT mich kennt." Meister Eckhart.

In seinem üblichen Zustand der Abwesenheit und der Identifikation mit dem, was er von außen aufnimmt, ist es sehr schwer für ihn, wenn nicht gar unmöglich, sich genügend von sich selbst zu lösen, um festzustellen, auf welche Weise er – meistens auf seine eigenen Kosten – emotional auf alles reagiert, was in seinem Geist als Antwort auf äußere Reize abläuft.

Der Aspirant muss verstehen, auf welche geheimnisvolle Weise die Eindrücke, die er aus Gewohnheit *passiv* aus der Außenwelt in sich aufnimmt, auf ihn einwirken, und muss besser die Weise erfassen, in der sie sein Empfinden von einem Augenblick auf den anderen *färben* und *verändern*, ohne dass er es im Allgemeinen je wahrnimmt.

Solange sich der Mensch mit dem Sichtbaren identifiziert und von Stimulierungen abhängt, die er passiv von außen empfängt und die ihm die Empfindung und die *Bewusstheit von seiner Existenz* geben, bleibt er immer von seiner GÖTTLICHEN QUELLE abgeschnitten und folglich ist alles, was er über sich und die Welt, die ihn umgibt, zu wissen glaubt, dramatisch begrenzt und unwirklich. Er bleibt versklavt durch sein gewöhnliches Ich, durch die Weise, in der er das existentielle Leben begreift sowie durch die Stimulationen, die er von außen aufnimmt, um zu wissen, dass er existiert.

Außerdem kann er nicht erkennen, dass, solange er der bleibt, der er gewöhnlich ist, alle Eindrücke, die er passiv aus der Welt der Phänomene in sich aufnimmt – einer ewig wechselnden und vergänglichen Welt, die er für die einzige existierende Wirklichkeit hält – stets mit seinen subjektiven Gedanken vermischt und daher verzerrt sind. Außerdem, aufgrund der Tatsache, dass diese Eindrücke durch die engen Pforten seiner begrenzten Sinnesorgane passieren und von seinem gewöhnlichen, konfusen und partiellen Geist *interpretiert* werden, bleibt er für immer in seiner kleinen, gewohnten Welt gefangen und durch sein niederes Wesen versklavt.

Die Weise, in der jemand sieht und hört, drückt aus, *was er in sich ist*. Er sieht und hört gemäß dem *Niveau seines Seins und Bewusstseins*. Wenn sich seine Stufen des Seins und des Bewusstseins verändern, wird seine Empfänglichkeit ebenfalls eine Veränderung durchmachen und er wird von da an *auf eine ganz andere Weise sehen und hören, als er es bis dahin tat*.

Nach diesen notwendigen Erklärungen, um dem Aspiranten zu helfen, besser die Bedeutung dieser Arbeit zu verstehen, hier nun die eigentliche Übung:

Während er versucht, auf diesen geheimnisvollen *Nada* im Inneren der Ohren und des Kopfes zu hören, damit [dieser] ihn unterstütze und ihm helfe, innerlich gegenwärtig zu bleiben, muss er extrem aufmerksam auf alle Eindrücke werden, die er durch die Vermittlung seiner Augen und Ohren von außen empfängt; er muss feststellen, auf *welche Weise* diese auf sein Wesen einwirken, sowie die Gedanken und Bilder wahrnehmen, die sie von Augenblick zu Augenblick im Stillen in ihm in Gang setzen, und die er normalerweise nie bemerkt. Während er weiter geht und auf alles aufmerksam bleibt, was er um sich herum sieht und hört, *darf er keinen einzigen Gedanken und kein einziges Bild seinen Geist durchqueren lassen, ohne sie bemerkt zu haben.*

Diese Übung mag auf den ersten Blick einfach auszuführen sein. Der Sucher wird jedoch überrascht sein von der Schwierigkeit, auf die er in sich treffen wird, bei der Ausübung *beharrlich zu sein;* denn ohne sich vielleicht dessen bewusst zu sein, sind die Aspiranten meistens auf der Suche nach Phänomenen oder nach etwas Spektakulärem und dieses Studium ihrer selbst mag vielen als uninteressant, langweilig, ja sogar sinnlos erscheinen.

Damit der Aspirant nicht völlig überrascht und entmutigt oder gar versucht sein wird, die Übung mittendrin aufzugeben, muss er sich von Anfang an daran erinnern, dass alles, was von ihm eine ungewohnte Bemühung zur *Selbstgegenwärtigkeit* und zum *Verzicht auf seine Träumereien* verlangt, anfangs einen starken Widerstand in ihm auslösen wird, oder sogar eine totale Weigerung. Denn das, was seine Gewohnheiten, seine übliche Weise zu sein und seinen Glauben bedroht, schreckt den Menschen ab.

Wenn der Sucher in seinem Wunsch, wieder zum HIMMLISCHEN ASPEKT seiner Doppelnatur zu gelangen und sich in ihn zu integrieren, wirklich aufrichtig ist, muss er bis zu einem gewissen Grad zu einem Wissen über sich selbst sowie über seine inneren Reaktionen auf die Verlockungen der äußeren Welt kommen – ein besonderes Wissen, das er sich ohne einen kontinuierlichen Kampf mit seinem gewöhnlichen Ich und mit seiner rebellischen Aufmerksamkeit nicht erwerben kann.

Eine spirituelle Praxis kann (wenn sie authentisch ist) in keiner Weise leicht sein, besonders zu Beginn, wenn der Aspirant noch kein genügend klares Verständnis von dem bekommen hat, was er zu erreichen sucht, noch von dem, worauf er ständig verzichten muss, um innerlich für etwas viel Höheres in sich empfänglich und verfügbar bleiben zu können.

Jedes Mal, wenn er diese spirituelle Arbeit an sich auszuführen sucht, muss er vorher beschließen, keinen Augenblick verstreichen zu lassen, ohne sich der Eindrücke, die er von außen in sich aufnimmt, sowie der Empfindungen, der Gedanken, der Erinnerungen oder der Bilder, die diese Eindrücke in ihm aufsteigen lassen, bewusst zu sein, und das während der gesamten Zeitdauer.

Er wird feststellen, dass er ohne eine bewusste Bemühung seinerseits, innerlich gegenwärtig zu bleiben, nicht dahin kommen wird, auf eine *neue* Weise zu sehen und zu hören, was sich um ihn herum abspielt. Alles wird mit seinen Erfahrungen vom Vorabend, vom Vortag, vom letzten Jahr etc. *vermischt* sein, während er diesen gleichen Weg nahm – vermischt mit dem, was er in der Vergangenheit an Traurigkeit, Melancholie, Vergnügen, Enttäuschung oder auch Angst vor der Zukunft erfahren hat. Und, ohne dass er es merkt, sind alle die Eindrücke, die er kontinuierlich passiv von außen in sich aufnimmt, geheimnisvoll dabei, ihn zu dem zu *schmieden*, der er letztendlich werden wird, zum Besseren oder zum Schlechteren.

Es kann sein (besonders wenn er schon früher versucht hat, diese spirituelle Übung in die Praxis umzusetzen), dass sich die Widerstände gegenüber der Bemühung, für das, was um ihn herum geschieht, gegenwärtig und aufmerksam zu bleiben, sehr schnell bemerkbar machen – vielleicht sogar stärker denn je; er riskiert sogar, sich zu sagen: „Wozu sind alle diese Bemühungen zur Aufmerksamkeit gut! Ich ziehe es vor, meinen Gedanken und meinen Vorstellungen lieber freien Lauf zu lassen, als mich zu zwingen, Anstrengungen zu machen, gegenwärtig zu bleiben."

Er kann anfangs nicht erkennen, dass schon die Tatsache zu versuchen, auf alles, was er von außen empfängt, aufmerksam zu sein, erfordert, dass er von sich selbst *entfernt* ist und dass er, indem er dies tut, ein *Beobachter* wird – was die erste Etappe bei dem Voranschreiten zu dem höheren Aspekt seiner Doppelnatur darstellt. Es handelt sich um eine innere Handlung, die sich ohne bewusste Bemühung von seiner Seite nicht vollziehen kann und die von ihm eine *große Ehrlichkeit* sich selbst gegenüber verlangt.

Aus der Gesamtheit der verschiedenen Eindrücke, die der Mensch von außen empfängt, *wählt* er unbewusst nur diejenigen aus, die ihn interessieren oder die ihm *subjektiv* gefallen. Er merkt nicht, oder vielmehr, er weiß nicht einmal, dass er unaufhörlich *andere Eindrücke* empfängt als die, die er auf seine passive Weise wahrnimmt – andere Eindrücke, die ihn heimlich infiltrieren und sein Wesen ohne sein Wissen färben.

Da er nie genügend gegenwärtig und innerlich verfügbar ist, um imstande zu sein, die *Ganzheit* einer Situation gleichzeitig zu sehen und zu hören, können sein Urteil sowie seine

Entscheidungen nur einseitig und folglich *fehlerhaft* sein. Er kann daher mit jemandem verglichen werden, der durch einen Spalt in einer Wand kaum ein Detail einer Szene oder eines Gegenstandes unterscheiden kann und der aus dem *Wenigen*, das er flüchtig sehen konnte, sofort seine Schlussfolgerungen zieht.

Um dem Aspiranten bei seiner Suche nach der Wirklichkeit mehr zu helfen, muss man erneut auf die Tatsache zurückkommen, dass er jedes Mal, wenn er sich bemüht, innerlich gegenwärtig zu werden und sich der Eindrücke, die er aus der Außenwelt in sich aufnimmt, bewusst zu werden, von sich und dem, *der er für gewöhnlich ist*, *entfernt* wird; und wenn seine Gegenwärtigkeit *echt* und *intensiv* ist, bringt ihn gerade die Handlung, sich von sich selbst zu distanzieren, ohne dass er das am Anfang notwendigerweise erkennt, mit einem geheimnisvollen SCHWEIGENDEN ZEUGEN in sich zusammen – einem BEWEGUNGSLOSEN und ÄTHERISCHEN ZEUGEN, der seine WAHRE IDENTITÄT ist und den einzigen REALEN Aspekt seiner selbst darstellt.

Der ganze Rest ist nur vergänglich und illusorisch, vollständig dem Zerfall und dem Verschwinden geweiht.

Nur in dem Maß, wie es ihm gelingen wird, während der ganzen Übung *wirklich* innerlich gegenwärtig zu sein, und wie diese Gegenwärtigkeit lange genug in ihm *anhalten* wird, wird er beginnen, sich von dem zu befreien, was er gemeinhin ist – sich zu befreien von seinem gewohnten Zustand zu sein und sich zu empfinden, in den er aus Gewohnheit eingesperrt ist, ohne es zu wissen.

Im selben Augenblick, wo der Sucher fähig wird zu *SEIN*, beginnt er, und sei es nur ein bisschen, die EWIGKEIT in sich zu erfahren. Aber, damit diese dermaßen außergewöhnliche Erfahrung in ihm möglich werde, muss er aufhören, sein Leben auf den Glauben auszurichten, dass die Quantität dessen, was man erreicht hat, zählt. Er muss wieder wie ein kleines Kind werden, das sich dem, was es tut, ganz hingibt,[79] und muss lernen, dass ein kurzer Moment der *Qualität* in seinem Tun und in seiner Weise zu leben mehr wert ist als alle Handlungen, die von der Oberfläche seines Wesens aus ausgeführt werden, und als alle irdischen Reichtümer, die er anhäufen und einem Gott außerhalb von sich selbst als Opfer darbringen kann.

Nur während der kurzen Augenblicke, in denen man eine *Qualität des* SEINS erreicht, kann man die so bedeutungsvollen Worte CHRISTI verstehen: „Darum sollt ihr vollkommen sein, gleichwie euer VATER im Himmel vollkommen ist." (Matth 5, 48)

Was die künstlerischen Schöpfungen einiger sehr seltener großer Komponisten oder großer Maler von den Errungenschaften der gewöhnlichen Sterblichen unterscheidet, liegt genau in der *Qualität* dieser einmaligen, von diesen außergewöhnlichen Genies geschaffenen Werke.

Alles, was die Leute im Allgemeinen denken oder tun, ist tot;[80] denn was sie denken und erzeugen, kommt nur von der Oberfläche ihrer selbst. Sie wissen nicht, was es bedeutet, aus den *Tiefen* ihres Wesens heraus zu leben und zu handeln. Wenn sie es schaffen würden, einen Augenblick der wirklichen Empfindung des SEINS zu erfahren, würde sich ihre Vorstellung von der Existenz für immer verändert finden. Das ist der Grund, warum diese spirituellen Übungen von größter Bedeutung für den Aspiranten sind, wenn er erreichen möchte, eine authentische *Qualität des SEINS* zu erleben – eine besondere *Qualität des SEINS*, die alleine ihm erlauben kann, eines Tages seinen HIMMLISCHEN URSPRUNG und die EWIGKEIT in sich zu erkennen.

* * *

---

[79] „Wenn ihr nicht umkehret und werdet wie die Kinder, so werdet ihr nicht ins Himmelreich kommen." Matth 18, 1-4.
[80] „...laß die Toten ihre Toten begraben." Matth 8, 22.

Die folgende spirituelle Übung muss im Laufe der täglichen Aktivitäten vom Aspirant ausgeführt werden, sei er alleine oder in Gesellschaft anderer Personen. Es handelt sich um eine spirituelle Arbeit, die einfach, aber nicht leicht in die Praxis umzusetzen ist, denn der Wunsch sich zu kennen – durch das Studium dessen, was hinter den verschiedenen körperlichen Gesten und Haltungen des Suchers verborgen ist – sowie sein Durchhaltevermögen und seine Aufrichtigkeit werden hier auf die Probe gestellt.

Wie immer, muss er im Voraus die Zeitdauer bestimmen, die er der Arbeit an sich widmen möchte, und er darf sie unter keinem Vorwand unterbrechen, bevor die festgesetzte Zeit abgelaufen ist.

Während er kontinuierlich auf diesen *Nada* im Inneren seiner Ohren hört, als Unterstützung, um gegenwärtig und innerlich aufmerksam zu bleiben, muss er *jeder Körperbewegung* folgen, die er macht (einschließlich seines Gesichtsausdrucks), sowie den *verschiedenen Körperhaltungen*, die er einnimmt – und derer er sich im Allgemeinen nicht bewusst ist – und muss versuchen, die *Verbindungen* zwischen diesen *verschiedenen Körperhaltungen* und den *Gedanken* und *Bildern* zu finden, die in seinem Geist auftauchen.

Der Aspirant würde einen Fehler machen, wenn er glaubte, dass diese Vorgehensweise, um sich kennenzulernen, keinen Bezug zu einer spirituellen Praxis habe. In Wirklichkeit wird er, wenn er akzeptiert, diese Arbeit an sich selbst auf eine seriöse Weise auszuführen, nicht umhin können zu entdecken, wie sehr seine Gesten sowie die Körperhaltungen, die er unwissentlich einnimmt, sich als *äußerlich sichtbar gewordener Ausdruck* all dessen zeigen, was er in genau diesen Momenten an intimen Gedanken, an Bildern, an Erinnerungen, an innerer Unruhe, an unerfüllten Wünschen, an unbestimmter Traurigkeit, an unterdrückter Irritation gegen jemanden, an mangelnder Aufrichtigkeit gegenüber anderen, wenn es darum geht, seine persönlichen Interessen des Augenblicks zu befriedigen oder sich zu rechtfertigen und so weiter...

Neben seinen Gesten und Körperhaltungen trägt er ständig emotionale und physische Spannungen in sich, hervorgerufen durch seine bewusste oder unbewusste *Ablehnung* der Lebensbedingungen, in denen er sich befindet und die er nicht vermeiden kann, sowie durch die *paradoxe Ablehnung* seiner eigenen Person, die gewöhnlich seiner Wahrnehmung entgeht. Seine Körperhaltungen und seine Weise zu sein sind zu *Gewohnheiten* geworden, die so stark in seiner Natur verankert sind, dass es ihm nicht mehr möglich ist, sie in Frage zu stellen – es sei denn, er unternimmt diese spirituelle Arbeit, um sich zu kennen.

Am Anfang einer Praxis ist es schwer zu verstehen, dass man sich, je mehr man sich kennt, *desto mehr befreit*, und je weniger man sich kennt, *desto weniger frei ist* und *desto mehr seinen Träumereien, seinen Gewohnheiten und seinen Wünschen des Augenblicks unterworfen ist*.

So wie er normalerweise ist, sieht der Mensch nicht, dass er nie etwas akzeptiert hat. Er lebt in einem Zustand permanenter Unzufriedenheit. Wenn er sitzt, möchte er stehen; kaum steht er, möchte er sich hinsetzen; sitzt er einmal, möchte er sich ausstrecken; sobald er sich hingelegt hat, denkt er daran, wieder aufzustehen; wenn er sich hier befindet, möchte er anderswo sein,... und das hört nie auf.

Wenn ein Sucher aufmerksam genug ist, kann er nicht umhin festzustellen, dass er, zum Beispiel, kaum dass er angefangen hat, sich zu waschen, schon an sein Essen denkt. Und sobald er sich ans Essen macht, ist er in Gedanken schon außer Haus, mit etwas anderem beschäftigt. Sobald er irgendeine Tätigkeit in Angriff genommen hat, hat er es eilig, sich ihrer *zu entledigen*, um sich etwas anderem zu widmen. Ohne es zu wissen, verbringt er tatsächlich sein ganzes Dasein in einer fortwährenden Weigerung, die aus seiner Unfähigkeit stammt, zu *SEIN*.

Außerdem, diese paradoxe Weigerung, die der Mensch dem Leben gegenüber verspürt, sowie sein bewusster oder unbewusster Wunsch, von anderen zu profitieren, um seine Probleme zu lösen und ein dauerhaftes Glück zu erzielen, sind Ursache so vieler Streitigkeiten und Leiden in der existentiellen Welt. Man kennt sich nie genug.

Ein ernsthafter Aspirant muss sich ständig daran erinnern, dass es für ihn notwendig ist, eine tiefe Ehrlichkeit zu kultivieren, um dieses Wissen über sich selbst zu erreichen, das sich für ihn als unerlässlich erweist, denn es stellt das Mittel dar, um zu seinem HIMMLISCHEN URSPRUNG zu gelangen, und ist gleichzeitig das Instrument für seine endgültige Befreiung.

Da diese Weise, eine spirituelle Praxis anzugehen, ihm nicht die Art Befriedigungen verschafft, von der er vielleicht geträumt hatte, bevor er sich in dieses geheimnisvolle Abenteuer stürzte, läuft er Gefahr, ständig versucht zu sein, auf dem Weg aufzugeben. Wenn er jedoch fortfährt, sorgfältig seine verschiedenen körperlichen Bewegungen und Haltungen zu studieren, wird er bemerken, dass nicht nur jede seiner Gesten und seiner Körperhaltungen auf die Gedanken und die positiven oder negativen Vorstellungen, die in ihm aufsteigen, sowie auf *das, was er in sich ist*, schließen lassen, sondern er wird auch beginnen, gewisse höhere Schichten seines Bewusstseins zu berühren, deren Entdeckung ihn bestimmt erheben und ermutigen wird. Denn alleine die Tatsache festzustellen, was in ihm abläuft, schafft eine *Distanz* zwischen ihm und dem, was gesehen wird, was ihn (wie früher gesagt) in die Lage eines *Beobachters* versetzt – eines *Beobachters*, von dem er anfangs nicht erkennen kann, dass er in Wirklichkeit das *Objekt* seiner Suche ist, bis zu dem Moment, wo die *Distanz* zwischen ihm und dem, was gesehen wird, wichtiger werden wird.

Der Sucher muss zu dem Verständnis kommen, dass seine Befreiung direkt verbunden ist mit dem Grad des *Wissens* über sich selbst, den er erreicht. Dieses Wissen über sich erweist sich als unerlässlich, um ihm zu helfen, ihn sowohl vor seinem eigenen Ich zu schützen sowie die anderen vor ihm zu bewahren, damit er eines Tages der GNADE würdig werden kann, nach der er strebt.

Des Weiteren wird er nur in dem Maß, wie er *sich selbst kennen wird*, anfangen können, die *anderen* ebenfalls *zu kennen*, und wird fähig sein, ihnen eine wirksame und dauerhafte Hilfe zu bringen – *die zu geben ihm sonst nicht möglich wäre*.

Ein im *Inneren* erworbenes Wissen ist sehr verschieden von einem von außen aufgenommenen und im Gedächtnis angesammelten Wissen; das rationale Wissen, das von außen empfangen wurde, kann niemals das Wesen des Aspiranten verändern. Nur das Wissen und, vor allem, das *Verständnis* gewisser Wahrheiten, die nicht materiell bewiesen werden können, sind in der Lage, eine Veränderung in seinem Wesen zu schaffen.

Das greifbare Wissen, wahrgenommen durch die Verzerrung der Sinnesorgane, versklavt den Menschen. Statt zu versuchen, das Rätsel der SCHÖPFUNG durch das ausschließliche Studium der äußeren Welt zu entschlüsseln, lohnt es sich für ihn deutlich mehr zu beginnen, seinen Blick zum *Inneren seiner selbst* hinzuwenden und zuerst zu suchen, *sich zu kennen*.

Denn je mehr er *sich selbst kennt*, desto mehr wird es ihm gelingen, das UNIVERSUM *und das Geheimnis der* SCHÖPFUNG zu kennen.

Das bewusste Verständnis, das aus dem Inneren seiner selbst kommt, unterscheidet sich von dem üblichen Wissen und Denken durch seine Kraft und sein Vermögen, den, der es erwirbt, *zu einer anderen Ebene des Seins und des Bewusstseins zu heben*.

Wenn jemand vom „gegenwärtigen Moment" spricht, erkennt er nicht, dass er von dem *Moment spricht, der gerade vergangen ist*.

Daher existiert der gegenwärtige Moment, von dem er spricht, schon nicht mehr für ihn. Ohne dass er es weiß, spielt sich sein Leben nur in der *ewigen Veränderung der Zeit* und in einem *fortwährenden „Werden"* ab. Die *Gegenwart* kann für ihn nicht existieren, wenn er noch nicht erreicht hat, wenigstens zu einem gewissen Grad zu SEIN.

Durch die Transformation seiner selbst wird der Aspirant beginnen, andere Ebenen des Bewusstseins und andere Dimensionen in seinem Wesen zu berühren, die alleine ihm eine Empfindung von einem *kontinuierlichen Jetzt* geben können.

Ohne sich dessen bewusst gewesen zu sein, ist es manchen großen Komponisten (wie César Franck, Gustav Holst, Claude Debussy oder Richard Strauss) geglückt, in einem gewissen Maß eine Empfindung von einem *kontinuierlichen Jetzt* in ihren musikalischen Werken zu schaffen. Das ist einer der Gründe, warum der Zuhörer nicht müde werden kann, ihre Musik immer wieder hören zu wollen, um die Empfindung einer *kontinuierlichen Gegenwart* wiederzufinden, die diese geheimnisvoll in seinem Wesen erzeugt und nach der er ein Bedürfnis verspürt.

Das spirituelle Wachstum des Menschen geschieht nicht in einer unbestimmten Zukunft, sondern in der Gegenwart, in jedem *Jetzt*, das vergeht. In dem Maß, wie er es schafft zu SEIN, beginnt er, gerade dadurch, außerhalb der ZEIT zu leben. In gewisser Weise transformiert er selbst die ZEIT. Aber was den Vollzug dieser Metamorphose in ihm verhindert, ist, dass er *nicht aufwachen möchte;* und aufgrund der Tatsache, dass er sich nicht kennt, kann dieses entscheidende *Erwachen* nicht beginnen, sich in seinem Wesen zu vollziehen. Er schläft; und das Dramatische ist, *dass er nicht weiß, dass er schläft*. Und folglich weiß er weder, *auf welche Weise er schläft*, noch, *was ihn in diesem Schlafzustand gefangen hält*.

Während der Sucher seinen äußeren Pflichten nachgeht, muss er lernen, seine *innere Pflicht* ebenfalls zu erfüllen – seine

Pflicht, zu *erwachen* und *sich zu kennen*. Das Wissen über sich selbst ist direkt mit der *Gegenwart* verbunden; und gleichzeitig vollzieht sich sein Erwachen auch in der *Gegenwart*. Je mehr er sich *kennt*, desto mehr *wacht* er *auf*, und je mehr er *aufwacht*, desto mehr wird er *sich* im Gegenzug *kennen* können. Erst wenn der Mensch erwacht, kann er die EWIGKEIT in sich erfahren.

Wenn der Sucher sich Mühe gibt, ihn zu suchen, kann der Aspirant einen unschätzbaren Schatz in sich finden, den Schatz seiner HIMMLISCHEN NATUR. Aber um diesen ERHABENEN ASPEKT[81] seiner Natur erlangen zu können, muss er es schaffen, aus dem Wachschlaf zu erwachen, in den er so geheimnisvoll getaucht ist, und muss beginnen, in einer *kontinuierlichen inneren Gegenwart* zu leben – die er in seinem üblichen Seinszustand nicht kennen kann; und dieses besondere Erwachen kann sich in ihm nicht ohne eine schwierige Arbeit vollziehen.

Der Mensch weiß nicht, dass er *nicht aufwachen möchte*. Er realisiert nicht, dass es nicht darum geht, dass er nicht aufwachen kann, sondern dass er vielmehr *nicht* die Anstrengung machen *möchte* aufzuwachen. Und selbst wenn er durch eine fleißige spirituelle Praxis dahin kommt, ein wenig aufzuwachen, sieht er nicht, dass er *nicht* wach bleiben *möchte;* denn wach zu bleiben erfordert von ihm erneute Anstrengungen, die ihn abschrecken.

Jeden Menschen erwartet eine neue Geburt. Aber im Gegensatz zu seiner körperlichen Geburt, kann diese (nicht zeitlich-räumliche) Wiedergeburt nicht ohne seine Beteiligung stattfinden. Und auf die merkwürdigste Weise wird von ihm nicht nur verlangt, sich an seiner Neugeburt zu *beteiligen*, sondern auch, durch bewusste Bemühungen seinerseits *selbst*

---

[81] „Das ist der größte von allen Gewinnen und der Schatz, neben dem alle Schätze ihren Wert verlieren; dort wird der Mensch, wenn er sich erst einmal etabliert hat, auch durch den heftigsten Ansturm geistigen Kummers nicht beunruhigt werden." Bhagavad-Gîtâ, sechster Gesang, 22.

zu seiner eigenen Empfängnis beizutragen. Es ist schwierig für ihn zu verstehen, dass er in der mystischen Welt, auf eine für gewöhnlich unerklärliche Weise, *noch nicht einmal empfangen worden ist.* Außerdem erfordert diese unsichtbare Empfängnis seine Hilfe für ihre geheimnisvolle Vollbringung. Er findet sich auf diesem rätselhaften Gebiet alleine und ist seltsamerweise *selbst* dafür verantwortlich, dass diese Empfängnis auf einer völlig anderen Ebene stattfinden kann.

KAPITEL 11

Konzentrationsübungen für zu Hause

Bedrängt von den Forderungen der phänomenalen Existenz, von den endlosen Bedürfnissen seines planetarischen Körpers und von seinen unerfüllten Wünschen, weiß der Mensch nicht, was ein Moment echter Gegenwärtigkeit und innerer Ruhe ist. Er lebt in einem Zustand immerwährenden *Werdens*, d.h. in einem Zustand der *kontinuierlichen Vorwegnahme* dessen, was er erledigen müssen wird, und dessen, was ihm der folgende Augenblick bringen wird. Aus diesem Grund muss der Sucher akzeptieren, eine anhaltende Bemühung zur Konzentration zu machen (was eine spirituelle Übung, wie die, die weiter unten erklärt wird, erforderlich macht), durch welche alleine er über eine Chance verfügen wird, zu einer ausreichenden Ablösung von sich selbst und von dem, was ihn behindert, zu kommen, um zu beginnen, den gegenwärtigen Moment zu leben und folglich einen anderen Zustand des Seins und des Bewusstseins zu erfahren, als den, der ihm bis dahin vertraut war – einen Zustand des Seins und des Bewusstseins, der klarer und weniger beschwert durch all das ist, was er vorher bei seinen Wanderungen in dieser turbulenten Welt erleiden mochte.

Die Art der inneren Gegenwärtigkeit, die von ihm während seiner Meditation oder während der Durchführung einer Konzentrationsübung verlangt wird, stößt unleugbar sein gewöhnliches Ich ab, das stets hinter dem her ist, was ihm einen Moment des Vergnügens verschaffen kann (und was sich nur als flüchtig erweisen kann), sowie all dem, was leicht ist (aber einschläfert) und Zerstreuungen aller Art, dazu bestimmt, den Mangel auszufüllen, den er in sich fühlt – die aber für ihn von keinem Nutzen sein können, um seinen Weg zu finden, wenn für ihn die unausweichliche Stunde kommen wird, seine große Rückreise zu einem unsichtbaren

UNIVERSUM anzutreten, das ihn seit dem Augenblick erwartete, als er seinen ersten Atemzug des Lebens einsog.

Jede Meditations- oder Konzentrationspraxis hat zum Ziel, *den Sucher zu sich zurückzuführen* und ihn zu zwingen, *in der „Gegenwart" zu bleiben* – was dem, was er gewohnheitsmäßig tut, dermaßen entgegengesetzt ist, dass er sich anfangs verloren und beunruhigt fühlt. Weil ihm ein echter Zustand der Stille und der inneren Verfügbarkeit fremd ist, kann er ihn sogar, wenn er ihn erlebt, als eine beunruhigende Leere empfinden. Jedoch werden, ohne dass ihm das bewusst wird, alle seine äußeren fieberhaften Tätigkeiten nur in der Hoffnung unternommen, eines Tages etwas zu finden, was ihm ein Gefühl der Vollständigkeit und der Geistesruhe, nach der er strebt, verschaffen könnte; er versteht aber nicht, dass er erst, wenn es ihm gelingt, eine ausreichende Bewegungslosigkeit und innere Stille zu schaffen, den einzigen Reichtum entdecken können wird, der ihn erfüllen kann: sein GÖTTLICHES WESEN.

Die Praxis der Meditation genügt allein nicht; sie muss (vor allem am Anfang des Engagements eines Aspiranten in einer spirituellen Arbeit, deren Ausmaß und Schwierigkeit er nicht erfassen kann) ergänzt werden durch Konzentrationsübungen, die genügend fordernd sind, um ihn innerlich auf eine Weise gegenwärtig zu machen, die er für gewöhnlich unmöglich kennen kann, und das, damit er deutlicher den Augenblick unterscheiden kann, wo seine Aufmerksamkeit schwankt und ihn verlässt.

Es ist für einen Anfänger schwierig (und manchmal sogar für jemanden, der schon eine gewisse Zeit der spirituellen Praxis hinter sich hat), mit der Zeit nicht in die Falle zu geraten, die in dem Glauben besteht, dass er mit Meditieren beschäftigt ist, während er in Wirklichkeit in einen Zustand einer sehr subtilen fernen Träumerei versunken ist, die er nicht bemerkt und die er für Meditation hält.

Das Schaffen einer *Leere* in sich ist nicht einfach. Indessen, diese *Leere* stellt die einzige Bedingung dar, die dem Sucher erlaubt, die Offenbarung seiner GÖTTLICHEN IDENTITÄT zu erreichen. Ohne ein Gefäß von seinem Wasser zu leeren, ist es der Luft, die ein viel feineres Element ist als das Wasser, unmöglich, in es einzudringen, um es einzunehmen.[82]

Der Autor erinnert sich an eine Person, die ihn aufsuchte, um ihm Fragen über eine spirituelle Praxis zu stellen. Sie war Hatha-Yoga-Lehrerin. Nach einer langen Unterhaltung riet ihr der Autor, für eine gewisse Zeit aufzuhören zu unterrichten und sich einer strikten Meditationspraxis sowie verschiedenen spirituellen Übungen zu widmen, ohne deswegen aber ihre eigenen Hatha-Yoga-Übungen zu unterbrechen, um zu verstehen, und sei es nur ein wenig, was sie zu erreichen suchte, bevor sie wieder anfing zu unterrichten. Um seine Worte zu veranschaulichen, füllte er dann ein Glas mit Wasser und fragte sie: „Wenn man möchte, dass die Luft in dieses Glas eintritt, muss man es nicht zuerst seines Inhalts entleeren?" Sie sah den Autor mit überraschter Miene an, dann, nach einem Augenblick des Zögerns, antwortete sie: „Aber kann man es nicht nur zur Hälfte leeren?"

Eine große Mehrheit der Sucher versteht offenbar nicht, was eine spirituelle Praxis wirklich beinhaltet; sie möchten auf nichts in sich verzichten, und wünschen sich trotzdem, einen anderen Zustand des Seins und des Bewusstseins zu erreichen. In gutem Glauben hoffen sie, eines Tages ihren GÖTTLICHEN ASPEKT finden zu können, aber um ihn dem *hinzuzufügen*, der sie für gewöhnlich sind.

---

[82] „Ich weiß, dass das Herz von allen anderen Sachen leer sein muss, wenn GOTT es alleine besitzen möchte; und so wie ER es nicht alleine besitzen kann, ohne es von allem zu leeren, was gar nicht ER ist, so kann ER dort nicht handeln noch tun, wie ER möchte." Bruder Lorenz von der Auferstehung.

Die Entsagung seiner selbst sowie dessen, was man für gewöhnlich möchte und nicht möchte, stellt für den Aspiranten die erste Bedingung dar, die dem GÖTTLICHEN ASPEKT seiner Doppelnatur erlaubt anzufangen, sich vor seinem inneren Sehen zu manifestieren. Wenn der Sucher erfahren möchte, was eine echte Meditation sein sollte, muss er akzeptieren, zwischen seinen Meditationssitzungen bestimmte Konzentrationsübungen zu machen, die ihn *zwingen* werden, wachsam und innerlich gegenwärtig zu bleiben.

Die Konzentration während der Meditation und während der Ausübung einer spirituellen Übung hat zum Ziel, dem Sucher zu helfen, sich von dem Einfluss zu befreien, den die *Vergangenheit* – mit all den angenehmen und den schmerzhaften Erinnerungen, die damit verbunden sind – auf sein Wesen und auf seine Psyche ausübt, damit er in sich das Wunder wenigstens eines Augenblicks *ewiger Gegenwart* erfahren kann.

Nur in dem Maß, wie es ihm gelingt, sich vom Ablauf der *Zeit* und des *Werdens* zu lösen, um sich in einem Zustand der Bewegungslosigkeit und der kontinuierlichen inneren Stille zu halten, wird er eine Fülle und die Empfindung des HEILIGEN erleben. Aus diesem Grund muss er bei allen seinen Meditationspraktiken[83] und seinen Konzentrationsübungen vor allem der *Qualität* den Vorzug geben.

Der Zustand der Konzentration, den der Aspirant während seiner Meditation und seiner spirituellen Übungen erreicht, muss schließlich dahin kommen, jeden Moment dessen Tages in ihm vorhanden zu sein.[84] Und es ist gerade die *Qualität* seiner Arbeit, von der die Stärkung des Zustandes der

---

[83] In Bezug auf Angaben zur Meditation siehe die vier ersten Kapitel meines Buches *La Quête Suprême*.
[84] Daher erinnere dich jeden Moment an MICH und kämpfe. Mit deinem Geist und deinem Verstand auf MICH fixiert und MIR hingegeben, wirst du sicher zu MIR kommen. Bhagavad Gîtâ, achter Gesang, 7.

Wachheit, nach dem er strebt, abhängen wird – eine *Qualität*, die er auch in seine anderen Tätigkeiten einführen muss. Er muss ein *extremes* Wesen werden. Und genau deswegen, weil sie *extreme Wesen* waren, konnten Wesen wie Milarepa, Meister Eckhart, Theresa von Avila, Michelangelo, Beethoven, Gustav Mahler oder Gandhi eine Quelle der Erhebung für die Welt werden.

Die Konzentrationsübungen dürfen auf keinen Fall die Meditation ersetzen. Außer ihrer Bedeutung, dem Sucher zu helfen, das zu entdecken, was eine wirkliche anhaltende Aufmerksamkeit während seiner Meditationssitzungen sein sollte, sind diese spirituellen Übungen auch dazu bestimmt, in ihm eine intensive innere Gegenwärtigkeit zu erzeugen, die er andernfalls unmöglich erfahren kann und die er später nicht nur *in der Bewegung des aktiven Lebens* wiederzufinden versuchen muss, sondern darüber hinaus „mit seinem ganzen Selbst" *in sich lebendig zu halten* versuchen muss.

Die Konzentrationsübung, die folgt, ist am Anfang relativ leicht auszuführen, aber sie wird zahlreichen Varianten unterworfen werden, die sie später merklich komplizierter machen werden. Der Sucher wird feststellen müssen, dass seine Aufmerksamkeit von nun an auf die Probe gestellt werden wird, wenn er sich zum Meditieren hinsetzt. Er wird sehen, dass er beim geringsten Nachlassen seiner Aufmerksamkeit sofort den Faden seiner Übung verlieren wird. Und gerade durch die Beanspruchung seiner Aufmerksamkeit wird er deutlicher die Art Konzentration sehen können, die er machen muss, wenn er meditiert, und die er bis dahin nicht kannte.

Wenn er sich erneut seiner Meditation widmen wird, nachdem er die Anstrengung unternommen hat, eine solche Konzentrationsübung durchzuführen, wird er überrascht die Zahl der Gedanken und Bilder bemerken, die heimlich in seinen Geist eindringen und deren Anwesenheit er früher nicht wahrgenommen hatte. Es wird ihm daher möglich werden, bei seinen Meditationssitzungen noch mehr auf der Hut zu bleiben und in der Folge auf eine viel wirksamere Weise konzentriert zu bleiben.

Hier nun die Beschreibung der eigentlichen Übung: Der Aspirant soll auf einem Meditationskissen sitzen, vorzugsweise in der Lotosstellung (das heißt, die Beine kreuzend, legt er den rechten Fuß auf den linken Oberschenkel und den linken Fuß auf den rechten Oberschenkel) oder in der halben Lotosstellung (sei es, dass er den rechten Fuß auf dem linken Oberschenkel platziert, oder den linken Fuß auf dem rechten Oberschenkel), oder, wenn er nicht bequem eine der beiden Stellungen einnehmen kann, kann er sich auch auf einen Stuhl setzen, unter der Bedingung, dass er den Rücken schön gerade hält. Seine Augen sind zum Boden gesenkt, indem sie einen Punkt ungefähr einen Meter vor sich fixieren, der Linie der Nase folgend. Seine Hände ruhen auf den Knien. Er muss, wie bei seinen Meditationsübungen, versuchen, auf den *Nada* zu hören, diesen geheimnisvollen Ton im Inneren der Ohren, und *in sich selbst konzentriert bleiben.*

Zuvor muss er sich die folgenden sieben Worte einprägen: AAGO, BAAGO, DAAGO, SAAGO, YAAGO, TAAGO, NAAGO.[85] Jedes dieser Worte muss mit den unten beschriebenen sieben Gesten verknüpft werden:

Erste Geste: Der Aspirant hebt die Hände zu sich hin und legt beide Handflächen auf die Brust, die eine neben die andere, wie um auf sich zu deuten.

---

[85] Diese sieben Worte sind vom Autor in der Vergangenheit zu seinem eigenen Gebrauch erfunden worden. Er wählte sie wegen ihres besonderen Klangs, um angespornt zu werden, während er diese Übung ausführte; sie haben (im Französischen) keine besondere Bedeutung und geben daher auch nicht Raum für Ideenassoziationen. Die Tatsache, dass sich diese Worte ähneln, zwingt den Sucher, umso wachsamer zu sein, wenn er keine Fehler machen möchte.

KONZENTRATIONSÜBUNGEN FÜR ZU HAUSE

Übung in 7 Abschnitten
Schaue auf einen Punkt am Boden. Die Hände auf den Oberschenkeln, die Handflächen zum Boden.
Jede Bewegung wird von einem Wort begleitet.

1) Die Fingerspitzen auf der Brust	2) Die Unterarme parallel zum Boden, die Handflächen zum Himmel	3) Die Finger zeigen zum Himmel, die Handflächen nach vorne	4) Die Fingerspitzen auf dem Mund

Aago	Baago	Daago	Saago

5) Die Fingerspitzen hinter den Ohren	6) Die Fingerspitzen berühren den Scheitel	7) Die Fingerspitzen berühren das Zentrum der Stirn

Yaago	Taago	Naago

Der folgende Zyklus startet mit der Bewegung Nr. 2 und endet mit der Bewegung Nr. 1; dann fährt man mit der Bewegung Nr. 3 fort, um mit der Bewegung Nr. 2 aufzuhören etc.:

Zyklen	Bewegungen und Silben						
1	1	2	3	4	5	6	7
2	2	3	4	5	6	7	1
3	3	4	5	6	7	1	2
4	4	5	6	7	1	2	3
5	5	6	7	1	2	3	4
6	6	7	1	2	3	4	5
7	7	1	2	3	4	5	6

Es braucht 7 Zyklen, um wieder mit der Bewegung Nr. 1 anzufangen, begleitet von Aago.

Zweite Geste: Die Vorderarme sinken herab, bis sie parallel zum Boden sind, die Handflächen zum Himmel gewendet, wie um etwas zu empfangen.

Dritte Geste: Der Aspirant hebt die beiden Hände etwas, und während er gleichzeitig die Handflächen zur Mauer vor sich dreht, schiebt er die Arme leicht nach vorne, als ob er etwas zurückstoßen möchte.

Vierte Geste: Er führt die beiden Hände zu seinem Mund, während er die Handflächen zu sich wendet, und platziert die Fingerspitzen ungefähr einen Zentimeter von seinen Lippen entfernt, wie um sich Schweigen aufzuerlegen.

Fünfte Geste: Er hebt die beiden Hände zu seinen Ohren und platziert sie hinter diese, ohne sie zu berühren, die Handflächen muschelförmig geöffnet, als ob er etwas hören wolle.

Sechste Geste: Die Hände zum Scheitel seines Kopfes hebend, krümmt er sie leicht und lässt sie sich in der Mitte des Schädels treffen, die er mit den Fingerspitzen berührt, wie um anzudeuten, dass der Kopf der Sitz des Bewusstseins ist.

Siebte Geste: Die Hände zur Stirn senkend, die Handflächen zu sich gewendet, berührt er mit den Fingerspitzen das Zentrum seiner Stirn, wie um anzudeuten, dass sich sein Sehen innerlich in das Stirnzentrum verlagert hat.

Nachdem er sich diese sieben Gesten eingeprägt hat, muss er die sieben oben genannten Worte wieder aufnehmen und, indem er sie wie ein Mantra leise rezitiert, die erste Geste mit dem Wort AAGO verbinden, die zweite mit BAAGO, die dritte mit DAAGO, die vierte mit SAAGO, die fünfte mit YAAGO, die sechste mit TAAGO und die siebte mit NAAGO.

Der Aspirant soll diese Konzentrationsübung (sowie die verschiedenen Varianten, die später erklärt werden) *langsam* ausführen, wie ein Ritual, sie mit einem intensiven hingebungsvollen Gefühl begleitend, *wobei er jede Bewegung der beiden Hände von einem Punkt zum anderen empfindet und ihr aufmerksam mit seinem Geist folgt.*

Er muss diese Konzentrationsübung ausführen, indem er zunächst die oben angegebene Reihenfolge beachtet, das heißt, indem er sie mit der *ersten* Geste beginnt und mit der *siebten* Geste beendet, während er ruhig die Worte rezitiert, die diesen Gesten entsprechen.

Dann wird er, *ohne anzuhalten,* diesmal *mit der zweiten Geste und dem zweiten Wort* anfangen und *mit der ersten Geste und dem ersten Wort* aufhören, und zwar folgendermaßen: zweite Geste, dritte Geste, vierte Geste, fünfte Geste, sechste Geste, siebte Geste und als Abschluss dieses Zyklus die erste Geste, wobei er die Worte rezitiert, die mit der jeweiligen Geste verknüpft sind.

Anschließend wird er, ohne einen Augenblick anzuhalten, einen neuen Zyklus mit der *dritten Geste* und dem *dritten Wort* einleiten und mit der *zweiten Geste* und dem *zweiten Wort* beenden.

Dann wird er, ohne sich zu unterbrechen, mit der *vierten Geste* und dem *vierten Wort* einen neuen Zyklus anreihen, um diesen mit der *dritten Geste* und dem *dritten Wort* abzuschließen, und so weiter…, bis der Zyklus erneut mit der *ersten Geste* und dem *ersten Wort* beginnt und mit der *siebten Geste* und dem *siebten Wort* aufhört.

Der Aspirant fährt auf diese Weise fort, ohne während der Zeit zu pausieren, die er festgesetzt hat, um sich seiner Übung zu widmen.

Jedes Mal, wenn er sich anschickt, mit dieser Übung zu arbeiten, muss er, was die Dauer betrifft, die er bestimmt hat, sich ihr zu widmen, sich selbst gegenüber standhaft bleiben. Er darf sie nicht unterbrechen, bevor die Zeit, die er festgelegt hat, und zwar mindestens zwanzig Minuten, abgelaufen ist.

Wenn er sich irrt (was am Anfang mit ziemlicher Sicherheit geschehen wird), darf er nicht mit einer Grimasse der Unzufriedenheit reagieren, sondern soll *acht bis zehn Sekunden warten, um sich zu fangen, bevor er wieder anfängt.*

Er muss geduldig und wild entschlossen sein, nicht mittendrin aufzugeben. Er muss sich erinnern, dass sein Ziel nicht ist, die einfache Befriedigung zu bekommen, es an manchen Tagen geschafft zu haben, diese Übung ohne Fehler durchzuführen, sondern dass die Finalität viel höher angesiedelt ist und sich für ihn als von größter Wichtigkeit erweist. Er wird in jeder Hinsicht sehen, dass, selbst wenn es ihm glückt, diese Übung fehlerlos zu machen, seine Aufmerksamkeit beim nächsten Mal erneut auf die Probe gestellt werden wird und die Widerstände in ihm, konzentriert zu bleiben, werden sich erneut bemerkbar machen und ihm zusetzen.

Erst wenn es ihm gelingen wird, eine Bemühung um Konzentration über einen Zeitraum lange genug aufrechtzuerhalten, ohne einen Fehler zu machen, wird er anfangen, eine ihm ungewohnte innere Stille zu erleben sowie die seltsame Empfindung zu haben zu beginnen, *außerhalb der Zeit* zu leben. Er wird dann – und sei er am Anfang nur schwach – einen Vorgeschmack davon haben, was ein Dasein in einer *ewigen Gegenwart* sein könnte. In solchen privilegierten Augenblicken wird er seine Konzentration nicht mehr unterbrechen wollen, um den erhöhten Zustand, in dem er sich befinden wird, nicht zu verlieren.

Hat der Aspirant einmal diese Konzentrationsübung gemeistert, wird er, um zu vermeiden, in die Falle zu gehen, diese automatisch auszuführen – er muss ehrlich zu sich selbst sein und den Grad der Leichtigkeit, den er erreicht hat, einschätzen –, eine Variante anwenden.

Von da an muss er diese Übung *umgekehrt* machen, das heißt, indem er mit der *letzten Geste* und dem *letzten Wort* beginnt, das dieser entspricht, und sie mit der *ersten Geste* und dem *ersten*

Wort beenden; und ohne Anhalten wird er fortfahren (wie in der vorhergehenden Sequenz), diese Variante mit einer Verschiebung der Geste bei jedem Zyklus auszuführen. Anders gesagt, wird er den Zyklus folgendermaßen beginnen: siebte Geste, sechste Geste, fünfte Geste, vierte Geste, dritte Geste, zweite Geste und erste Geste – während er die Worte rezitiert, die damit verbunden sind. Dann wird er, ohne jegliche Unterbrechung, den folgenden Zyklus mit einer Verschiebung um ein Glied einleiten, und zwar mit der *sechsten Geste* und dem *sechsten Wort*, und wird mit der *siebten Geste* und dem *siebten Wort* aufhören. Dann, ohne einen Augenblick anzuhalten, wird er einen neuen Zyklus mit der *fünften Geste* und dem *fünften Wort* anfangen, und ihn mit der *sechsten Geste* und dem *sechsten Wort* vollenden und so weiter…

Für mehr Klarheit, siehe die Illustration und die Tabelle auf Seite 260.

Aufgrund der nahezu unwiderstehlichen Kraft der Schwere, die es dem Sucher äußerst schwer macht, sich genügend von dem zu lösen, der er für gewöhnlich ist, um einen anderen Zustand des Seins und des Bewusstseins in sich erreichen zu können, und die außerdem nicht aufhört, ihn immer wieder nach unten, zu seinem üblichen Niveau des Seins, zu ziehen, muss er sich von Anfang an seines Engagements auf einem spirituellen Weg bewusst werden, dass von ihm in dem Maß, wie er vorankommt, immer mehr verlangt werden wird, bis es ihm eines Tages gelingt, eine gewisse Schwelle in sich zu überschreiten, von wo an diese absteigende Kraft, die die gesamte Schöpfung regiert, keinen Einfluss mehr auf sein Wesen ausüben kann. Andernfalls wird er, kaum dass es ihm geglückt ist, einen höheren Zustand des Seins und des Bewusstseins zu berühren, fast unmittelbar erneut nach unten gezogen werden, zu dem, was er für gewöhnlich in sich ist.

Ist es dem Sucher mit seinem Wunsch, sich selbst zu übersteigen, um zu dem HÖHEREN ASPEKT seiner Natur zu gelangen, ernst, muss er sich zwingen, eine ganz besondere

Übung in 7 Abschnitten

Variante der vorhergehenden Übung.
Die Sequenz der Bewegungen und der Silben ist vertauscht: man geht von der Bewegung Nr 7 aus, bis zur Bewegung Nr 1. Jede Bewegung wird von einem Wort begleitet.

7) Die Fingerspitzen berühren das Zentrum der Stirn	6) Die Fingerspitzen berühren den Scheitel	5) Die Hände wie Muscheln, die Fingerspitzen hinter de Ohren	4) Die Fingerspitzen auf dem Mund

Aago	Baago	Daago	Saago

3) Die Finger zeigen zum Himmel, die Handflächen nach vorne	2) Die Unterarme parallel zum Boden, die Handflächen zum Himmel	1) Die Fingerspitzen auf der Brust

Yaago	Taago	Naago

Das Prinzip der Verschiebung mit jedem Zyklus bleibt das Gleiche.

Zyklen	Bewegungen und Silben						
1	7	6	5	4	3	2	1
2	6	5	4	3	2	1	7
3	5	4	3	2	1	7	6
4	4	3	2	1	7	6	5
5	3	2	1	7	6	5	4
6	2	1	7	6	5	4	3
7	1	7	6	5	4	3	2

Es braucht 7 Zyklen, um wieder mit der Bewegung Nr. 7 anzufangen, begleitet von Naago.

Willensstärke zu kultivieren, verschieden von seiner gewöhnlichen Willensstärke, um nicht vor den Schwierigkeiten zurückzuweichen, die eine echte spirituelle Praxis ihm auferlegt, die ihm am Anfang trocken und mühsam vorkommen mag. Hier wird sich seine Hartnäckigkeit auf die Probe gestellt sehen. Er darf sich nie entmutigen lassen, sondern muss seine Bemühungen energisch und tapfer fortsetzen.

Die Praxis der Meditation ist von großer Wichtigkeit, um dem Aspiranten zu erlauben, *zu seinen Lebzeiten* zu erkennen, was nach seinem körperlichen Tod aus ihm werden wird, wenn er seine Individualität, so wie er sie für gewöhnlich erlebt, verlieren wird. Aber außer seiner Meditation muss er seine Aufmerksamkeit festigen durch Konzentrationsübungen, die wirksam genug sind, um ihm einen Einblick in das zu geben, was eine wirkliche, nicht nachlassende Aufmerksamkeit während seiner Meditationssitzungen sein sollte. Das ist der Grund, warum die folgende Variante, die sich als schwieriger auszuführen erweist als die vorgehenden, für ihn nützlich sein wird, um noch klarer die beherrschenden Gedanken und Ideenassoziationen wahrzunehmen, deren er sich im Allgemeinen nicht bewusst ist und die insgeheim ein Hindernis für das bilden, was er im Laufe seiner Meditation erreichen möchte.

Es ist notwendig, den Aspiranten daran zu erinnern, während der Durchführung aller seiner Konzentrationsübungen pausenlos auf den *Nada* zu hören.

Diese neue Variante besteht darin, die gleiche Sequenz der sieben Gesten auszuführen, wie sie anfangs dargelegt wurde (von der ersten Geste bis zu siebten ablaufend), aber die Schwierigkeit besteht jetzt darin, dass die linke Hand diesen Zyklus von sieben Gesten *einen Takt später beginnt als die rechte Hand*. Anders gesagt, während die rechte Hand die *zweite Geste* ausführt, vollzieht die linke Hand die *erste Geste;* und so fährt sie fort, den Gesten der rechten Hand immer mit einer

Zeitverzögerung von einem Takt zu folgen. Wenn die rechte Hand mit der zweiten Geste (und nicht mit der ersten) einen neuen Zyklus einleitet, ist die linke Hand (die in Bezug auf die rechte Hand um einen Takt versetzt ist) noch bei der *siebten Geste*. Während dann die Hand die dritte Geste ausführt, leitet die linke Hand ihrerseits einen neuen Zyklus ein, indem sie die *zweite Geste* macht; und so weiter. Die sieben Worte sind *mit den sieben Gesten der Hand, die führt, verbunden.*

Nachdem er eine gewisse Zeit mit dieser Variante gearbeitet hat und um zu vermeiden, dass seine Praxis zu einer automatischen Arbeit degeneriert, kann der Aspirant jetzt die Sequenz der sieben Gesten *umkehren*, indem er mit der *siebten* statt mit der ersten beginnt. Die linke Hand folgt der rechten, wie vorher, mit der *Verschiebung um einen Takt;* das heißt, wenn die rechte Hand die *sechste* Geste vollzieht, macht die linke Hand die *siebte*.

Diese Variante wird unbestreitbar die Aufmerksamkeit des Suchers noch mehr auf die Probe stellen, aber sie wird ebenso hinterher seine Meditation noch wirksamer machen – unter der Bedingung, dass er motiviert genug ist, um zu akzeptieren, diese so wichtige Konzentrationsarbeit auszuführen.

An manchen Tagen muss der Aspirant die beiden letzten, oben dargelegten Varianten mit der linken, statt mit der rechten Hand beginnen. In diesem Fall wird es *die rechte Hand sein, die zur linken Hand um einen Takt verzögert ist.*

An anderen Tagen kann er zwei Takte Zeitverschiebung zwischen den Händen lassen. Anders gesagt, wenn er an diesem Tag den Zyklus mit der rechten Hand einleitet, wird, erst wenn diese die dritte Geste vollzieht, die linke Hand die erste ausführen; und so weiter..., wobei die gesprochenen Worte immer mit der Geste der Hand verbunden sind, die führt.

Halten, die Empfindung zu SEIN die ganze Zeit halten, während der Aspirant versucht, diese spirituellen Übungen auszuführen. So wie er für gewöhnlich ist, ist der Mensch dermaßen veränderlich; es gibt nichts Permanentes in ihm. Seine Empfindung ändert sich von einem Augenblick zum anderen. Und ohne sich dessen bewusst zu sein, *stirbt* er innerlich bei jeder Veränderung, die sich in ihm vollzieht.

Er verbringt sein gesamtes Dasein in einem Zustand fortwährenden *Werdens* und kann folglich nicht die Empfindung einer *kontinuierlichen Gegenwart* kennen. Er lebt stets in der unbewussten Vorwegnahme des *Gleich*. Aber dieses *Gleich* kommt nie, denn es ist von Augenblick zu Augenblick dabei, sich in ein anderes *Gleich* zu verwandeln. Daher ist das erwartete *Gleich*, kaum dass es im Begriff ist zu kommen, bereits ein *neues Gleich* geworden – und das pausenlos. Auf diese Weise entgeht ihm unaufhörlich die EWIGKEIT, die das HIMMLISCHE Erbe darstellt, das ihm zugedacht ist (und die er in sich nicht erkennen kann, ohne den Preis zu bezahlen). Aus diesem Grund sind diese spirituellen Übungen von höchster Bedeutung, um einem ernsthaften Sucher zu helfen, sich von dem Einfluss zu befreien, den die *Zeit* und das *Werden* auf sein Wesen ausüben, um ihm zu erlauben, einen Vorgeschmack eines *anderen Lebens* in sich zu erfahren, das sich *jenseits der Zeit*, in einem *ewigen Jetzt* befindet.

Diese Konzentrationsübungen stellen daher wertvolle Mittel dar, die dem Aspiranten, wenn er einverstanden ist, sie in die Praxis umzusetzen, die Möglichkeit geben, aus dem dunklen Gefängnis zu entkommen, indem sein Leben sich bis zu diesem Tag abgespielt hat, um zu dem LICHT seines HIMMLISCHEN SOUVERÄNS vorzudringen und die EWIGKEIT in sich zu erkennen.[86]

---

[86] Für den, der nicht im Yoga ist, gibt es weder Intelligenz noch Konzentration des Gedankens; für den, der ohne Konzentration ist, gibt es keinen Frieden; und wie kann es für den, der ohne Frieden ist, Glück geben?" Bhagavad-Gîtâ, zweiter Gesang, 66.

Wenn der Sucher infolge aller seiner Meditationspraktiken und spirituellen Übungen, wie sie oben dargelegt wurden, beginnen wird, die Empfindung eines *kontinuierlichen Jetzt* in sich zu erfahren, wird er durch eben diese in seinem Wesen etwas spüren, das *sich nicht verändert*, etwas *Bewegungsloses* und *Zeitloses*, was man, wenn auch inadäquat, als einen RÄTSELHAFTEN, SCHWEIGENDEN ZUSCHAUER beschreiben könnte, den er in sich trägt und den er, auf die seltsamste und gemeinhin unerklärliche Weise als *er selbst seiend* empfinden wird.

So lange, wie dieses unaussprechliche Gefühl von einer *kontinuierlichen Gegenwart* in ihm anhalten wird, werden seine Sorgen und Probleme von ihm abfallen, wie die Asche von einem verbrannten Holzscheit. Gleichzeitig wird er die unbeschreibliche Empfindung haben, dass *äußerlich nichts wichtig* ist, dass *alles flüchtig und unbeständig* ist und das einzig diese geheimnisvolle Empfindung von einem *kontinuierlichen Jetzt*, dass er dabei ist zu erleben, zählt.

Kapitel 12

Der Tod und der Sinn der Meditation

Außer ihrer großen Bedeutung, um dem Aspiranten zu helfen, den HÖHEREN ASPEKT seiner Doppelnatur wiederzuerkennen, stellt jede ernsthafte Meditationspraktik gleichfalls eine *Einweihung in den Tod* dar.

Ohne dass der Sucher es merkt, ist er während der ganzen Zeit, in der er meditiert, dadurch gleichzeitig dabei zu lernen, wie zu sterben; er ist in der Tat dabei, *sich vorzubereiten auf seinen großen Abgang* aus der Welt der Phänomene, der ihn eines Tages erwartet. Denn in dem Maß, wie sich seine Meditation vertieft und er immer mehr in sich versinkt, *entfernt ihn* seine Konzentration (wenn sie intensiv genug ist) *von sich selbst* – ohne dass er sich notwendigerweise zu Beginn klar macht, was ihm widerfährt – und lässt ihn schließlich *seine Identität, seinen Namen, seine Form, sein Selbstbild, die Weise, wie er sich fühlt und alles, was seine Individualität ausmacht, so wie er sie üblicherweise kannte, verlieren, um in den Zustand transformiert zu werden, aus dem er ursprünglich aufgetaucht war.*

Wenn ein Anfänger sagen hört, dass er, wenn er die QUELLE kennen möchte, aus der er hervorgekommen ist, sich all dessen entledigen muss, was seine gewöhnliche Individualität ausmacht, wird er von Angst ergriffen. Es ist schwierig für einen Sucher, am Anfang dieser geheimnisvollen inneren Reise zu erfassen, dass, so wie es unmöglich ist, in eine Wohnung einzuziehen, die bereits von jemand anders bewohnt wird, die zwei Aspekte seiner Doppelnatur ebenfalls nicht nebeneinander existieren können. Wenn der höhere Aspekt seines Wesens dominiert, muss, aufgrund eines unerbittlichen Gesetzes, der niedere Aspekt seiner Natur in den Schatten geraten; und wenn der niedere Aspekt seiner selbst dominiert, ist es nun der höhere Aspekt seiner Natur, der in den Schatten gerät. Das ist der Grund, warum vom

Aspiranten ein Opfer verlangt wird, das er anfangs nicht leicht akzeptieren kann.

Zu Beginn dieses rätselhaften Abenteuers in seinem Wesen kann er nicht verstehen, dass der Tod zu sich selbst während seiner Meditation – eine Bedingung, die er nicht umgehen kann – das einzige Mittel darstellt, um ihm die Tür zu einem *anderen Leben in sich* zu öffnen, einem höheren Leben, welches die vertraute körperliche Empfindung verblassen lässt, die bis dahin der einzige Faktor war, durch den er eine Empfindung von seiner Existenz haben konnte.

Zahlreiche Sucher im Westen sowie in Indien legen einen erstaunlichen Mangel an Wirklichkeitssinn an den Tag, wenn sie auf die absurdeste Weise und ohne sich darüber klar zu sein, fest daran glauben, dass am Ende ihrer Suche GOTT, das ERHABENE, das NIRVÂNA oder ihr HIMMLISCHES WESEN aus etwas bestehen wird, das sie einfach ihrem gewöhnlichen Ich *hinzufügen* können, während sie weiter die bleiben werden, die sie gewöhnlich sind, ohne auf irgendetwas in sich verzichten zu müssen.

Es ist für einen Aspiranten bei seinem Engagement auf einem spirituellen Weg schwer zu verstehen, dass nur der Verzicht auf das, was er für gewöhnlich ist, und auf alles, woran er hängt, ihm erlauben wird, leichter in sich zu sein, ihm damit die große Reise der Rückkehr erleichternd, die ihn erwartet, wenn unvermutet die Stunde seines Todes kommen wird.

Der Mensch verbringt ungefähr ein Drittel seines Lebens im nächtlichen Schlaf. Was ist die Beziehung zwischen dem Tod und diesem Schlaf, in den er jede Nacht versinkt? Außer seiner Nützlichkeit, damit man nach der Müdigkeit des Tages seine Kräfte wiedergewinnt, enthält der Schlaf vielleicht einen wichtigen Hinweis, der einem klugen Aspiranten erlaubt, und sei es nur ein wenig, den Zustand nach dem Tod zu verstehen, der ihn unabwendbar erwartet.

Wenn jemand in seinem nächtlichen Schlaf fortgetragen, oder vielmehr in sich selbst gesaugt wird, existieren das Universum sowie seine Güter, seine Freunde, seine Familie und *sogar sein eigener Körper* nicht mehr für ihn. Das Leben, durch das er seit seiner zartesten Kindheit bis zum jetzigen Moment gegangen ist, ist ebenfalls völlig ausgelöscht. Es ist, *als ob er nie gelebt hätte*. In diesem rätselhaften Zustand, in dem er versunken ist, hat da nicht auch die Zeit für den Schläfer aufgehört zu existieren? Und berührt jener nicht das EWIGE JETZT, aber ohne ES zu verstehen?

Und kann man, trotz der Tatsache, dass er weder das manifestierte Dasein, noch den Kosmos, noch sich als menschliches Wesen länger erkennt, wirklich behaupten, dass er in seinem nächtlichen Schlaf vollkommen unbewusst ist? Oder hat er sich vielmehr aufgemacht, um *einen anderen Zustand des Seins und des Bewusstseins in sich* zu erlangen, denn er weder zu kennen noch zu entschlüsseln sucht, wenn er am Morgen aufwacht und sich so wiederfindet, wie er sich aus Gewohnheit in seinem Zustand am Tage kennt.

Es kann sein, dass der Mensch, ohne es im Allgemeinen zu realisieren, über eine wertvolle Gelegenheit verfügt, sofern er sich Mühe gibt, die nötige Anstrengung zu machen, während seiner Meditation etwas von dem Zustand nach dem Tod zu erfassen, was er in seinem üblichen alltäglichen Zustand unmöglich entdecken kann – etwas, was dem geheimnisvollen Zustand nahekommt, in dem er sich jede Nacht seines Lebens versunken findet, wenn er von seinem nächtlichen Schlaf fortgetragen worden ist.

Jeder Mensch hat Angst zu sterben – eine Angst, die direkt mit der Furcht verbunden ist, seinen physischen Körper zu verlieren, mit dem er sich so total identifiziert hat und der (für ihn wie für jedes andere lebende Geschöpf) zu einem Instrument geworden ist, durch das allein er die Freuden der Welt der Sinne schmecken und daher einen gewissen Beweis haben kann, und sei er noch so begrenzt, dass *er existiert*. So nährt er (bewusst oder unbewusst) in sich die Empfindung, dass er ohne seinen Körper nicht nur aufhören wird, zu existieren, sondern dass er bei dieser Gelegenheit auch jede Möglichkeit zu dem sinnlichen Vergnügen, an dem er so hängt, verlieren wird. Daher wird er, wenn er nicht mit einer ernsthaften spirituellen Praxis anfängt, weiterhin nichts von der Anwesenheit des anderen Aspektes seiner Doppelnatur in sich wissen, unendlich wirklicher als das Berührbare und reicher als alle flüchtigen Genüsse, die die existentielle Welt ihm bieten kann.

Während seines gesamten irdischen Lebens geht der Mensch jede Nacht durch einen kleinen Tod, wenn er in seinen nächtlichen Schlaf fällt. Er stirbt zu sich, zum Universum und zu allem, was ihm im Laufe des Tages widerfahren ist – einschließlich all dessen, was er an angenehmen oder sogar schmerzlichen Erfahrungen gemacht hat.[87] Er akzeptiert jedoch freiwillig, sich von diesen wiederholten kleinen Toden mitnehmen zu lassen. Und er kann sich sogar *sehr unzufrieden* zeigen, wenn man ihn am Schlafen hindert.

Wenn er keine Angst hat, diese nächtlichen Tode durchzumachen, ist es nur deswegen, weil er aus Erfahrung weiß (obwohl in dieser Existenzform nichts sicher ist), dass er am nächsten Morgen wieder aufwachen wird, oder ist es deshalb, weil er sich im Schlaf eine *bestimmte Form des Bewusstseins* bewahrt, die sonst nur in einem Zustand tiefer Meditation erfasst werden kann? Und wie ist es dann mit dem großen Tod, der unerbittlich auf jedes inkarnierte Wesen wartet?

Ist nicht die Tatsache, dass der Mensch jede Nacht seines Lebens stirbt und am Morgen zu neuem Leben erwacht, ein Hinweis für den Sucher, dass nach dem großen physischen Tod ein ähnliches Phänomen auftreten könnte…, und das,

---

[87] Der Autor konnte aus persönlicher Erfahrung feststellen, (wie es der Leser auch erlebt haben sollte), dass die physischen Schmerzen, die er (infolge von sehr schweren Gesundheitsproblemen) sein Leben lang durchgemacht hat, während seines nächtlichen Schlafes nicht zu spüren waren und er sich ihrer erst beim Aufwachen wieder bewusst wurde.

um die Möglichkeit zu haben, eine rätselhafte Aufgabe zu erfüllen, die nicht in einer einzigen und kurzen irdischen Existenz durchgeführt werden kann.

Nachdem er sein ganzes Leben dem Streben geweiht hat, sich auf einem künstlerischen, wissenschaftlichen oder mystischen Gebiet zu vervollkommnen, richtet sich, kaum dass er zu einem Ergebnis gekommen ist, der gnadenlose Gott des Todes vor ihm auf und nimmt ihn mit sich; er sieht sich dann gezwungen, diese Welt zu verlassen, ohne das Ziel erreicht zu haben, das er sich gesetzt hatte. Muss man daraus schließen, dass die ganze Arbeit, die er bis dahin vollbracht hat und die ihn so viel Mühe gekostet hat, vergeblich war? Oder gibt es für ihn eine neue Möglichkeit, die Bedingungen wiederzufinden, die ihm erlauben werden, das weiterzuverfolgen, was er früher nicht hatte vollenden können, um es zu Ende zu führen? Sein irdisches Dasein hätte keinen Sinn, wenn alle die Bemühungen, die er gemacht hat, und das Wenige, das er zu kennen begonnen hat, in diesem Stadium aufhören würden und er endgültig im Tod zugrunde gehen würde.

Die Geburt und der Tod sind, gemäß einem unausweichlichen Gesetz, direkt mit der manifestierten Welt verbunden. Alles, was in einer greifbaren Form geboren wurde, ist früher oder später der Auflösung geweiht – der nichts entgehen kann. Aber vielleicht ist, im Gegensatz zu dem, was man für gewöhnlich denkt, die Geburt in die Materie ein Tod und der Tod eine Geburt.

Das Universum selbst sowie die zahllosen Galaxien und die himmlischen Gestirne, die es enthält, werden alle, in jedem Moment, der vergeht, *innig vom Tod beherrscht*. Wie die menschlichen Wesen oder jedes andere in der Materie inkarnierte Geschöpf gehen auch sie, aufgrund eines unerbittlichen Gesetzes, unaufhaltsam dem Tod und der Auflösung entgegen, um eines Tages wieder in das GROSSE UNENDLICHE aufgenommen zu werden – in dem sie (wie es die Bäume im Winter tun) vielleicht während einer gewissen Zeitspanne schlafen werden, bevor sie wieder einmal in Zeit und Raum aufwachen werden, um einen neuen Daseinszyklus in der Materie zu beginnen.

Der Sinn der irdischen Existenz

So geheimnisvoll, das Leben! Aus welchem rätselhaften Grund ist es in die Materie herabgestiegen? Aus welcher UNERGRÜNDLICHEN QUELLE ist es entsprungen? Was ist sein wirklicher Sinn? Was sucht es den Menschen über sich und das Universum sowie über die Beziehung zum UNENDLICHEN zu lehren? Ein Wissen, das zu erwerben ihm vielleicht unmöglich wäre ohne die Erfahrungen, die ihm die irdische Existenz verschafft, trotz des seelischen und körperlichen Leids, das der Fall in die Materie beinhaltet.

Um das Geheimnis des Todes auch nur ein bisschen verstehen zu können, muss er vielleicht zuerst damit anfangen zu versuchen, das Rätsel des Lebens selbst zu verstehen,[88] während dieses im Allgemeinen als eine nicht in Frage gestellte Selbstverständlichkeit akzeptiert wird. Aber, um zu versuchen, das Leben und die heilige Rolle zu verstehen, die es im Universum zu spielen bestimmt zu sein scheint, *muss er da nicht versuchen, es anders zu leben, als er es gewöhnlich tut?*

Es ist für den Menschen notwendig zu erkennen, dass es ihm unmöglich ist, das Rätsel des Lebens durch die bloße Analyse der Materie zu entschlüsseln. Statt seinen Geist ausschließlich auf die materielle Welt gerichtet zu halten, muss er vielmehr anfangen, die Antwort *in* sich selbst zu finden. Er muss es schaffen, durch eine eifrige Praxis der Meditation und der

---

[88] „Die Jünger sprachen zu Jesus: Sage uns, wie unser Ende sein wird? Jesus sprach: Habt ihr also den Anfang entdeckt, dass ihr das Ende sucht, denn da wo der Anfang ist, wird das Ende sein. Glücklich der, der am Anfang steht, und er wird das Ende kennen, und er wird den Tod nicht schmecken." Thomasevangelium, 18.

Konzentration *in seinem eigenen Wesen* die QUELLE zu entdecken, aus der er (wie alles manifestierte Leben) ursprünglich aufgetaucht ist und zu der er am Ende seiner stürmischen Wanderungen in der Welt der Sinne zurückkehren wird.

Sobald er sich in der Materie inkarniert, nimmt das Phänomen des Vergessens schleichend seine Tätigkeit im Menschen auf, nach und nach die Erinnerung an die UNSICHTBARE QUELLE, aus der er entsprungen ist, verdunkelnd und sie durch den Reiz des *Sichtbaren* quer durch alles, was ihm die Sinneswelt an Zerstreuungen und Vergnügungen bietet, ersetzend.

Auf diese Weise in diesen Zustand des Vergessens versunken, kann er nicht begreifen, dass all das sichtbare Gute und Schöne um ihn herum nichts als *vergängliche Schatten* der QUELLE sind, aus der jede manifestierte Form entsprungen ist.

Seine URSPRÜNGLICHE QUELLE vergessen habend, hat er seinen Blick und seinen Geist ausschließlich auf das Äußere seiner selbst gerichtet, in der Überzeugung, dass die Änderung der Bedingungen der phänomenalen Welt alle seine Schwierigkeiten lösen wird. Er verbringt daher seine Existenz damit, verzweifelt zu versuchen, das *zu fixieren*, was ihm angenehm ist – oft auf Kosten der anderen –, ohne zu verstehen, dass die Bedingungen des phänomenalen Lebens *nicht statisch bleiben können*, da sie dem Verschleiß der Zeit unterliegen. Folglich sieht er sich immer damit beschäftigt, dem Schatten hinterherzulaufen, den er vor sich sieht und der ihm unaufhörlich entflieht, wobei er die Existenz des Lichtes hinter ihm vergisst, die dessen Ursache ist.

Nicht die äußere Welt ist es, die sich ändern muss, um die Probleme zu lösen, denen der Mensch begegnet,[89] sondern *er selbst muss sich ändern*, wenn er erfüllt und glücklich sein möchte. Das Leben ist nicht zu seiner Befriedigung geschaffen worden; vielmehr ist er geschaffen worden, um einem rätselhaften Bedürfnis seines SCHÖPFERS zu entsprechen, welches erst nach einer langen, regelmäßigen Meditationspraxis erfasst werden kann.

Vielleicht braucht das GÖTTLICHE die Existenz einer genügend entwickelten und bewussten Lebensform, um die HEILIGE GEGENWART im Kosmos zu erkennen. Wie zuvor gesagt, wenn der Mensch von seinem nächtlichen Schlaf fortgetragen wird, verschwindet das gesamte Universum und existiert für ihn nicht mehr; ja mehr noch, *es ist, als ob es überhaupt nie existiert hätte*.

Er muss aus seinem Schlaf aufwachen, damit die Existenz des Universums und der Welt der Phänomene, die ihn umgibt, wahrgenommen wird. Analog ist es für ihn notwendig, aus einer anderen Art von Schlaf aufzuwachen (in den er in seinem Zustand während des Tages versunken ist), um in sich die HEILIGE ANWESENHEIT seines SCHÖPFERS wiedererkennen zu können. Aber den Menschen aus seinem Wachschlaf zu wecken, ist nicht gerade einfach.

Seine Einstellung gegenüber dem Leben und der Schöpfung muss sich ändern. Es ist nicht die manifestierte Welt, die er zuerst zu kennen versuchen muss; vielmehr muss er damit anfangen, zu suchen sich zu kennen, zu wissen, wer er wirklich ist, aus welcher geheimnisvollen QUELLE er hervorgegangen ist und wohin er gehen wird, oder vielmehr, in welchen rätselhaften Zustand er wieder aufgenommen

---

[89] „Wie viele schlechte Menschen könnte ich töten? Ihre Zahl ist so unendlich, wie der Himmel. Aber wenn der Gedanke der Wut getötet ist, sind alle die Feinde getötet." Bodhicaryavatava, 12.

werden wird, wenn der unvermeidliche Tod seiner körperlichen Hülle unvermutet bei ihm eintreten wird.[90]

Wenn der Aspirant anfangen wird, sich kennen zu lernen, wird er dadurch auch anfangen, das Universum kennen zu lernen, sowie seine Beziehung zu diesem.

Wie man lebt, so stirbt man...

Von dem schicksalhaften Moment an, da ein Mensch seinen ersten Atemzug des Lebens tut, hält sich der Tod unaufhörlich an seiner Seite, erbarmungslos darauf wartend, ihn in sein Königreich zu entführen – ein hartnäckiger Begleiter, von dem er sich so wenig trennen kann, wie er sich von seinem Schatten lösen kann. Und trotz der Tatsache, dass er während seines Aufenthalts auf dieser Erde unausweichlich den Schmerz des Verschwindens eines Elternteils, den Verlust eines Freundes oder auch den Schock des Ablebens eines Nachbarn erleidet, trägt er, aufgrund eines äußerst seltsamen Phänomens, unbewusst die merkwürdige Empfindung in sich, dass ein solches Ereignis nur den anderen zustößt und ihn persönlich nicht treffen wird.

Also verwendet er das wertvolle Geschenk seines Lebens, um vergänglichen Freuden nachzugehen, materielle Güter erwerben zu wollen, die Bewunderung der anderen zu suchen oder sich in belanglosem Gerede zu zerstreuen, ohne je daran zu denken, sich auf dieses unerbittliche Ereignis vorzubereiten, das ihn unweigerlich erwartet.

So wie ein Kind Hilfe benötigt, um in die phänomenale Welt geboren zu werden, benötigt der Sterbende in dem schwierigen Moment seines Scheidens gleichermaßen Beistand. Er muss lernen, *wie* das Sterben zu akzeptieren;

---

[90] „Wenn ihr euch erkennen werdet, werdet ihr erkannt werden, und ihr werdet wissen, dass ihr die Söhne des LEBENDIGEN VATERS seid; aber wenn ihr euch nicht erkennt, dann werdet ihr in der Armut sein, und ihr seid die Armut." Thomasevangelium, 3.

dieser äußerst wichtige Lernprozess sollte sehr zeitig im Leben des Menschen einsetzen.

Die verschiedenen spirituellen Wege sind nicht nur Mittel, die dazu bestimmt sind, dem Aspiranten bei seiner Suche nach dem GÖTTLICHEN ASPEKT seiner Natur zu helfen, sondern sie sollen ihn von Anfang an lehren, *seinen physischen Tod zu akzeptieren*. Tatsächlich lehrt ihn die ganze spirituelle Arbeit, die der Sucher an sich selbst durchzuführen versucht, gleichzeitig und ohne dass er sich unbedingt anfangs darüber klar ist, *wie* zu sterben.

Die regelmäßigen Meditationspraktiken sowie die verschiedenen Konzentrationsübungen, denen er sich widmet, sollen eine Art *kontinuierlicher Lernprozess* sein, um einzuwilligen, alles loszulassen, sich vertrauensvoll zu überlassen und zu akzeptieren, ohne Widerstand zu der QUELLE zurückzukehren, aus der er ursprünglich hervorgegangen ist, wenn für ihn unvermutet der unausweichliche Moment kommen wird, die Welt der Sinne, die er bis dahin gekannt hat, zu verlassen.

Dieser schwierige Weg kann nicht gegangen werden, wenn es dem Aspiranten während seiner Meditation nicht gelungen ist, den Verlust seiner Individualität, so wie er sie für gewöhnlich kennt, zu akzeptieren, um *durch eine direkte Erfahrung* zu einem Wiedererkennen der QUELLE zu kommen, aus der er entsprungen ist und in die wieder aufgenommen zu werden ihm vom Anfang seiner Initiation in das phänomenale Leben an bestimmt ist. Selbst wenn er es zu Beginn dieses seltsamen spirituellen Abenteuers nicht erkennt, wird er erst infolge dieser entscheidenden Entdeckung über eine bessere Chance verfügen, mit einer gewissen Geistesruhe diesem schwindelerregenden Augenblick entgegentreten zu können, der jedes Lebewesen erwartet, das in der Materie Form angenommen hat.

Der Aspirant sollte, in Voraussicht dieser Stunde der Einweihung, die ihn am Ende seines Aufenthalts auf dieser

Erde erwartet, sein ganzes Leben diesen spirituellen Übungen widmen (ohne seine Pflichten gegenüber seinen Mitmenschen, und besonders gegenüber den Personen, die sein Leben teilen, zu vernachlässigen); er wird sich dann auf eine Weise, die er zu Lebzeiten weder erwartet noch begreift, *mit sich selbst* und mit dem, *was er aus seinem Leben gemacht hat,* konfrontiert sehen, sei dieses kreativ, mittelmäßig oder unproduktiv gewesen.[91]

So wie sich während seines nächtlichen Schlafs (im Laufe dessen er in einen Zustand getaucht ist, der ihm in seinem Zustand während des Tages für immer unbegreiflich bleiben wird) im Menschen eine Trennung *von ihm selbst und von dem, was er gewöhnlich ist,* vollzieht, wird er sich, wenn ihn der Tod mitnehmen wird, ebenfalls in einen Zustand in sich selbst getaucht finden, den er nicht verstehen können wird. Wenn er zu seinen Lebzeiten in Voraussicht auf diesen gewaltigen Moment nichts vorbereitet hat, wird er völlig überrascht sein, wenn sich zwischen seinem gewohnten Ich und dem HÖHEREN ASPEKT seiner Natur eine gewisse Trennung vollziehen wird, wodurch er, ohne sich davor drücken zu können, sich als den sehen wird, der er während seiner kurzen Durchreise auf dieser Erde wirklich in sich selbst war, und vor allem wird er die *Folgen* all dessen, was er gedacht, gesagt und getan hat, auf sein Wesen und auf sein zukünftiges Schicksal – das er unwissentlich für sich vorgezeichnet hat – wahrnehmen. Außerdem wird er in diesem schicksalhaften Moment nicht vermeiden können, zu einer Bewusstseinsebene zu *gravitieren,* die seinem Niveau des Seins und dem entsprechen wird, was er während seiner Wanderungen auf dieser Erde aus sich gemacht hat.

Die Weise, in der jemand während seines Aufenthaltes auf diesem Globus handelt, hängt davon ab, was das Leben für

---

[91] „Meditiere, oh Bikkhu, sei nicht nachlässig. Lass deine Gedanken nicht um die Sinnesfreuden kreisen. Sei nicht unüberlegt, damit du nicht eine rotglühende Eisenkugel verschluckst und, einmal verbrannt, nicht lamentierst: Das ist Leiden." Dhammapada, 371.

ihn bedeutet, und wird *die Arten von Gedanken und innersten Wünschen* (spirituellen oder anderen) konditionieren, die ihn begleiten werden, wenn er diese Existenzform verlassen wird. Und die Arten von Gedanken und Wünschen, die er mit sich nehmen wird, werden wiederum *die Art Welt bestimmen, in der er sich nach dem Tod finden wird.* Er wird dann in eine nicht räumlich-zeitliche Welt in sich versunken sein, die *nur ihm alleine gehören wird,* die er selbst geschaffen haben wird und die mehr oder weniger (aber in einem Maßstab von ganz anderem Ausmaß) der Welt ähneln wird, die er sich zu seinen Lebzeiten während seiner nächtlichen Träume geschaffen hat.

Wenn das existentielle Leben für ihn nur eine Möglichkeit war, die Freuden zu genießen, die es ihm bot, dann wird er eine wertvolle Gelegenheit verloren haben, durch die Entwicklung von Konzentration und Aufmerksamkeit seine WAHRE GÖTTLICHE IDENTITÄT und sein WAHRES LEBEN, das Zeit und Raum übersteigt, in sich zu entdecken.

Im Moment seines Todes werden ihm alle die gehobenen Positionen, die er während seines Daseins besetzen konnte, sowie all das Prestige, das er genießen durfte, für den Übergang zwischen Leben und Tod, der ihn erwartet, von keiner Nützlichkeit sein und schon gar nicht, um ihm zu helfen, den *Zustand* zu verstehen, in dem er sich finden wird, nachdem er seinen planetarischen Körper verlassen haben wird.

So wie er zu seinen Lebzeiten *implizit* an die unwirkliche Welt glaubte, die er sich *mit seinem eigenen Geist* schuf, wenn er in die Träume seines nächtlichen Schlafs versunken war, wird der Verstorbene, wenn er nicht erleuchtet ist, auf ähnliche Weise *ohnmächtig an alles glauben,* was nach dem Tod in ihm ablaufen und *ebenfalls seinem eigenen Geist entspringen wird.*

Alles, was er zu seinen Lebzeiten gemacht haben wird und was er als Weise zu sein und zu denken in sich eingeschweißt haben wird, wird in dem Moment, wo er die phänomenale Welt verlassen muss, eine entscheidende Rolle spielen; er wird sich dann angesichts des Todes, sei es zuversichtlich, sei es erschrocken, finden.

Außer den Praktiken der Meditation und der Konzentration im aktiven Leben, die der Sucher machen muss, um das ERHABENE in sich zu erkennen, muss er einen regelrechten Kampf führen gegen alle die unerwünschten Tendenzen und Gedanken, die ihm den Weg seines spirituellen Strebens versperren, gegen jede Gleichgültigkeit, die er gegenüber dem Leiden anderer lebender Geschöpfe empfinden mag, und gegen jeden Impuls, der ihn manchmal antreibt, blind seine Begierden zu befriedigen, ohne die Schäden zu berücksichtigen, die er später sowohl bei sich als auch bei anderen anrichten kann.

Erst wenn er seinen planetarischen Körper verlässt, kann sich jemand in der richtigen Weise sehen, was für ihn, wenn er nicht eine bestimmte spirituelle Arbeit an sich ausführt, um sich selbst zu erkennen, aufgrund der Schwerkraft und aufgrund seiner Identifikation mit seinem Körper und mit seinen Wünschen zu Lebzeiten sehr schwierig sein wird. In diesem dramatischen Moment wird er die wirklichen Auswirkungen auf sein zukünftiges Schicksal von all dem sehen, was er während seines Lebens gemacht hat oder *zu tun unterlassen hat* – Handlungen, die er ausgeführt hat und die er vielleicht nicht hätte tun sollen sowie Handlungen, die zu tun er versäumt hat und die er hätte ausführen sollen, und die alle warten, ihn in einer unbestimmten Zukunft *wiederzufinden*, zu der er auf dem Weg ist, freiwillig oder unfreiwillig.

Die Haltung des Menschen angesichts des Todes hängt ab von der Haltung gegenüber dem Leben sowie von der Bedeutung, die dieses für ihn hat. Die bewusste oder unbewusste Furcht vor dem Leben, die sich zu seinen Lebzeiten nach und nach bei ihm einstellt, schafft in ihm ebenso eine Furcht im Hinblick auf den Tod. Und das Paradoxe ist, dass er Angst vor dem Leben hat und sich gleichzeitig mehr und mehr daran klammert – ein Festhalten, das die Angst vor dem Tod nur verstärken kann.

Wenn die Stunde für ihn kommen wird, allem, was er gekannt hat, und allem, was er während seines kurzen Aufenthalts auf diesem Globus genießen konnte, Adieu zu sagen, wird die Weise, in der er sich diesem einweihenden Übergang stellen wird, unweigerlich aus dem Verständnis resultieren, das er sich über den wahren Sinn seiner Durchreise auf dieser Erde erworben hat, aus der Rücksicht, die er dem Leben und jedem lebenden Geschöpf gegenüber empfunden hat sowie aus der Achtung, die er für das HEILIGE gehegt hat.

Wenn der Aspirant seine irdische Existenz damit verbracht hat, die Antwort auf das Rätsel seines URSPRUNGS und seines unausweichlichen Todes zu suchen, und wenn das Wissen, das er sich über das Leben und die SCHÖPFUNG erworben hat, ihn besonnen, klug, kreativ und sensibel gegenüber all dem gemacht hat, was in einem zerbrechlichen Körper geboren ist, dann wird er, nachdem er getan hat, was er tun musste, und dem Leben gegeben hat, was er ihm geben musste, den dunklen Korridor des Todes vertrauensvoll und mit einem ruhigen Geist durchqueren können, um auf das UNENDLICHE zuzugehen.

Jede Hilfe, die ein Sucher durch eine spirituelle Lehre empfängt, besteht oder *sollte* vielmehr in einer Ausbildung im Sterben *bestehen*. Während er mit seinem rebellischen Geist kämpft, um während seiner Praktiken der Meditation oder seiner spirituellen Übungen konzentriert zu bleiben, ist er (selbst wenn er es während der Momente, in denen er konzentriert ist, nicht merkt) im Grunde genommen dabei zu lernen, *zu sich und zu seiner gewöhnlichen Identität zu sterben*, aber zu *sterben*, um *wiedergeboren* zu werden.

Das Schmutzwasser muss durch das reinigende Feuer der Sonne seine Individualität als Wasser verlieren und verdampfen, um sich in Wolken zu verwandeln, bevor es als reines Wasser wiedergeboren werden kann und der Erde wieder Leben geben kann.

Der Tod im Universum und im Kosmos ist eine Notwendigkeit, ohne die sich eine Transformation nicht vollziehen kann. Und so wie die toten Blätter vom Baum fallen müssen, um im Frühling die Geburt neuen Laubes zu erlauben, so muss das „*alte Ich*" im Menschen sterben und ihn verlassen, um die Geburt[92] eines neuen Wesens in ihm zu erlauben.

Für die meisten Leute (die niemals gestrebt haben, den Ursprung ihres phänomenalen Daseins, noch die QUELLE, aus der sie hervorgegangen sind, zu erkennen, und die glauben, dass sich ihr Leben nur in der Zeit und in der Welt, die ihnen vertraut ist, abspielt) ist der Tod ein furchterregender Gegner, den man mit allen Mitteln zu vermeiden suchen muss.

Es fällt dem Menschen schwer zu verstehen, dass er den Tod nur transzendieren kann, wenn er die Kraft findet, seinen Blick in die der phänomenalen Welt entgegengesetzte Richtung zu wenden, auf alles zu verzichten, was ihm nicht hilft, sich auf den unvermeidlichen Tod vorzubereiten, und sein Leben der Suche nach seiner URSPRÜNGLICHEN QUELLE zu widmen – die jenseits von Geburt und Auflösung liegt und folglich vom Tod nicht berührt werden kann. Nur dann wird sein irdisches Leben eine Tür zum UNENDLICHEN und eine Manifestation seiner WAHREN GÖTTLICHEN IDENTITÄT werden können, welche die Dualität transzendiert.

Erst wenn ein Dattelkern einverstanden ist, sich selbst – seiner Individualität – zu sterben, wird es ihm möglich sein, auf einer höheren Ebene wiedergeboren zu werden und sich in eine prächtige Palme zu verwandeln, die später eine Fülle von Früchten hervorbringen wird, nützlich für den, der sie

---

[92] „Wahrlich, wahrlich, ich sage dir: Es sei denn, dass jemand von neuem geboren werde, so kann er das Reich Gottes nicht sehen...Was vom Fleisch geboren wird, das ist Fleisch, und was vom Geist geboren wird, das ist Geist." Joh. 3, 3-6.

gepflanzt hat. In ähnlicher Weise kann ein Aspirant nur, wenn er diesen Tod zu sich selbst akzeptiert, wiedergeboren werden und zu einem Wesen wachsen, das würdig ist, von seinem SCHÖPFER verwendet zu werden und seinen Mitmenschen eine rettende Hilfe zu bringen.

Die ganze Zeit, in der der Sucher darum kämpft, während seiner Meditationspraktiken konzentriert zu bleiben, ist er in Wirklichkeit dabei zu lernen, auf alles zu verzichten, was er gewöhnlich will und nicht will, und nach und nach zu sterben, bis der unausweichliche Moment kommen wird, wo sich das Portal des GROßEN TODES vor ihm öffnen wird und er ihm gebieten wird, den endgültigen Verlust seiner gewohnten Individualität zu akzeptieren, um in die Unermesslichkeit des KOSMISCHEN WESENS einzutauchen, aus der er ursprünglich entsprungen ist.

Nur durch die konstante Ausübung der Konzentration hat der Aspirant die Chance, es zu schaffen, sich von dem niederen Aspekt seiner Doppelnatur sowie von der Bindung loszureißen, die er seinem planetarischen Körper gegenüber empfindet, um im Hintergrund seiner physischen Erscheinung das UNENDLICHE zu entdecken – das jenseits dieser prekären und begrenzten Existenzform liegt.

Der Mensch ist auf die Erde gekommen, um das GÖTTLICHE zu bezeugen, das sein wahres Erbe darstellt und die vergängliche Welt der Sinne überschreitet.

Die letzten Augenblicke

So wie der Mensch kämpft, um in diese Welt geboren zu werden, so kämpft er auch, um in die andere geboren zu werden. Die Weise, auf die er in diesem gewaltigen Moment seinen Körper verlässt, wo seine Zukunft für ihn auf dem Spiel steht, hängt von der Weise ab, in der er sein Leben gelebt hat und kann mit der eines Neugeborenen verglichen werden, dass darum ringt, sich aus dem Bauch seiner Mutter herauszuarbeiten. Während der Sterbende versucht, seinen letzten Atemzug zu tun, erhebt sich in den Tiefen seines Wesens einen schwindelerregende, nicht in Worten formulierte Frage: „Was habe ich aus meinem Leben gemacht? Womit war ich während meines Daseins beschäftigt? Wohin gehe ich jetzt?"

Die Agonie, die dem Tod vorausgeht, und die Angst vor dem Unbekannten, die er in diesem schicksalhaften Moment – wo sich sein zukünftiges Schicksal entscheidet – ohnmächtig durchmacht, können beträchtlich gelindert werden, wenn er durch eine ernsthafte spirituelle Praxis dahin gekommen ist, den anderen Aspekt seiner Doppelnatur zu erkennen, der die zeitliche Existenz transzendiert, und dem sich zu überlassen er *bereits* gelernt hat.

Nur in dem Maß, wie der Aspirant imstande ist, alles loszulassen, zu sich zu sterben und sich während seiner Meditationssitzungen etwas Höherem in sich zu überlassen, wird er sich dem Tod überlassen können, ohne zu widerstehen, wenn dieser letzte Moment unerwartet für ihn kommen wird.

Wenn ein nicht erleuchteter Mensch zu den allerletzten Momenten seines Lebens kommt und beginnt, Todesangst zu spüren, wird er meistens seltsam stark in sich und klammert sich hartnäckig, ja sogar leidenschaftlich, an seinen planetarischen Körper. In diesem dramatischen Augenblick, wo er mit einem unsichtbaren Gegner ringt, findet er – trotz all seiner Gebrechen und seiner physischen und seelischen Leiden – eine erstaunliche Kraft, um sein irdisches Dasein zu verlängern, was seine Hilflosigkeit nur steigert. Aber der Tod ist eine erbarmungslose Göttin, die, wenn sie einmal ihre Beute gepackt hat, sie erst loslässt, wenn sie diese in ihre rätselhafte Welt geschleppt hat.

Trotz der Tatsache, dass kein Mensch vermeiden kann, um sich herum ständig das unausweichliche Ende von allem zu sehen, was einen Anfang gekannt hat (ganz gleich, ob es sich um einen Menschen, ein Tier oder eine Pflanze handelt), muss man feststellen, dass er, wenn sein eigenes Leben sich dem Ende nähert, sich mit überraschendem Eigensinn seinem Weggang widersetzt. Wenn man eine Kerze anzündet, weiß man ganz genau, dass ihre Flamme nicht ewig dauern wird; oder auch, wenn man eine Speise genießt, die man gerne mag, erwartet man sich sicher nicht, dass sie unerschöpflich sei; warum hofft er dann, gegen alle Logik, dass sein Körper die Ausnahme von dieser Regel bildet?

Solange der Mensch in sich selbst und in seiner Angst vor dem Unbekannten angesichts seines physischen Todes eingeschlossen ist und er sich an seinen alten, verbrauchten Körper klammert, der für ihn in diesem unausweichlichen Moment nutzlos geworden ist, wird die Tür, die zum LICHT seines HIMMLISCHEN WESENS führt, für ihn verschlossen bleiben.

Wenn er während seines Lebens nicht die notwendigen Schritte unternommen hat, die ihm erlauben, den HÖHEREN ASPEKT seiner Doppelnatur zu erkennen, der die materielle Existenz transzendiert, dann wird er sich stets nur als gebrechlichen Körper sehen, bloß aus Fleisch und Knochen zusammengesetzt, durch den Ablauf der Zeit konditioniert und kontinuierlich eine Beute von Gefahren, die außen auf ihn lauern. Folglich wird jeder Kontakt mit der äußeren Welt eine bewusste oder unbewusste Furcht in ihm erzeugen, die in dem Maß, wie er altert, unaufhörlich zunehmen wird. Ohne sich dessen bewusst zu sein, wird er schließlich alles als Bedrohung für seine physische Hülle empfinden, *die er für sich selbst hält* und von der er überzeugt ist, dass er *ohne sie aufhören wird zu sein*. Aus diesem Grund wird er sich an seinen alten Körper klammern, ohne den er verloren und desorientiert sein wird, den er aber dennoch hinter sich lassen muss. Eine intensive Angst wird sich nun seiner bemächtigen und er wird völlig unnötig gegen das Unausweichliche kämpfen.

Am Ende dieses dramatischen Kampfes, der dem Sterbenden wie das Entrollen einer immensen kosmischen Auflösung erscheinen wird, wird dieser beginnen, die Brücke zwischen Leben und Tod zu überqueren, eine Zwischenpassage (oder einen „neutralen" Zustand des Seins), wo er mit dem LICHT eines KLAREN BEWUSSTSEINS konfrontiert werden wird, das er schon immer in sich getragen hat, ohne es je erfasst zu haben.

In diesem entscheidenden Moment wird er sich, sozusagen, auf einer langen Wegstrecke befinden, deren eines Ende zu der Welt der Sinne führt, die er gerade hinter sich zu lassen im Begriff ist, während das andere Ende, das in einem geheimnisvollen Nebel zu verschwinden scheint, zu dem LEBEN jenseits von Raum und Zeit führt. Ein Unerleuchteter wird unweigerlich rückwärts blicken, in Richtung des irdischen Lebens, das er mit schmerzlicher Nostalgie zu verlassen im Begriff ist, und da er die Welt des UNENDLICHEN, die sich vor ihm ausdehnt (die sich aber in Wirklichkeit in ihm selbst befindet), nicht verstehen wird, wird er sie voller Schrecken betrachten. Sie wird ihm wie eine erschreckende Leere erscheinen, zu der er sich ohnmächtig hingezogen fühlen wird und in der er für immer zu verschwinden glauben wird.

Man muss auf das merkwürdige Phänomen zurückkommen, welches es im Universum und in der gesamten Schöpfung gibt und das darin besteht, das, was bereits geschehen ist oder was in einem bestimmten Moment erfahren worden ist, *wiederholen* oder *noch einmal erleben* zu wollen. Wenn jemand einmal eine angenehme Empfindung gespürt hat, eine Handlung ausgeführt hat oder auch nur einen einfachen Gedanken gehabt hat, stellt sich ein unbezwingbarer Wunsch in ihm ein, diese *reproduzieren* zu wollen. Und je mehr er sie wiederholt, desto weniger kann er sich enthalten zu suchen, sie wieder zu erleben oder sie wieder zu denken, so weit gehend, dass diese Handlungen, diese Gedanken und diese Empfindungen in ihm schließlich einen unwiderstehlichen Impuls erzeugen, von dem er sich nicht mehr losmachen kann – außer er startet eine ernsthafte spirituelle Praxis und schafft es, sich und den HÖHEREN ASPEKT seiner Doppelnatur zu erkennen.

Infolgedessen stellt sich in ihm, sobald er irgendetwas denkt, tut oder empfindet, eine *Bindung* an das, was ihm vertraut wird, ein.[93] Die konstante Wiederholung dessen, was er denkt, tut oder empfindet, *konditioniert* ihn, und, wenn diese Taten, Gedanken oder Gefühle unerwünschter Natur sind, verschließt sie für ihn die Tür, die sich zu ausgedehnteren inneren Perspektiven und anderen Dimensionen öffnet, welche die Welt der Sinne überschreiten. Er bleibt daher *furchtsam vor dem Unbekannten* und klammert sich *an die einzigen Eindrücke, mit denen er vertraut ist*, was ihn daran hindert, neu und offen zu sein für neue Formen des Wissens, welche für die gewöhnlichen Sterblichen unerreichbar sind.

Ohne es zu wissen, kerkert sich der Mensch in das ein, was zu erleben und zu kennen er sich gewöhnt hat, und was unvermeidlich die *letzten Gedanken* und die *letzten Wünsche* konditionieren wird, die er im Moment seines Todes mit sich nehmen wird und die *das Niveau des Seins und des Bewusstseins, zu dem er unausweichlich gravitieren wird*, bestimmen werden.

Daher wird sein *zukünftiges Schicksal* von den Neigungen bestimmt werden, die seine *vorherrschenden* Gedanken und Wünsche während seines Aufenthalts auf dieser Erde in ihm festgeschweißt haben werden.

Sich zur Todesstunde überlassen

Für einen Sterbenden, der sich nicht der Suche nach seiner WAHREN IDENTITÄT gewidmet hat, besteht das Problem, das sich ihm in diesem entscheidenden Moment stellt, darin, alles zurückzulassen, was er zu besitzen glaubt (Name, Form, Identität, einschließlich seines eigenen Körpers – der ihm in

---

[93] „Aus der Bindung erwächst der Kummer; der Bindung entspringt die Furcht. Es gibt keinen Kummer für den, der frei von Bindung ist. Woher könnte da die Furcht kommen?" Dhammapada, 212.

Wirklichkeit nicht gehört oder ihm vielmehr nie gehört hat), und diese Welt so zu verlassen, wie er in sie gekommen ist, das heißt, mit leeren Händen – oder, mit anderen Worten, zu akzeptieren, das Unwirkliche in sich zu verlieren, um zum WIRKLICHEN zu gelangen, denn alles, was ihm während seines kurzen Aufenthalts auf dieser Erde widerfahren ist, sowie alle die angenehmen und unangenehmen Erfahrungen, die er erleben konnte, hatten als einziges Ziel, *ihm zu helfen, sich zu erkennen.*

Die Bindung, die er an die Welt der Sinne, an seinen planetarischen Körper und an alle Eindrücke und angenehmen Empfindungen hat, die er in dieser Existenzform spüren konnte, kann ihm diese Passage ins Unbekannte nur äußerst schwierig gestalten. Und zu seinem Unglück hat er praktisch nie jemanden an seiner Seite, der das Wissen und das notwendige Verständnis hat, um ihm in diesem entscheidenden Augenblick beizustehen.

Der Tod, der gleichzeitig als Befreiung von Leiden (wenn der Körper zu verbraucht, behindert und unbewohnbar geworden ist) und als *Einweihung* in eine andere Welt in ihm akzeptiert werden muss – eine Einweihung in einen inneren Zustand des Seins, dem Menschen in seiner gewohnten Beschaffenheit unbekannt –, wird vom Sterbenden als ein schrecklicher Feind angesehen, vor dem er sich ohnmächtig und wehrlos findet.

Und was es ihm noch schwerer macht, durch diesen letzten Moment zu gehen, ist, dass die Personen, die ihn umgeben, da sie nichts über dieses grundlegende Gebiet wissen, mit allen Mitteln, medizinischen und anderen, versuchen, ihn *zurückzuhalten und an seinem Scheiden zu hindern*, mit keinem anderen Ergebnis, als seine Todesqualen zu verlängern und seine körperlichen und seelischen Schmerzen zu verstärken.

Diese unüberlegte Haltung kann nur mit der Unüberlegtheit von jemandem verglichen werden, der, ohne die Schwere dessen, was er tut, zu begreifen, ein Kind *mit Zwang* daran hindern würde, den Bauch seiner Mutter zu verlassen, wenn der Moment seiner Austreibung aus der mütterlichen Gebärmutter gekommen ist.

In den allerletzten Augenblicken seines Todes kann es sein, dass der Sterbende zum ersten Mal in seinem Leben in einem ganz besonderen Zustand des Überlassens ist, den zu erleben ihm vorher nie möglich gewesen war und durch den das Beben eines seltsamen, intuitiven Verständnisses beginnen können wird, sich schweigend in seinem Wesen bemerkbar zu machen.

Der Zustand einer extremen körperlichen Schwäche, in dem er sich in diesem Moment befinden kann, manchmal so weit gehend, dass er sich nicht mehr bewegen kann – eine Situation, die schon während seines Lebens bei einer schweren Krankheit oder einem hohen Fieber aufgetreten sein kann – begünstigt dieses Sich-Überlassen, so dass nichts Äußeres mehr für ihn zählt. Es kann sein, dass er gerade aufgrund dieses besonderen Zustandes, in dem er sich in diesem Augenblick befindet, dahin kommen kann, den wirklichen Sinn seines irdischen Daseins ein bisschen zu verstehen und sich bewusst zu werden, was er bis dahin daraus gemacht hat, um im Rahmen des Möglichen vorbereitet zu sein, dem, was ihn nach seinem körperlichen Tod erwartet, entgegenzutreten.

Aber, indem man versucht, ihn mit Zwang zurückzuhalten, hält man ihn, wie früher gesagt, *zwischen zwei Zuständen,* was ihn noch mehr abstumpft und ihm die letzte Möglichkeit stiehlt, die er vielleicht noch gehabt hätte, um seinen Blick in die Richtung zu wenden, die der Welt der Sinne, der er gerade Adieu sagt, entgegengesetzt ist.

Entgegen dem, was man versucht sein könnte zu glauben, ist das Sich-Überlassen zu dieser entscheidenden Stunde vielleicht die am schwierigsten zu verstehende und durchzuführende Handlung. Daher stellen alle die Meditationspraktiken, die der Aspirant ausführt, in Wirklichkeit eine *Ausbildung* im Hinblick auf das allerletzte Sich-Überlassen dar, sowie auf all das, was ihn in dem unerbittlichen Augenblick seines physischen Todes hindern kann, wieder in seine URSPRÜNGLICHE HEIMAT zu gelangen.

Die Arbeit des Suchers, um zu lernen, sich zu überlassen und zu sich selbst zu sterben, muss gleich zu Anfang seiner spirituellen Übungen beginnen. Außerdem muss er die Tatsache akzeptieren, dass nur hartnäckige Bemühungen (die der Beweis für eine ernsthafte Arbeit an sich selbst sind) ihn von seinem gewöhnlichen Ich losreißen können werden, um ihm zu helfen, seine WAHRE GÖTTLICHE IDENTITÄT in sich zu entdecken, die das phänomenale Leben transzendiert, bevor plötzlich der schicksalhafte Augenblick für ihn kommen wird, sich dem Gott des Todes zu stellen, der ihm befehlen wird, sich selbst sowie der Welt der Sinne, die er bis dahin gekannt hat, zu entsagen, um seine große Reise der Rückkehr zum UNENDLICHEN anzutreten.

Printed in Poland
by Amazon Fulfillment
Poland Sp. z o.o., Wrocław